臺灣歷史與文化 研究輯刊

九 編

第 18 冊

臺南士紳王開運社會活動與文學作品研究（中）

林 建 廷 著

花木蘭文化出版社

國家圖書館出版品預行編目資料

臺南士紳王開運社會活動與文學作品研究（中）／林建廷
著 — 初版 — 新北市：花木蘭文化出版社，2016〔民 105〕
目 4+190 面；19×26 公分
（臺灣歷史與文化研究輯刊 九編；第 18 冊）
ISBN 978-986-404-486-3（精裝）
1. 王開運 2. 社會運動 3. 臺灣文學 4. 文學評論
733.08   105001817

ISBN-978-986-404-486-3

9 789864 044863

臺灣歷史與文化研究輯刊
九 編 第十八冊   ISBN：978-986-404-486-3

臺南士紳王開運社會活動與文學作品研究（中）

作　者　林建廷
總 編 輯　杜潔祥
副總編輯　楊嘉樂
編　輯　許郁翎
出　版　花木蘭文化出版社
社　長　高小娟
聯絡地址　235 新北市中和區中安街七二號十三樓
　　　　　電話：02-2923-1455／傳眞：02-2923-1452
網　址　http://www.huamulan.tw 信箱 hml810518@gmail.com
印　刷　普羅文化出版廣告事業
初　版　2016 年 3 月
全書字數　422844 字
定　價　九編 24 冊（精裝）台幣 50,000 元

臺南士紳王開運社會活動與文學作品研究（中）

林建廷　著

目

次

上 冊

第一章 緒 論 ……………………………………………… 1

第一節 研究動機與目的 ………………………………… 1

一、研究動機 ……………………………………………… 1

二、研究目的 ……………………………………………… 4

第二節 文獻回顧 ………………………………………… 6

一、各版作品集 …………………………………………… 7

二、相關資料 ……………………………………………… 9

三、相關論述 ……………………………………………… 11

第三節 進行方式與章節架構說明 ……………………… 13

一、進行方式 ……………………………………………… 13

二、章節架構說明 ………………………………………… 17

第二章 王開運的家世背景及生平歷程 …………… 25

第一節 王氏家族的發展 ………………………………… 26

一、家族發展軌跡概述 …………………………………… 26

二、父親王棟的生平 ……………………………………… 30

第二節 青年王開運的求學時代 ………………………… 36

第三節 就職與創業 ……………………………………… 44

一、大社公學校訓導 ……………………………………… 44

　　二、臺南市役所西區役場書記 ···················· 47

　　三、任職臺灣銀行臺南支店 ······················ 51

　　四、大東信託臺南支店代理 ······················ 55

　　五、轉向多元發展 ······························ 60

　　六、以第一銀行爲主的戰後事業 ·················· 64

　小　結 ······································ 69

第三章　邁向地方士紳之途（上）——臺南商工業

　　　　協會的活動 ···························· 73

　第一節　促進商業繁榮 ·························· 74

　　一、臺南商工業協會的成立 ···················· 74

　　二、參與「廉賣會」與「臺灣文化三百年記念

　　　　會」 ·································· 76

　第二節　改善經商環境 ·························· 92

　第三節　啓發商工智能 ························· 108

　　一、商工考察活動 ··························· 108

　　二、成立「共榮貯金會」 ····················· 114

　小　結 ····································· 115

第四章　邁向地方士紳之途（下）——由商務向外

　　　　延伸至其他地方活動 ···················· 119

　第一節　加入臺南王姓宗親會與協調南門墓地事

　　　　件 ································· 119

　　一、臺南王姓宗親會 ························· 119

　　二、南門墓地事件 ··························· 123

　第二節　接觸民族運動 ························· 130

　　一、美臺團 ······························· 132

　　二、臺灣地方自治同盟 ······················· 136

　第三節　擔任市協議會議員、路竹庄長與市會議員

　　　　··································· 144

　　一、市協議會議員、市會議員 ·················· 144

　　二、兼任路竹庄長 ··························· 152

　第四節　推動民間社會事業「臺南愛護會」 ······· 154

　　一、成立背景與籌備過程 ····················· 154

　　二、營運狀況 ······························· 159

　小　結 ····································· 173

中　冊

第五章　海南島經歷與戰後際遇…………179

第一節　海南島經歷…………180

一、前往海南島…………180

二、爲返家鄉的奔走…………186

三、離瓊後持續參與救援…………197

第二節　戰後際遇…………208

一、捲入二二八事件…………208

二、加入「臺灣省地方自治研究會」………215

三、擔任臺灣省臨時省議會第一屆議員……222

（一）地方發展…………224

（二）交通…………231

（三）公營事業…………235

小　結…………240

第六章　文學活動的外部考述…………243

第一節　漢學素養的來源與應用…………244

第二節　文學活動與社團的參與…………252

一、吟詠於詩社之外…………252

二、擔任《三六九小報》編輯…………255

三、擔任《臺灣詩壇》副社長…………262

第三節　文學交遊…………267

一、黃拱五…………267

二、王亞南…………273

三、陳逢源…………278

四、王鵬程…………283

五、蔡朝聘…………287

小　結…………291

第七章　王開運詩文作品析探…………295

第一節　漢詩作品的主題…………295

一、詩作概況…………295

二、對於功成名就的繫懷…………298

三、對於時局、生命的憂思…………304

（一）日治時期…………304

（二）戰後 ························· 313

四、島外旅途所感：以中國經歷爲例 ········ 320

五、用世與歸隱的選擇 ················· 330

第二節　雜文作品的書寫主題 ··············· 339

一、雜文作品概述 ·················· 339

二、對於傳統漢學的擔憂與振興 ········· 342

三、對於習俗的反省 ················ 347

四、對於品德低落的針砭 ············· 353

五、中庸而入世的個人處世觀 ·········· 359

小　結 ·························· 365

下　冊

第八章　結　論 ······················· 369

王開運生平簡表 ······················· 381

參考書目 ·························· 411

附　錄 ·························· 423

附錄一：文獻資料圖錄 ··············· 425

附錄二：王開運四子駿嶽先生訪談 ········ 453

附錄三：王開運作品補遺目錄 ··········· 461

附錄四：他人致贈王開運之作品目錄 ······· 465

附錄五：王開運藏書單 ··············· 473

附錄六：臺灣省臨時省議會第一屆期間（1951～
　　　　1954）王開運問政紀錄目錄 ········ 483

附錄七：《王開運全集・詩詞卷》補充與修定 ······ 497

第五章　海南島經歷與戰後際遇

　　1930 年代起，中國、日本逐漸趨於緊張關係，接連發生九一八事變
（1931）、成立滿洲國以及一二八事變（1932）、雙方簽訂塘沽停戰協定
（1933）、華北地區在日方支持下有意脫離中國政府（1934）、雙方簽訂秦土
協定（1935）……等等，惟中國政府意在勦除中共，對日本的行動不停退讓，
直至 1936 年發生西安事變，始轉為積極抗日。1937 年 7 月，以蘆溝橋事變為
起點，中國進入長達 8 年的對日抗戰。

　　中日戰爭的雙方實力強弱懸殊，但中國的抵抗意志並不低落，並施用「以
空間換取時間」的焦土戰略，令日軍攻城略地的同時，亦陷入戰場，不欲求
和，更不能戰勝。自 1938 年徐州會戰，日軍僅得空城，無法殲滅中國軍隊主
力之後，日軍乃從「速戰速決」改為「以戰養戰」。同年 7 月，日軍發動武漢
會戰，10 月進攻、香港廣東，目的即在於迫使中國求和、成立傀儡政權，以
及奪取戰爭資源的運輸通路（港、粵是中國戰爭運補線之一），卻反倒使得雙
方形成僵持局面，且中國的運補猶能從雲南、海南島、越南、緬甸等地輸入。
1939 年初，日軍攻佔海南島，做為封鎖華南地區的軍事基地，也將勢力伸至
東南亞，威脅到美、英、法等國在該地區的利益。1940 年，日本一方面奪取
東南亞資源，一方面提出「大東亞共榮圈」口號，主張驅逐在亞洲的歐美殖
民者，引起美、荷、英等國的對日石油禁運與經濟制裁；日本則於 1941 年 12
月初偷襲夏威夷的珍珠港，使得美國對日宣戰，是為「太平洋戰爭」。至此，
中國才有其他盟國相助抗日。〔註1〕

〔註 1〕鄭浪平《中國抗日戰爭史》（臺北：麥田出版社，2001），頁 345～360、456
　　　　～460、495～502。

同時，臺灣不可免地進入了日本的戰時體制，使得局勢為之一變。舉犖犖大者，例如 1937 年，總督府取消報紙上的「漢文欄」與學校的漢文課程，要求臺灣人學習日語和日本生活樣式，且參拜神社與家庭奉祀「神宮大麻」（神符）等。1938 年，強制民眾儲蓄，以便流向政府指定用金，且統制多項物資，連糧食亦須依照配給來領取；次年則有改姓名、「國語家庭」運動。1941 年，官方成立「皇民奉公會」，以全臺民眾為會員，各地方精英份子多被籠絡為組織幹部，擔負起募兵、經濟動員、改造臺灣人為皇民等工作。1942 年至 1945 年，又分別實施陸軍特別志願兵制度、海軍特別志願兵制度、徵兵制度，補充日軍兵員之不足。此外，尚有眾多臺灣人，或自願，或被迫地投入軍屬、軍夫、高砂義勇隊、產業戰士、少年工、看護、慰安婦等行列。凡此種種，皆是殖民者意欲臺灣人「皇民化」，向天皇展現忠誠的總體改造範疇。〔註 2〕

王開運個人自是難逃局勢的影響，除了面臨長期所領導的臺南商工業協會必須解散，還有前往廣東慰勞皇軍、參與時局座談會、加入「皇民奉公會」……等不少被迫配合戰爭的作為，1944 年更受「推薦」至海南島主持瓊崖銀行。其中海南島一行，是最為艱辛的一次經歷，不但使王氏戰後無法即刻返鄉，竟也成為其遭受二二八事件牽連的原因之一。二二八事件之後，王開運的活動逐漸次集中於商界、金融界，其他領域的足跡明顯減少，與戰前形成強烈對比。本章接在第四章之後，繼續考述王氏在戰爭期間（日治末期）以迄戰後的諸般活動，包括海南島經歷、返臺過程與戰後際遇。

第一節　海南島經歷

一、前往海南島

誠如前述，日軍之所以進攻海南島，乃企圖藉此島做為封鎖華南地區的軍事基地，並將勢力伸及南中國海，也意欲開發島上資源來補充日軍戰爭所需。1939 年 2 月，日軍先後從海南島的海口、三亞登陸，同年底控制了海南島的主要城市與港口；1941 年爆發太平洋戰爭，日軍可控制的區域推進到南洋地區，使得海南島的軍事地位隨而降低，故日軍改為注重該島的治安維持

〔註 2〕高明士主編《臺灣史》（臺北：五南圖書出版社，2006），頁 197～204。

與資源開發。不過，由於力量並非豐沛，始終無法全面控制該島，只能陸續施行掃蕩，形成了國軍、共軍、日軍、地方武力等多方力量共存一島的局面。〔註3〕

　　與此同時，臺灣也與海南島產生了微妙關係。據論者鍾淑敏的研究，臺灣總督府甚早便注意到海南島的重要性，惟隨著中日關係的變化，日本對於該島雖有不少調查成果，實際介入程度卻不大。待日軍佔領海南島之後，一方面成立傀儡政權，一方面則有臺灣總督府遙相呼應，願意支援海南島日軍的要求，且策動臺灣人配合。是以，舉凡海南島的醫療、交通運輸、基本調查、日語教育、宣撫宣傳、農林畜牧與水產、專賣事業、電氣通信、警察行政、移民政策……等等，皆有總督府參與的痕跡，甚至實際掌理該島軍政的「海南海軍特務部」（屬海南警備府司令部），其半數職員也是總督府所派遣者。民間事業方面，則以臺灣銀行、臺灣拓殖會社為龍頭，引領臺灣商民來此從事資源開發和商業、金融業活動。日本儼然是將統治臺灣的「臺灣經驗」移殖至海南島，呈現了「日本—臺灣—海南島」的重層殖民結構；而在此結構下前往海南島的臺灣人陸續增多，成為日後遣返的一大難題，也無可奈何地處於殖民協力者的角色，戰後飽受冷眼對待。〔註4〕

　　王開運之所以遠赴海南島，是為了主持「瓊崖銀行」。「瓊崖銀行」位於海南島的海口市，1944 年 4 月成立，同年 5 月開業，是以吸收中國人方面的預金，防止戰爭期間通貨膨脹為宗旨的華人銀行，資金共 200 萬円，由臺灣銀行、瓊崖政府（日軍所控制），以及一般華人，分別出資 100 萬円、50 萬円、50 萬円。人事方面，臺銀推薦顧問給瓊銀，以為業務指導，海南海軍特務部負責任命瓊銀役員（以華人為主），且由瓊崖政府任命華人潘明允為該行董事長，王開運則是受臺銀推薦，由潘明允任命為該行總經理。〔註5〕依此可知，王氏此行與其金融專長有關，也聯結到早年在臺灣銀行工作的經歷，遂受到臺銀推薦。至於王開運前往的日期，據王駿嶽所言，約在 1944 年 8 月（獻，頁 260）；另據臺灣總督府府報的資料顯示，當時王氏有臺南州商工經濟會理事、保證責任臺灣倉庫信用利用組合理事、保證責任臺南共榮建築信用購買

〔註3〕 張興吉〈抗戰時期日軍總體軍事戰略中海南島的地位〉，《海南大學學報（人文社會科學版）》22：2（2004 年 6 月），頁 125～128。
〔註4〕 鍾淑敏〈殖民與再殖民——日治時期臺灣與海南島關係之研究〉，《臺大歷史學報》31（2003 年 6 月），頁 179～192、198～212。
〔註5〕 《台灣銀行史》（東京：台灣銀行史編纂室，1964），頁 769～770。

利用組合理事等職銜，亦於同年 9 月辭任。〔註 6〕

　　瓊崖銀行的成立，看似只是臺灣的民間事業在海南島拓展而已，但時值戰爭，臺銀又是執行金融國策的帶頭者之一，則瓊銀終究還是爲了服務日軍才會存在；進一步說，王開運雖然是「受薦」前往，可是不論願意與否，都必須被強迫履行。那麼，王氏自己又是如何看待這樣的「任務」呢？在出發前夕，王開運曾與親友齊聚一堂，彼此詩賦唱和，字裡行間即表現了對於此行的心情起伏。先看王氏詩作：

> 五六年華遠去家，奚堪濁世亂如麻。無關國計爲形役，豈類風騷作狹斜。蠻雨蠻煙來海外，千山萬水向天涯。南州師友應嗤笑，此老雄心亦孔嘉。

> 青天碧落御風游，大傳遐思一洗愁。百尺樓臺陳臥榻，三千世界豁吟眸。瓊崖儘有前賢跡，海島寧無高士儔。他日歸來重話舊，爲添清釀換魷籌。（〈不日將乘飛機詣海南島別在南諸友〉，詩，1944，頁112）

> 范子扁舟迥不同，一朝意氣理金融。暫隨羽士超塵外，也算英雄入彀中。閃鑠波光蜃氣麗，卷舒雲態夕陽紅。男兒得遂懸弧志，萬里何嫌獨轉蓬。（〈失題（范子扁舟迥不同）〉，詩，1944，頁172）

> 滿身雲氣過晴空，腳下濤聲氣象雄。倒海隨他波浪惡，但憑忠信駕長風。

> 敢因私事廢防公，眼看殘棋局未終。今日蹴波天外去，樓船高唱大江東。（〈跨海〉，詩，1944，頁113）

回顧王開運個人的事業發展，從公學校訓導到區役場書記、臺銀行員、大東信託代理店長，接著自行投資創業，資歷與成就是漸次向上成長的，而擔任瓊崖銀行的總經理，主持銀行業務，亦是「升職」的象徵。不過，其詩句卻反覆出現了無奈與自我安慰的心情，「五六年華遠去家，奚堪濁世亂如麻」直白道出自身已是知命之年，不能再在戰亂時局之下遊走活動；用「蠻雨蠻煙」、

〔註 6〕公告〈商工經濟會登記〉，臺灣總督府《府報》第 799 號，1944 年 10 月 24 日，頁 4；公告〈產業組合登記〉，臺灣總督府《府報》第 827 號，1944 年 11 月 25 日，頁 4。

「千山萬水」來描述海南島，表示對於海南島有著未知的、陌生的恐懼；在「瓊崖儻有前賢跡，海島寧無高士儔」詩句裡，則肯定臺灣地靈人傑，絕不亞於極早便納入中國版圖，並擁有蘇東坡、丘濬、邢宥、海瑞、鐘芳、唐冑等歷代名士活動痕跡的海南島，反映出不捨家鄉的心情；而「萬里何緣獨轉蓬」，更是將離開臺灣視做飄泊不定，無根定著。以上說明了王開運並不樂意這趟遠行。

只是，這由不得王開運選擇，唯有自嘲或勉力振作，始能安慰困窘。「無關國計為形役，豈類風騷作狹斜」，乃刻意指稱自己是被名利所羈絆，註定了此行，非是壯遊韻事，亦無心為國事奉獻，故願受「此老雄心亦孔嘉」這樣的「不願認老」的嗤笑。「范子扁舟迴不同，一朝意氣理金融」、「男兒得遂懸弧志」、「倒海隨他波浪惡，但憑忠信駕長風」、「敢因私事廢防公」則是勉力振作之語，但又提出「也算英雄入彀中」，為天下英雄均已就範於統治者之意，這豈會是甘心屨行任務？其他如「百尺樓臺陳臥榻，三千世界豁吟眸」、「閃鑠波光蜃氣麗，卷舒雲態夕陽紅」、「滿身雲氣過晴空，腳下濤聲氣象雄」等詩句，未出發而先賦景，恰是失落中勉強對海外壯麗景致產生期待的表現。

值得注意的是，「樓船高唱大江東」一句，借指自宋代蘇軾的〈念奴嬌赤壁懷古〉，表面上是說此行可藉機親近蘇軾遺澤（蘇軾也曾被貶官至海南島）；然而，〈念奴嬌赤壁懷古〉本身就有感慨歷史滄桑、陳跡消逝，最後體認「一樽還酹江月」的豁達意義，故「樓船高唱大江東」與「眼看殘棋局未終」產生呼應，亦即戰況雖未分明，但終究將隨時間而結束消失，可以豁達看待海南島一行。反過來說，既應該豁達處世，則詩句委實存有王開運質疑日軍「何以對於戰爭如此執著」的含意，反戰立場也就隱約呈顯。

面對王開運不願意離開臺灣的心情，為之餞行的親友同樣無可奈何，只能順著王氏自我安慰的語氣，給予幾分溫暖與祝福。例如王則修〈送開運宗先生之海南任臺銀頭取〉〔註7〕，以「最是吾宗才學大，理財善政久名傳」來肯定王氏的金融能力，若非如此，殖民當局也不會賦予重任；在〈杏菴宗先生將之海南任瓊崖銀行頭取於送別席上作出留別三首謹次原玉以壯行色〉〔註8〕、〈疊韻奉和杏菴宗先生〉〔註9〕，以「丈夫四海可為家，那管殊方亂

〔註7〕王則修《則修先生詩文集續編》（臺南：臺南市立圖書館，2005）。
〔註8〕王則修《則修先生詩文集續編》。
〔註9〕王則修《則修先生詩文集續編》。

似麻」、「老當益壯名言在，莫嘆皤皤鬢似蓬」之句，排除王氏對於年歲的擔憂，鼓勵其正面思考，不要受外在環境所動搖，而「迢迢直向天南去，鷲鳥飛行類轉蓬」，則將王氏飄泊不定之感，轉化為「鳶飛唳天」那般地自由。又如施梅樵〈杏菴將之海南就任留別次韻送之〉〔註10〕，以「瓊州坡老多遺跡，景仰前徽亦大嘉」、「壽蘇詩社堪千古，循例頻添海屋籌」，表示遠行未必沒有收穫，海南島是蘇東坡流放之地，可趁此瞻仰一代文豪的遺澤。而「壽蘇詩社」指的是臺灣人莊玉波所成立的海南島當地詩社。莊氏本業是旅日商人，篤信佛教，時常有放生之舉，同時漢詩創作量甚豐，與王開運為舊識，例如 1933 年至日本商工考察，王氏即曾拜訪莊玉波（〈東游日記〉，文，頁 351）；惟莊氏政治立場親日，1939 年被正金銀行派至海口市支店服務，1940 年代成立了壽蘇詩社，寓有向蘇東坡致敬之意〔註11〕，王氏此行自然有機會與之重聚交流。

再如陳子敏〈次杏菴詞兄留別原韻〉〔註12〕，有「當機立斷羨君家，處世事寧感枲麻」之句，在陳氏眼裡，臺灣也未必是亂世之中的樂土，能夠前往海南島，不妨視做避世解憂的可行方法。另於〈杏菴詞兄將赴海南島為瓊崖銀行頭取賦詩壯行〉（獻，頁 116）裡頭，有「雖臨瘴雨蠻煙地，今縱樵山漁水眸」，也再次說明陳氏的看法。其他如主榕菴人（趙雅福），則肯定王開運的才學不只是在金融方面，其漢學修養亦將影響海南島，因此有「詩人聲價重海南，腹滿經綸美且覃」、「此才我信無二三，過江名士名多諳」、「倘是鄉人為可教，願子扢揚風雅擔」（〈杏菴畏友將就任瓊崖銀行總經理喜作〉）〔註13〕等詩句，趙氏認為王氏至海南島反而是該地之福。

至於王氏的舅父黃拱五，也在餞別之列，其贈詩內容除了與王則修、施梅樵、陳子敏、趙雅福等人的看法相似之外，尚有親人的關愛寄寓詩中。在〈杏庵應海南島瓊崖銀行之聘就總經理席不日將駕飛機發程在南諸友為開擊缽吟會藉作送行席上出示留別詩三章因次原韻壯其行色〉〔註14〕裡，黃氏相

〔註10〕 施梅樵《梅樵詩集》（臺北：龍文出版社，2001），頁 79。

〔註11〕 張富美〈海南島、臺灣及其他地方——從寄寓海南的臺籍詩人莊玉坡談起〉，《臺灣文學評論》9：1（2009 年 1 月），頁 197～201。

〔註12〕 此詩為王開運收藏詩稿，參見附錄一。

〔註13〕 此詩為王開運收藏詩稿，參見附錄一。

〔註14〕 盧嘉興〈臺灣日據末期著刊「拾零集」的黃拱五〉，《台灣古典文學作家論集》，頁 740。

信外甥將有亂世中護持金融的功績，並且能夠適應海南島的物情世態，甚至對該島的風氣有潛移默化的功能，但接著即說「劫餘海島殘灰白，戰後江山染血紅。故里需才還孔急，功成經濟早旋篷」，不避諱地指出海南島正處於激烈戰火中，因此待任務完成，就應該早日回鄉。回鄉的前提乃是要保重身體，黃氏雖不明言，擔憂之情委實可見。另外，同一組詩裡的「壽蘇題句光遺德，易地觀花憶舊儔」，則是黃氏站在王開運的立場，替外甥捨不得離開臺灣，到了海南島將會不時想念故里的心情發聲。

　　王開運前往海南島之後，至 1945 年戰爭結束為止，其間的活動細節，以及是否曾有返臺，由於資料闕如，相關實況無法得知太多；不過，筆者還是藉由蛛絲馬跡來略談一二。通信方面，黃拱五有〈喜杏庵書至率成一律以代覆答〉〔註 15〕一詩留存，至少確定了王氏與家鄉有書信往來；詩句「一年容易又冬臻，海島寒溫試問真」，說明黃拱五的回信是在 1944 年底，則王開運到達海南島後，該當立刻就與家鄉通信。「歲晚客心懷故舊，天涯秋水望伊人」，可揣知王氏相當思念家鄉，或許在書信中也頻頻提及這般心情，同時黃氏亦渴望早日見到外甥。然而，兩人的想望都無法在短時間內實現，故只能「寄語惟先囑珍重，洗塵有日滿堂春」，期待日後重逢。

　　活動區域上，日軍佔據海南島達 6 年時間，但由於島上日軍與抗日力量共存，局勢並非安定，加上王開運在該島僅一年左右戰爭便結束，故其活動範圍應該仍以海口市為中心，四處遊走的機會有限。閱讀方面，海口市約於 1940 年出現了期刊《瓊海潮音》，是立場親日且具佛教色彩的中文白話文藝雜誌，至少到 1944 年 10 月仍存，其中可見瓊崖銀行的廣告（第 5 卷第 8 期【1944.08】）；此刊物偶爾會刊登漢詩，例如在第 2 卷第 8 期（1941.08）、第 3 卷第 11 期（1942.11），即有莊玉坡、林獻堂、謝雪漁等人的作品。因此，《瓊海潮音》或許是王開運在海南島的精神糧食之一。〔註 16〕而日軍與「日本東京同盟通訊社」在海口市所創辦的《海南迅報》、《海南新聞》，是當地獲取新聞新知的窗口，應該也是王氏的閱讀選擇之一。〔註 17〕

〔註 15〕此詩收於盧嘉興〈臺灣日據末期著刊「拾零集」的黃拱五〉，《台灣古典文學作家論集》，頁 741。

〔註 16〕張富美〈海南島、臺灣及其他地方──從寄寓海南的臺籍詩人莊玉坡談起〉，頁197～201。筆者按，臺灣目前典藏的《瓊海潮音》，可參見「台灣佛教史料庫」的「圖書館藏」網站（http://www.chibs.edu.tw/ch_html/projects/taiwan/tb/index.htm）。

〔註 17〕海南省地方史志辦公室編《海南省志·報業志》（海口：南海出版公司，1997），

此外，王開運擁有清代程秉釗所著的《瓊州雜事詩》一書，為海口市的海南書局印行，1925 年出版；儘管無法從出版資料來判斷買書時間或地點，但是像這類描寫地方文史的著作，在王氏藏書裡絕無僅有（見附錄五），且海南島正是就職所在，故筆者認為，《瓊州雜事詩》除了有助於王氏對於異地海南島的理解，也很可能是羈旅該島之時的伴隨書籍。

再就人事往來而言，瓊崖銀行在《瓊海潮音》所刊的廣告裡，印有「總經理室」的電話，說明了屬任瓊銀總經理的王開運，要獨當一面地代表一家銀行，故與日軍、在地政府、商民的往來就不可免；至於舊識莊玉坡，其所任職的正金銀行支店也在海口，二人相遇的機會應該不小。總之，上述僅是就可能的範圍內，加以歸納推測，尚有待更多相關資料出土。

二、為返家鄉的奔走

1945 年 8 月，中日戰爭結束，同年 9 月起，中華民國在南京正式接受日軍投降，並將中國與越南劃分為 15 個受降區。〔註18〕其中廣東及其轄下的海南島，屬第二受降區，中日雙方代表於 9 月 16 日在廣州市中山紀念堂簽署降書，由中國戰區陸軍第二方面軍進行接收；可是所接收的區域相當遼闊，軍力不敷分配，直至 10 月 5 日，才有「海南島前進指揮所」進駐該島的海口市，開始接收、接防。〔註19〕同時，在戰前與戰爭期間隨著日本開拓殖民地、佔領地而前往活動的臺灣人，戰後因為思鄉心切、不適應外地民情、各地局勢更迭，或被當地人民排擠等因素，紛紛希求返臺。

羈留在海南島的臺灣人，是戰後流落中國的眾多臺灣人裡頭，最後返臺的一批，且數量眾多。1945 年底，時任「三民主義青年團中央直屬臺灣區團第三分團籌備處代主任」的鍾浩東，即呈文給臺灣行政公署長官陳儀，說明廣東地區臺灣人的不堪處境，這也是筆者所見的較早反映留瓊（即海南島）臺灣人生活情況的報告。鍾氏在書信中指出，急待返鄉的臺灣人，汕頭有 1,320 名，廣州市有 8,000 餘名，香港有 2,600 餘名，海南島有三萬兩千餘人，其困境為「台胞商店均相率倒閉，惟生活尚能維持」、「社會人士對台胞不甚諒解，混亂在所不免，大部集宿，以便自衛，惟皆歸心甚切，正候當局辦理中」，或

頁 42。

〔註18〕 鄭浪平《中國抗日戰爭史》，頁 821。

〔註19〕 軍事委員會委員長廣州行營參謀處編《廣東受降記述》（《民國史料叢刊》283，鄭州：大象出版社，2009），頁 427、430～431、451。

「除少數商民尚可維持生活外，餘均貧困，急待救濟，聞已有大批餓死者」、「已有不少台胞誤入歧途」（筆者按，指淪爲強盜小偷，或者是加入共產黨軍隊，詳後）；但偏偏又遇上人爲操縱船價，使得臺灣人望洋興嘆，無法回鄉，鍾浩東逐主動向政府求援。〔註20〕

　　另據 1946 年 3 月，首批自海南島歸來的邱定回報，留瓊者原本有 10 萬人，戰爭中死亡者 2 萬人，戰後因疾病及其他事故而死亡者佔 5 萬人，存活的 3 萬人散布於海口、三亞、榆林、北犁等地，等待政府接運返鄉。〔註21〕又據論者湯熙勇的研究，留瓊者則約有 23,830 名；此數據是由臺灣省行政長官公署檔案所得，而官方資料可能參考了海南島的臺灣同鄉會所編製的名冊與日軍資料。〔註22〕要之，人口流動、貧病死亡、新政府管理草率，以及民間未必有能力進行統整工作，皆影響了人數統計上的精確性，但若配合下文所整理的臺灣人返鄉資料（見表 5-1-1），筆者認爲留瓊臺灣人的保守數量至少可提高至 3 萬名左右。

　　遣送返鄉，本是政府、旅瓊臺灣人及其在臺家屬的共識。〔註23〕然而，戰後百廢待興，政府又旋即投入國共內戰，耗竭資源，加上國內經濟嚴重通貨膨脹，運費一日三市；盟國美國則以運送日俘、日僑回國爲優先考量，視臺灣人返鄉爲中國內政之事，不願介入，在在造成交通工具闕如，運補不濟。唯有稍具財力或通曉管道者，方能設法早日返臺。如此情況下，大部份的旅瓊臺灣人，除了漫長等待，尚須忍受當地官民和地方軍隊的種種刁難、索賄與剝削，以及忍受旱災缺糧的困境，因此多待在異鄉一日，也就多一日的煎熬；臺灣人病餓死亡，不耐痛苦而自殺，或爲求生而加入國軍、共軍，甚至淪爲乞丐盜匪等情事，屢屢見於當時報紙、官方文書，以及日後的訪談回憶之中。〔註24〕茲引一例做爲說明：

〔註20〕　〈旅粵臺胞近況電報案〉，國史館臺灣文獻館「日據時期與光復初期檔案查詢」網站，典藏號 00318200012331。
〔註21〕　〈海南島台胞　一天僅有一餐　首次歸來之邱君談〉，《民報》，1946 年 3 月 31 日，2 版。
〔註22〕　湯熙勇〈脫離困境：戰後初期海南島之臺灣人的返臺〉，《臺灣史研究》12：2（2005 年 12 月），頁 172～173。
〔註23〕　湯熙勇〈脫離困境：戰後初期海南島之臺灣人的返臺〉，頁 170。
〔註24〕　湯熙勇〈脫離困境：戰後初期海南島之臺灣人的返臺〉，頁 177～180。筆者按，相關口述訪談或回憶錄，可參見鄭麗玲採訪撰述《臺灣人日本兵的戰爭經驗》（臺北：臺北縣立文化中心，1995）；潘國正《天皇陛下の赤子：新竹人・日

我們宛如脫出活地獄一樣，大部份罹病，僅剩有一把骨與皮而已，
穿在身上之衣服，大部份被海南島的人搶剝。我們自日本敗戰後，
奉令中央，那大部落的向集中場所出發，途中在豐○之部落，所有
的物件被部落民搶劫一空。他們對我們宛如對敵人。備受酷待，我
們所有的物件，大部份賣盡，以購食糧，最後食了野生雜草度日，
該地氣候不合，病人每日俱增，在集中場所，每日平均死四、五名，
在海南島方面揩油風甚盛，我們所受領的日給，大部份都被揩油，
以致我們的生活日陷困難，謀自殺者不少現在幸得歸還，實是上天
保祐。現在尚留在海南島的台胞，無法生活。〔註25〕

此為搭乘官派船隻沙班輪返臺的生還者所述，足見當時趁火打劫、敵視臺灣
人的情況相當嚴重。因此，最能夠照料旅瓊臺灣人的，終究還是旅瓊臺灣人
自己，而王開運身處海南島，擔任「旅瓊臺灣同鄉會」會長，對於返鄉一事
自然奔波甚力。

　　「旅瓊臺灣同鄉會」位於海南島的首善地區海口市，該地聚集的臺灣人
也最多。據王開運自身所述，「旅瓊台灣同鄉會，最初不過一連絡懇親機關而
已，洎乎國軍進駐而後，因該地未置本省連絡員，以故台胞所有關係，事無
大小，盡要同鄉會越俎代庖〔註26〕」，可知該同鄉會早於國軍接收海南島之前
已成立，且是情非得已的狀況下，才擔負起一切協助臺灣人的任務。大致說
來，旅瓊臺灣人可分成數量蔚為大宗的「軍屬」與人數較少的「一般商民」
兩種，戰後由該島秀英、三亞、北黎、陵水等處的集中營收容管理臺籍軍屬，
旅瓊臺灣同鄉會協助臺籍商民的生活問題。不過，集中營的環境不佳，管理
者紀律鬆散，故時有臺灣人從中逃離，例如原本是臺籍日本海軍志願兵的黃

本兵・戰爭經驗》（新竹：新竹市立文化中心，1997）；周婉窈編《台籍日本
兵座談會記錄并相關資料》（臺北：中央研究院臺灣史研究所籌備處，1997）；
蔡慧玉編《走過兩個時代的人：台籍日本兵》（臺北：中央研究院臺灣史研究
所籌備處，1997）；湯熙勇、陳怡如編《臺北市臺籍日兵查訪專輯：日治時期
參與軍務之臺民口述歷史》（臺北：臺北市文獻委員會，2001）；張子涇《台
籍元日本海軍陸戰隊軍人軍屬いずこに》（臺中：聯邦書局，1984）；黃金島
《二二八戰士：黃金島的一生》（臺北：前衛出版社，2004）。
〔註25〕〈沙班號輪安抵高雄 載台胞計二千七百餘名〉，《民報》，1946 年 10 月 6 日，
4 版。
〔註26〕〈旅瓊臺灣同鄉會臺北聯絡處自租船舶運回臺胞核復案〉，國史館臺灣文獻館
「日據時期與光復初期檔案查詢」網站，典藏號 00318200012021。

金島，即變更爲商人身份，乘黑夜逃出集中營；如此一來，照料離營者又將成爲同鄉會的問題。〔註 27〕無論如何，旅瓊臺灣同鄉會並不只是協助小範圍的留瓊者，也不會因爲協助的商民人數較少，連帶負擔較輕；相反的，其所關切的範圍，還是整體的旅瓊臺灣人，且由於有該同鄉會的協助，一定程度上減少了留瓊者淪爲盜匪游勇的問題。

王開運是旅瓊臺灣同鄉會會長，必須負起照料海口市臺灣人，以及統整、傳遞同島其他臺灣人處境的重責大任。1946 年 1 月底，王氏致電給陳儀，茲引如下：

> 臺灣省陳省長儀：電悉。高恩厚德，應激靡既。現旅瓊臺胞飢寒遍地，需救孔急，刻不容緩，且救人如救火，斷難容責有旁貸，最好電向各界仁人義士呼籲募款，購備糧糖等各色物資前來救濟，則以該船輸送無告之臺胞先行返籍，並請設法求美協助派船送歸故里，是否可得辦理，即乞賜電覆示。又務請於臺灣二十時至二十一時之間以電台播音，陸續賜聞幸甚。旅瓊臺灣同鄉會長王開運子有〔註 28〕

此電文於同年 2 月 12 日始得陳儀回覆，距離鍾浩東向陳氏呈報廣東地區臺灣人情況，已有 3 個月的時間，距離政府接收海南島更是超過 4 個月，但陳儀的處置，只是轉請行政院善後救濟總署廣東分署就地設法遣送。〔註 29〕事實上，這不會是臺灣官方第一次，也不是最後一次在推諉責任，上述鍾浩東

〔註 27〕湯熙勇〈脫離困境：戰後初期海南島之臺灣人的返臺〉，頁 176。

〔註 28〕〈已電救濟分署派輪運送臺胞返籍電復案三〉，國史館臺灣文獻館「日據時期與光復初期檔案查詢」網站，典藏號 00306520001056。筆者按，「子有」指的是「1 月 25 日」，採電報「韻目代日」及十二天干記月的方式：如「子」即 1 月，餘可以此類推。各日如下：

日期	一	二	三	四	五	六	七	八	九	十	一	二	三	四	五	六
用字	東	冬	江	支	微	魚	虞	齊	佳	灰	眞	文	元	寒	刪	銑
日期	七	八	九	廿	一	二	三	四	五	六	七	八	九	卅	一	
用字	篠	巧	晧	哿	馬	養	梗	迥	有	宥	沁	勘	豔	陷		
代字														卅	世、引	

由於文件往返須經多日，本論文引用電報資料時，盡量將發電報、收件、批示等日期區分開來，以明事情發展情況。又，「韻目代日表」可參見「維基百科」網站（http://zh.wikipedia.org/wiki/Wikipedia:%E9%A6%96%E9%A1%B5）的「韻目代日」詞條。2012 年 3 月 27 日閱。

〔註 29〕〈已電救濟分署派輪運送臺胞返籍電復案三〉，國史館臺灣文獻館「日據時期與光復初期檔案查詢」網站，典藏號 00306520001056。

的呈文，長官公署將之併入其他電文一同辦理，未有正面回應；1月11、21、25日，廣州行營主任張奎發、廣東省政府、廣東省主席羅卓英等，先後致電長官公署，告知海南島糧荒嚴重，臺灣人生活困苦，請公署派員來瓊協辦遣返事宜，長官公署將此事務交由救濟總署臺灣分署電請該總署設法撥船遣送，或併電辦理〔註30〕；之後有更多民間與政府單位之間的相關電文、書信往來，官方的處理態度依舊不積極，遑論有顯著成效。

　　同時，王開運的陳情催促也多管齊下。在王氏發出上述電文之後，1月28日，林獻堂在日記中寫下，預計於2月為其外甥呂靈石被視做漢奸的爭議，以及中國各地所回報的旅外臺灣人受虐之事，北上向陳儀陳情，其中就包括了王開運的海南島報告；而《民報》社長林茂生、臺北市長黃朝琴亦收到王氏的籲請求援。〔註31〕同年2月10日，王開運準備一封書信和一份留瓊臺灣人的名冊，欲致予陳儀，名冊長達7百多頁，每頁至少登錄10人，書信內容則有4項要點，其一，依據所附名冊，向留瓊者的在臺家屬報備平安；其二，於海南島設置臺灣省辦公處，以處理臺灣人事宜；其三，促請3月初即開始遣送留瓊者；其四，為減少臺灣人受當地民眾排擠，請陳儀懇求中央對臺灣人既往的作為予以寬容明察。〔註32〕同月14日，王開運所派遣的旅瓊臺灣同鄉會書記長陳紹宗、理事張添河等4人，由海口市啓程，繞道廣東回臺，向臺灣方面報平安，並募集救濟物資與返臺資金。〔註33〕同月17日，王氏致電給陳儀與臺灣廣播電台，謂「現餓死者日甚一日，人心洶洶，無法處治，救會已無法救濟與管理，特擬於月底結束解散，屆時事情必益嚴重大，希於本月中由貴省速派幹員到此辦理，方免塗炭無辜生靈〔註34〕」，以及指出收聽臺

〔註30〕 國史館臺灣文獻館「日據時期與光復初期檔案查詢」網站：〈派員協助瓊州臺胞返臺電知案〉（典藏號00306520001052）、〈已電救濟分署派輪運送臺胞返籍電復案一〉（典藏號00306520001054）、〈已電救濟分署派輪運送臺胞返籍電復案二〉（典藏號00306520001055）。

〔註31〕 林獻堂《灌園先生日記（十八）：一九四六年》（許雪姬編，臺北：中央研究院臺灣史研究所、中央研究院近代史研究所，2010），頁38。〈旅瓊台胞籲請救援 電陳廣州市長請加優待〉，《民報》，1946年2月8日，2版。

〔註32〕 國史館臺灣文獻館「日據時期與光復初期檔案查詢」網站：〈海南島臺胞名冊一〉（典藏號00306510040001）、〈海南島臺胞名冊二〉（典藏號00306510040002）、〈海南島臺胞名冊三〉（典藏號00306510040003）。

〔註33〕 〈已商請盟軍派輪接運臺胞回籍電知案〉，國史館臺灣文獻館「日據時期與光復初期檔案查詢」網站，典藏號00306520001095。

〔註34〕 〈海南島廣東臺胞返籍接運〉，國史館臺灣文獻館「日據時期與光復初期檔案

灣廣播電台，是留瓊者的唯一安慰〔註35〕；這封廣播文裡，王氏一方面用威脅、警告的語氣，迫請官方能有具體行動，一方面試圖擴大呼籲，態度已不同於先前的卑躬哀求。

2月19日，王開運致電《民報》，語氣更加急切：

民報社林茂生老兄鑒：

前致數信與電於兄，未蒙一答，到耶未耶？弟原非爲己謀者，弟欲歸立時可得，惟目睹台胞慘狀，未忍遠走高飛耳。今台胞之慘，半數以上已達死綫，呼籲無門，救濟無術，台省父老，不少仁人義士，棄而不顧，是誠何心？現有播摩丸將輪載日俘歸國，希急請政府致電第二方面軍張主任，撥調此船遣送台胞回去是望。

老兄體上天好生之德，主席愛民之心，致意折衝，務達目的而後止。

謹代表留崖三萬台胞泣血上懇

台灣同鄉會長　　王開運丑皓〔註36〕

其實，臺灣民間並非完全沒有行動，例如林獻堂於1945年11月即籌備成立「臺灣省海外僑胞救援會」，欲協助旅外臺灣人返鄉；王開運長子神嶽，擔任「海南島派遣臺胞家族」的代表，與南臺灣相關家族聯名向陳儀陳情；臺灣民眾協會、臺胞海外送還促進會一接到海南島榆林臺灣同鄉會長林田之急電，乃召開幹部會議，派代表與黨政機關商恰就助辦法……等等。〔註37〕然而，民間力量有限，資源募集難以一蹴即成，加上官方處於被動立場，對於每日親見留瓊臺灣人處在生死交關的王開運來說，一緩一急落差之大，自然是義憤填膺，責讓鄉里無情。另一方面，這封電文更說明王氏能夠不顧己利，爲同鄉奔走甚力的心跡。

王開運顯然是壓抑濃烈的鄉愁，忍受歸鄉不得的煎熬而留在海南島，這般心情也連帶呈現在詩作之中。且看〈丙戌元旦口占〉（詩，1946，頁117）：

查詢」網站，典藏號00306520001072。
〔註35〕　〈旅瓊臺胞以設法遣送回籍電知案一〉，國史館臺灣文獻館「日據時期與光復初期檔案查詢」網站，典藏號00306520001079。
〔註36〕　〈海南島台胞三萬人　進退維谷亟待營救〉，《民報》，1946年3月24日，2版。
〔註37〕　葉榮鐘《葉榮鐘早年文集》（臺中：晨星出版社，2002），頁333。〈已電救濟分署派輪運送臺胞返籍電復案四〉，國史館臺灣文獻館「日據時期與光復初期檔案查詢」網站，典藏號00306520001057。〈海南島台胞來電　籲請趕速救濟〉，《民報》，1946年2月16日，2版。

蝸廬一任去來春，富貴聰明早讓人。閒課聖經溫舊藝，醉吟蠻曲作
新民。出門學送紅箋刺，入室難忘碧澗蓴。且喜芳辰同事遇，客中
情緒十分眞。

登門道喜盡同鄉，斗室春生盡畫堂。一醉渾忘身是客，兩年幾見海
栽桑。辛盤著意添佳味，椒頌無心獻綺章。莫問花遲與柳困，且隨
彩燕付顛狂。

自1940年代起，王氏頗頻繁地在元旦、生日等時日賦詩留念，訴說光陰匆匆，
感嘆一生無成，榮利終是空虛，例如「過客光陰太迫人，嬉春又見去來頻」、
「一生株守難言志，三世書香不算貧」（〈庚辰元旦〉，詩，1940，頁78）；「歲
歲今朝祝誕辰，一家團聚樂天眞。朦朧尚作含飴笑，瞀眠依然車上人」（〈九
月十一日京阪道中值予生辰有作〉，詩，1940，頁98）；「亦喜亦悲餘日短，呼
牛呼馬半生癡」、「究竟人生行樂耳，孫枝繞膝足含飴」（〈辛巳元旦書懷〉，詩，
1941，頁78）；「一瞬浮生五十年，衷情旅況共蕭然」、「何時得遂青山願，好
把煙花次第編」（〈陰曆九月十一誕辰旅中感賦〉，詩，1941，頁99）；「紅塵堆
裡百年身，利鈍榮枯付笑謞」、「弄孫恰好來佳客，醉月猶須仗美人」（〈舊九
月十一日誕辰自嘲〉，詩，1942，頁98）；「半生潦倒荒唐漢，盡日逍遙降仙謫」、
「兒曹幸解粗酬應，勸飲渾忘月浸筵」（〈癸未五五生日有作〉，詩，1943，頁
107）；「百年元日餘無幾，累代遺經尚半存」、「梅下自憐寒骨瘦，眼中誰見布
衣尊」（〈甲申元旦〉，詩，1944，頁110）……等等，皆是如此。可見到了知
命之年，對於年歲、時局和己身處境，有了異常的敏感警覺。相對地，對於
王氏自己所擁有的（或想望的）家庭溫暖、隱居養生、閱讀飲酒、友人情誼
等，就更加備受珍視，也唯此可以慰藉心靈。

如今王開運身在海南島，過年又是家人團聚的重要時節，惜歸鄉無期，
能慰藉心靈者亦不可得，所遭遇的盡是困頓，所以在〈丙戌元旦口占〉裡的
心情，就表現得相當沉痛又眞實。「蝸廬」反映了王開運在海南島的生活並不
算寬裕，且無計幫助同鄉啓程返家，自然是「富貴聰明早讓人」，這些都不會
是熟爛套語或自謙之辭。而閱讀習藝、藉由年節與同鄉相聚、出門分送「紅
箋」（指名片）以爲社交，或者享用佳味美食，是用來排遣苦悶，複製了王氏
以往在臺灣的忘憂方式。不過，從「且」（即暫且）、「著意」、「無心」等字眼
來看，這些方法都只是暫時的、刻意的，愁緒很快又浮上心頭，一旦回到住
所便「入室難忘碧澗蓴」，亦即引用「蓴鱸之思」的典故，道出思鄉之濃烈，

連同眼中的春景，也因而「莫問花遲與柳困」。「醉吟蠻曲作新民」，更明白指出坐困島上，即便臺灣人所隸屬的政權與國籍已有一番改易，王氏卻感受不到半分欣喜，畢竟種種皆因「客中情緒十分真」。

　　除了強忍鄉愁，頻頻向臺灣方面奔走呼告，王開運也必須與海南島的軍隊、官方交涉，當時留瓊臺灣人的實際管理工作，乃先後由「粵桂南區總部前進指揮所」、「第四六軍」（後為「整編第四六師」）、「瓊州戰俘管理處」、「廣東省政府瓊崖辦公處」等單位負責。〔註38〕交涉之時，王氏還差點面臨殺身之禍，王駿嶽有相關記載，茲引如下：

> 當時海南島的一切事務都由重慶政府派來的軍司令部負責，為要解決臺灣同鄉的安全和返鄉問題，家父必須拜訪軍方司令部的長官。初去拜訪時，在守衛室等待一、二小時後，才能覲見司令長官，並且要求在立正的情形下報告請求事項。但司令在聽完報告後並未立即答覆，只請家父回去。當時家父心中覺得請求可能沒有希望了，但經月餘後，司令部再度通知召見；經守衛室通報後，隨即被請入內並招待洋煙、咖啡，完全不同以往的狀況，家父突感心驚。司令詢問家父：「想用何種方式來解決海南島人對臺灣人的心結？」家父回答：「僅需一小隊約七、八人的軍隊隨我回同鄉會駐守即可。」司令官心疑，但經家父詳說原委後即行批准。

> 事情是這樣安排：每當海南島民眾和臺灣人衝突發生時，此一小隊人馬隨即到場，將肇事者逮捕並反綁至臺灣同鄉會中，然後再由家父解釋勸說並當場釋放。慢慢的海南島民也了解到司令官是同情臺灣人的立場，而且王開運這位會長也真正對他們很好，這樣才逐漸減少彼此的糾紛，化解了不少衝突。

> 事後，識得家父的地下工作人員詢問家父：你知道司令對你的感想嗎？家父卻說：唯一想不透的是，司令對待他的態度，為何兩次差異如此之大！地下工作人員這才說出理由：「本來你差點就沒命了！」原來當時司令部已經決定要緝拿槍決五名臺灣人，以安慰海南島民不平的民心，而王開運是名列第一人。「恰好你來拜訪司令並說明來意，司令雖然一邊看報不與答覆，但他從報縫裡暗中發覺你

〔註38〕湯熙勇〈脫離困境：戰後初期海南島之臺灣人的返臺〉，頁175。

的言行並非惡霸，故在你離去後派遣 20 餘人，於一個月內暗中訪查
你的做人處事以及過去資料，在回報中發現每件你的爲人處事都是
正面，沒有不利於你的報告；原以爲仗著日本人對你的厚愛，你心
已無祖國，但從你的詩文、書法及待人處世中，深感你的學問爲人
並非一般，所以放棄原有計畫，改爲支持你的請求。」這位司令雖
身爲蔣中正部屬，但在國共內戰之際，投靠了共產黨。

當時在海南島的臺灣人都沒錢返鄉，加上在臺灣的行政長官單位與
戰敗狼狽的日本政府皆無力支援。在此情況下，家父只好派遣兩位
同鄉會的幹部設法返臺與家族募款，所得之錢再租船分批載送同鄉
回臺。當時同樣服務於瓊崖銀行的同事黃塡山（後任一銀西臺南分
行經理）、陳錫津（後任臺灣銀行經理）以及周有（後任臺灣銀行經
理）就曾描述當時情形並強調家父要堅持做最後一個返臺的臺灣
人，爲此深得同鄉的感激。（獻，頁 283～284）

王開運借用少數軍人來制止兩肇手端，再說之以理，避免因軍方協助臺灣人，
卻反而造成臺灣人與海南島人更形對立的局面，確實展現處變不驚、以柔克
剛的智慧；黃金島也指出，「台灣同鄉會長王開運先生義不容辭代表鄉親向海
南中國軍最高當局請願、交涉」，且當黃氏自費回臺之時，亦由同鄉會私下塞
紅包，解決海關的刁難。〔註39〕

　　至於王開運之所以身陷危難，是因爲先前擔任瓊崖銀行總經理，而瓊銀
所謂的「吸收預金」，即是發行「軍用票」之類的戰時票券以掠奪物資；後王
氏擔任同鄉會會長，而海南島人已對臺灣人有「協力侵略者」的成見，加上
地位顯眼，王氏自然容易成爲海南島人藉以報復、消弭憤懣的優先對象。但
儘管王開運事後知情，仍舊戮力於返鄉事務。附帶一提的是，王駿嶽所提及
的這位投共軍官，正是四六軍軍長韓鍊成；韓氏甚得蔣介石、白崇禧信任，
也暗中與中共人士往來，戰後國軍接收海南島，接收部隊即是第四六軍，由
韓鍊成出任軍長兼海南島防衛司令官，後於 1948 年加入共軍，人稱「隱形將
軍」。〔註40〕

　　直至 1946 年 3 月底，海南島始有第一批臺灣人歸鄉，但僅邱定等 4 人，

〔註39〕黃金島《二二八戰士：黃金島的一生》，頁 55、59。
〔註40〕葉泉宏〈韓鍊成投共之研究〉，《眞理大學人文學報》6（2008 年 4 月），頁 4
　　　　～6。筆者按，相關傳記可參見韓兢《隱形將軍》（北京：群眾出版社，2008）。

且還是自僱帆船。4 月初，前述旅瓊臺灣同鄉會的陳紹宗、張添河等人，竟歷經 2 個月餘的波折，才從安平登陸。同鄉會交付其返鄉任務大致有二，一是轉述留瓊臺灣人的數量與分布狀況、生活困境，例如 4 月 11 日走訪林茂生，由《民報》刊載海南島情況：

> 在海南島之現存人數約有二萬六百名，其中舊被日軍徵爲軍人軍屬者，佔一萬九千名，停戰後，由國軍命令集中……（中略）……，派管理官監視本省同胞，以與日俘僑同樣之待遇。……（中略）……因現地民眾對于本省出身一部份軍人、軍屬之誤解，致使滾出混亂之狀態，如提高房租或趕出等，且搶掠本省人所有之財產，甚至有被打死者；又軍部以台胞視爲日俘僑加以侮辱……（中略）……。雖代表常向當局陳情，亦不舉其果。現在台胞之食糧，原由國軍當路供給，現已不能接續，一日僅有米粥一食，最可憐者三日只有一食，改至台胞賣衣類、用品以維持肚子……（中略）……，幸得同鄉會會長王開運氏之奔走努力，僅得多少安定。總而言之，同鄉會是無資力能夠救濟，而且現每日發生平均五名之病餓死者……（下略）……〔註41〕

並將帶回的名冊交給臺灣廣播電台，固定時間放送留瓊者姓名。〔註42〕再如 4 月 16 日，陳、張二人呈上兩封信文給長官公署，強調若不早日實行遣返，留瓊者餓死的情況將更加嚴重，也易流爲盜匪，不利於治安。而從《民報》所述與官方文書批示的日期來看，前述王開運所準備的書信及名冊，應該就是交由陳紹宗等人帶回臺灣，無奈途中波折，到了 4 月才得以將王氏兩封呈文和文件一併交給官方處理。

　　另一個任務，則是與官民商洽協助辦法、爭取救濟物資，例如建議はりま丸（播磨丸【哈利馬號】）、臺北輪應優先運載留瓊臺灣人，並成立「臺灣旅瓊同鄉會臺北臨時連絡處」，專責臺、瓊二地的聯繫。〔註43〕

〔註41〕　《民報》：〈在瓊二萬餘人台胞　三日只得一食〉，1946 年 4 月 12 日，2 版、〈社論 呼籲救援海南島台胞〉，1946 年 4 月 12 日，1 版。

〔註42〕　〈電台擬廣播留瓊台胞姓名〉，《民報》，1946 年 4 月 12 日，2 版。

〔註43〕　國史館臺灣文獻館「日據時期與光復初期檔案查詢」網站：〈陳紹宗等二人請求救濟旅瓊臺胞批復案〉（典藏號 00306520001093）、〈海南島臺胞名冊一〉（典藏號 00306510040001）。〈在瓊二萬餘人台胞　三日只得一食〉，《民報》，1946 年 4 月 12 日，2 版。

　　當時，從日軍手中接收，且經海南島榆林地區的日人勉強修復（前被美軍炸沉）的「はりま丸」，由於留瓊日人已被美軍遣返殆盡，本欲開往上海，但中途須寄港高雄以補給燃料、用水，加上四六軍長韓錬成向陸軍總司令部爭取，打算將該船做爲運送留瓊臺灣人回鄉之用，遂獲得陸軍總司令部同意，はりま丸終於能夠先行運載六千七百餘名臺灣人，於 4 月 12 日回到家鄉。〔註44〕然而，はりま丸一到臺灣，即被美軍徵用於在臺日人的遣返；對此，中央政府與臺灣官方並未據理力爭，是其失職之處。4 月底、5 月初，不知情的王開運、鄭隆吉、吳振武等留瓊臺灣人代表，還分別致電陳儀、陸軍總司令何應欽，催問はりま丸何時來瓊，卻得到はりま丸開往花蓮遣返日人，長官公署已派參議黃鎮中赴廣東辦理遣返的消息。〔註45〕最後，はりま丸再也不曾回到海南島。

　　5 月 14 日，王開運寄信給旅瓊臺灣同鄉會臺北聯絡處，告知海南運輸司令部業已結束，地方軍隊尚且計畫讓留瓊臺灣人長途步行至廣州灣，以便集中管理並乘船返鄉；此舉實爲不智，政府自斷一條補給援救管道，又要留瓊者在極度飢病的情況下勞累步行，等同死亡行軍。是以，王氏在信中指示聯絡處，務必請林獻堂相助，林氏則先將陳紹宗轉介給時任臺灣省參議會議長的黃朝琴，由黃氏引領其會見陳儀。〔註46〕這該當是想透過省參議會的力量，來促請陳儀能有具體行動。

　　5 月 21 日，長官公署參議黃鎮中抵海南島，但王開運對其態度頗爲不滿，於隔日寫信向張添河、陳紹宗訴苦：

　　　逕啓者：旅瓊臺胞所翹首鵠待之黃參議經於昨日抵瓊矣，據言「海南號已開往日本，美國自由艦亦難希望，惟沙班號待運完留廣同胞後，當能來瓊，而救濟物資及救濟資金均未帶來」云云。諸同胞聞訊之下，莫不大爲失望。又聞黃氏將此處挪借國幣貳佰萬元左右，以作貧病者（一般居留臺胞及集中營軍屬一切份額）救濟資金，冀

〔註44〕〈陳紹宗等二人請求救濟旅瓊臺胞批復案〉，國史館臺灣文獻館「日據時期與光復初期檔案查詢」網站，典藏號 00306520001093。謝培屏編《戰後遣送旅外華僑回國史料彙編 3・南洋 海南島篇》（臺北：國史館，2007），頁 489〜493。

〔註45〕何鳳嬌編《政府接收臺灣史料彙編》（臺北：國史館，1990），頁 1226〜1231。謝培屏編《戰後遣送旅外華僑回國史料彙編 3・南洋 海南島篇》，頁 495。

〔註46〕何鳳嬌編《政府接收臺灣史料彙編》，頁 1234〜1235。林獻堂《灌園先生日記（十八）：一九四六年》，頁 184。

了其來瓊責任，杯水車薪不濟事。現諸同胞已覺悟官不可靠，紛紛
自雇帆船，將於日內出發首途，唯船小人多，長途頗甚憂慮。然與
其束手待斃，實不如裹葬魚腹之爲愈也。嗚呼，再聞各集中營之軍
屬等，已有相率潛逃逕投大和隊（日臺人組織之共產軍別動隊）者，
其決意之悲壯，實堪令人泣下，然同鄉會亦未爲之何也已。加以天
氣迫熱，赤痢流行，醫藥缺乏，死者相繼諸因，人今已計窮力盡，
只好聽其推移也。最後所希望者，爲留臺父兄有顧念其子弟之時，
可火急撥資著妥人攜來，以便自雇大船送回，除此而外，實無辦法。
蓋目下非無船可雇，只乏船租已耳，當局之所謂無船者，不過藉口
而已。嗚呼！「荷包是我的，性命別人的」，此病不除，誤人誤國，
何能設想？〔註47〕

當時國內通貨膨脹嚴重，國幣（法幣）最無力，加上常有坐地起價、揩油索
賄之事，國幣 200 萬元確實只是區區，根本無法滿足眾多留瓊者，就連黃鎮
中自己在同月 26 日的電報中，也指出留瓊者「月需一萬萬五千萬元」〔註48〕；
況且黃氏尚是「孑然一身」地到來，顯然置身事外，難怪王開運不得不沉痛
道出「杯水車薪不濟事」、「官不可靠」、「嗚呼！『荷包是我的，性命別人的』，
此病不除，誤人誤國，何能設想？」等語，可見王氏及其他留瓊者對政府是
如何地失望與憤怒。接著，留瓊者開始設法僱船返臺，或投靠地方武力，以
覓得一絲生存與歸鄉的希望；也誠如王氏所言，船租運費才是核心問題，這
就成爲王氏下一個奔波的方向。

三、離瓊後持續參與救援

　　1946 年 5 月 28 日，王開運不再堅持最後離開海南島，遂搭飛機抵香港，
尋求更多協助留瓊臺灣人返鄉的機會；陳紹宗知悉之後，將此消息轉告黃朝
琴，認爲王氏將「親自指導租船救濟事宜，實我旅瓊家族之大幸也」。〔註49〕
而王開運在離開海南島前夕，賦作了〈將別海口賦呈蔡公勁軍〉（詩，1946，
頁 114）：

〔註47〕　〈旅瓊臺胞情形呈報案〉，國史館臺灣文獻館「日據時期與光復初期檔案查詢」
　　　　　網站，典藏號 00318200012376。
〔註48〕　何鳳嬌編《政府接收臺灣史料彙編》，頁 1240。
〔註49〕　〈旅瓊臺胞情形呈報案〉，國史館臺灣文獻館「日據時期與光復初期檔案查詢」
　　　　　網站，典藏號 00318200012376。

爲籲秦庭萬里分，敢將排梗擬浮生。當茲建設才能惜，後此經綸算
自明。未得西江難解困，暫辭南海快登程。何時擁篲重邀盼，一答
知恩願始平。

雋逸豐標望若仙，明慈才調本天然。眼睛妙喻無高下，萁豆同根詎
迫煎。喜看斯民欽德政，更從盛世仰名賢。後來之秀誇奇甸，天地
鍾靈信十全。

此詩半是應酬恭維，半是表明心志。蔡勁軍本身是海南島人，時爲廣東省政
府瓊崖辦公室主任，和韓鍊成一樣，負責管理留瓊臺灣人〔註 50〕，王開運自
然與之有所交集，故譽其風儀雋逸、開明慈懷，堪稱國家得才，並期盼日後
能再重逢。其中，「奇甸」應指明代海南島先賢丘浚的《南溟奇甸集》，「後來
之秀誇奇甸」即是稱蔡氏的才氣將青出於藍，勝過先賢丘浚。另一方面，「爲
籲秦庭萬里分，敢將排梗擬浮生」，王開運引用了申包胥七天七夜哭求秦師救
楚的典故，比喻自己離瓊求援的立場，且強調不是爲了一己的求生；「未得西
江難解困」，則是運用《莊子》「涸轍鮒魚」的寓言，指稱處於生死交關的留
瓊臺灣人極待救援，故必須「暫辭南海快登程」。而「眼睛妙喻無高下，萁豆
同根詎迫煎」，更是直白表示，一個人的雙眼基本上是無分高低的，同胞之情
也是如此，又何以竟然變成煮豆燃萁，自相迫害？「喜看斯民欽德政，更從
盛世仰名賢」，筆者認爲這表面上是客套，實際卻是警語，蔡勁軍負責管理留
瓊者，留瓊者的困境反而日益嚴重，故其中有著勸勉蔡勁軍努力設法安頓臺
灣人的含意存在；也就是說，戮力爲民，才是眞正的名賢，才有眞正的德政
與盛世。

王開運在香港，立刻進行租船事宜。據蔡勁軍的電文所述，王氏計畫運
送留瓊者返鄉的船隻回程之時，臺灣官方能予以補助船資，並准許收買、運
載臺灣的物資出口；對此，長官公署也樂見其成，表示王氏可以直接與被派
遣至廣東、海南島的黃鎮中洽辦。〔註 51〕事實上，王開運的計畫恰好反映了
商人的靈活思維，其提出回程優惠，是明白商人重視成本利潤的性格，藉此
增加開航誘因；官方補助船資，則形同與人民集資僱船，減輕彼此負擔。相

〔註50〕 徐友春主編《民國人物大辭典（增訂版）》（石家莊：河北人民出版社，2007），
頁 2225。
〔註51〕 〈旅瓊臺灣同鄉會赴港僱船運載臺胞返籍呈請回程裝運物資案〉，國史館臺灣
文獻館「日據時期與光復初期檔案查詢」網站，典藏號 00306510119023。

反的，據筆者所見官方檔案，在王開運提出計畫之前，政府或者一味依賴公家船隻（如はりま丸），不欲另撥款租船；或者是公營的招商局、臺灣航業公司、廣東實業公司，縱使也有船隻，卻未見政府單位之間合作分攤船資，而是要求單方面（如廣東省政府）派船運送。因此，一旦船隻不敷使用，抑或船費無力負擔，便屢屢拖延，相關文書往復催促，依舊沒有效果；且即使行文撥款救濟旅瓊臺灣人，也非治本之法，可見當時政府少有權變的能力。到了 6 月，臺灣與廣東兩方面，終於開始合作辦理運送臺灣人的船隻費用的分攤事宜，亦即由廣東省政府、臺灣省政府及救濟總署各負責三分之一，雖然仍以運送在廣東的臺灣人為優先〔註 52〕，但足以說明官方思維業已和王開運的計畫相接近。

　　6 月 15 日，王開運搭乘由廣東出發的沙班輪回到臺灣，隨即向《民報》說明，留瓊臺灣人的情況已到了「皆陷至饑餓線上，出賣自己衣服以維持肚子，只有襯衣褲而已，甚至有四、五人共有一件衣服，每人日僅吃粥湯一食，如乞丐般之生活」的地步，且「過去台胞因受日軍欺騙，陷於日人奸策，輕舉妄動，惹起在地人民之反感，弄到不可收拾之紛亂狀態，對此，政府雖有取締，亦不能奏效」；然後主張政府必須向民間租船，船資則由廣東省政府、臺灣省政府及救濟總署 3 方面來分擔。〔註 53〕同月 17 日、18 日，黃鎮中回報長官公署船隻接恰情形，表示廣東實業公司的沙班輪，因曾在航海途中，船主受臺灣人羈禁，買辦遭竊，故不願航行臺灣；而民間租船，則商人條件苛刻，或要求以公價購買臺灣的煤礦、砂糖，或比照沙班輪給價，但黃氏也認為必須設法「使商人有利可圖，則駛台船隻較易洽賃」。另外，黃鎮中仍請長官公署轉告交通部，希望能指定招商局派出專輪 2 艘，以運送留瓊臺人。對此，臺灣官方將煤礦價格、救濟問題交給交通處、工礦處、民政處辦理之後，再讓黃氏依照指示繼續行動。〔註 54〕爾後，官方漸能務實處理派船、僱船事宜。

〔註 52〕國史館臺灣文獻館「日據時期與光復初期檔案查詢」網站：〈再派沙班船悉數運回臺胞船費三分之一以煤作抵案〉（典藏號 00306510119020）、〈沙班輪於基隆載煤返粵再運旅穗臺胞回籍案〉（典藏號 00306510119024）。

〔註 53〕〈四、五人合穿一件衣 瓊島台胞在餓餓線〉，《民報》，1946 年 6 月 18 日，2版。

〔註 54〕〈洽賃挪威船情形呈報案〉，國史館臺灣文獻館「日據時期與光復初期檔案查詢」網站，典藏號 00318200012015。

前述王開運個人於香港所提出的租船計畫，並非全然陳請官方執行，同時也在臺灣民間推動。6月21日，「北部家屬大會」召開，約三千餘人集會於臺北中山堂，除了相關家屬與旅瓊臺灣同鄉會的王開運、陳紹宗、張添河參與之外，尚有徐灶生、黃朝琴、李冀中、徐白光、陳斯祿等民意代表或黨、政、軍要員名列其中。討論結果有三，與租船關切者為資金募集，即由同鄉會臺北聯絡處赴香港另行租船，而在臺家屬要為每一位留瓊者繳納臺幣3,000圓的船資；若留瓊者不願返臺或不幸死亡，則退費。其他兩個決議分別是推舉代表向長官公署及廣東省、海南島兩方面陳情，籲請加速援助營救，以及向旅瓊臺灣人電告臺灣方面的奔走情況。〔註55〕

同月24日，王開運在臺灣廣播電台，向全臺說明海南島最近情況，和租船資金募集方法。〔註56〕同月26日、29日，王開運呈上兩封信函給陳儀，這兩封信函內容大致雷同，乃更明確地告知民間租船計畫，並持續促請官方租賃船隻：

> 請於最短期間中，從速雇用挪威輪船（在香港）或沙班號繼續赴瓊運送台胞回里，以免葬身異域。

> 懇請政府另向上海或香港等地覓租適當輪船，專行運送瓊州台胞回籍，對其租金，旅瓊台灣同鄉會願邀集在台父兄共力負擔其一部份，但租船回航及利用等，則希望盡歸公署負擔，並妥為設法處理。

> 本同鄉會豫定於最近船便，赴港與該地四維公司契約租用四千餘頓輪船一艘（每一次可裝運五千多人），專運台胞回籍。其船租與燃料每一天約定港金壹萬壹千元，由香港出發至運送台胞抵台為止，按定十二天，共需要租資約港幣拾參萬貳千元，此款擬由本省各縣市在住之父兄勸募，唯其中不少貧窮家族，心有餘而力不足者，故希望政府及善後救濟分署對運送台胞租船，每次補助全船租三分之二或二分之一租資。

> 運送台胞回里之輪船回航時，因不能空船往返，故希望賜予核准船

〔註55〕〈營救旅瓊台胞召開　北部家屬大會　各方關切會場溢滿　決議募歁赴港備船〉，《民報》，1946年6月20日，2版。
〔註56〕〈王開運廣播海南島情形〉，《民報》，1946年6月24日，2版。何鳳嬌編《政府接收臺灣史料彙編》，頁1261～1262。

主在台以公定價格採辦煤炭（即塊炭及粉炭）儎回販賣，並請給與
本會批准證明書據，以便攜赴香港訂約。

懇請轉飭各機關，對運送台胞輪傳來往時出入口諸手續賜予便宜，
毋得留難，以示嘉獎之意。〔註57〕

陳儀在批示中，稱許王開運「熱心救助，殊堪嘉尚」，承諾待同鄉會租船確定，
將由長官公署撥墊船租二分之一，船隻回航時，可依公價加售煤炭 500 噸，
茶葉食糧則由貿易局酌售；且告知同鄉會代表到廣東後，宜與黃鎮中洽辦。
〔註58〕7 月初，長官公署公布了官方版本的接運留瓊者辦法，官方租船的回
程優惠與承諾同鄉會租船方案相同，更進一步採取實物代替部份運費，授予
黃鎮中全權辦理就近租船，同時向麥克阿瑟（Douglas MacArthur）請求船隻
支援，以及向招商局洽請商船等〔註59〕，不但與民間陳情取得共識，態度也
轉趨積極。同月 5 日，報載王開運將派同鄉會理事張添河等 3 人，赴廣東自
行租船載運留瓊者。〔註60〕

　　然而，民間自辦的租船事項，其實不順遂，甚至是無疾而終。自王開運
推動資金募集以來，即有民眾反應家計貧窮，無法支出臺幣 3,000 圓，希望
官方能另圖辦法〔註61〕。為此，王氏也多次尋求林獻堂的幫助。例如 7 月 2
日，王開運與林金東走訪林獻堂，告知募金傭船之事，林氏雖然贊成，也擔
心無法如願以償；同月 12 日，徐建中帶王氏的信件拜訪林獻堂，再言募款
贊助，林氏捐出 2 萬圓；到了 8 月初，國營招商局的海川輪已載返 600 名留
瓊者，王氏仍舊派人邀約林獻堂北上商議救援之事，並請准用林氏名義募集
資金〔註62〕。這在在說明了募集資金是困難且緩慢的。究其原因，大概可訴
諸戰後經濟不佳、船資過高、臺瓊之間路途遙遠所致，因此未能及時租船，
即便有錢也未必有船可租；而同年 8 月底，以丘念台、林獻堂為首的「臺灣
光復致敬團」前往內地，行前還向全臺各地募集了慰勞獻金 200 萬圓（折合

〔註57〕　〈旅瓊臺灣同鄉會臺北聯絡處自租船舶運回臺胞核復案〉，國史館臺灣文獻館
　　　　　「日據時期與光復初期檔案查詢」網站，典藏號 00318200012021。
〔註58〕　〈旅瓊臺灣同鄉會臺北聯絡處自租船舶運回臺胞核復案〉，國史館臺灣文獻館
　　　　　「日據時期與光復初期檔案查詢」網站，典藏號 00318200012021。
〔註59〕　〈接運海南島臺胞〉，《民報》，1946 年 7 月 3 日，2 版。
〔註60〕　〈交通處積極辦理運返瓊島台胞〉，《民報》，1946 年 7 月 5 日，2 版。
〔註61〕　何鳳嬌編《政府接收臺灣史料彙編》，頁 1261～1262。
〔註62〕　林獻堂《灌園先生日記（十八）：一九四六年》，頁 233、236、245、286、291。

國幣 4,000 萬元），或許也分散了救援力量。〔註63〕在嗣後的 10 月 21 日，王開運遂通知林獻堂，表示遣返留瓊臺灣人已到最後階段，募集金尚餘三百多萬元，將發還給捐款者。〔註64〕

　　從 1946 年 7 月起，政府單位經過重重的文書往返，資源協調，終於以國營招商局的海川輪為首，大批大批地將留瓊臺灣人運送返鄉，其他參與運送任務者，尚有廣東實業公司沙班輪、臺灣省航業公司臺南輪、香港華聯莊船務公司宜興輪、香港宗成行沙興輪等船隻。〔註65〕據當時報導，搭乘官派船隻返臺者，在船上的遭遇並不比自行返臺者較為改善，例如 9 月由宜興輪（巴拿馬籍）運回的臺灣人，「在船內已有十餘名病死，現該批中有病人七八五名，多屬瘧疾腫病，其餘健康者亦均因饑餓消瘦如柴，宛如乞丐。衣服襤褸，臭氣迫人」；10 月由沙班號運回者，「在船內因罹病死亡者十七名，罹病六十二名」；同月，臺南輪、沙興輪運載留瓊者抵基隆，亦皆是重病數十人，「其他多屬瘧病腫病，健康者亦均因饑餓消瘦如柴，宛如乞丐，衣服襤褸，臭氣迫人」，並有途中死亡者。〔註66〕而其間仍有不少留瓊者是自行回臺的。

　　雖然王開運與留瓊臺灣同鄉會無法順利租船載返臺灣人，不過其間仍從旁協力，或者促請官方對自行返臺而途中落難的臺灣人提供救助，或者是直接由同鄉會救濟。例如 7 月 5 日、13 日，部份留瓊者分別搭乘龍光號、新宏利號返鄉，就中有家在花蓮、宜蘭者，因乏錢乘車，同鄉會資助車資 8,800 元。同月 8 日，新發利號載 300 名留瓊者返臺後，欲回程時卻被颶風打壞，物資盡落海中，同鄉會資助該船 13 名船員五千餘元，可是同鄉會公款不寬裕，這些款項都是暫時從前述的家屬募集金所挪用的，故王開運特地呈文請求官方撥給墊支，以求募集金不缺損。〔註67〕同月 15 日，王氏告知長官公

〔註63〕　〈台灣光復致敬團　第一批四千萬元已匯出〉，《民報》，1946 年 7 月 27 日，2 版。

〔註64〕　林獻堂《灌園先生日記（十八）：一九四六年》，頁 387。

〔註65〕　國史館臺灣文獻館「日據時期與光復初期檔案查詢」網站：〈宜興輪再駛榆林載運臺胞人數超過處理回復案〉（典藏號 00318200012074）、〈廣東實業公司載運臺胞返籍條件回復案〉（00318200012039）、〈沙興號輪救濟物資處理請核示案〉（00318200012196）。

〔註66〕　《民報》：〈海南島榆林臺胞昨一批抵基〉，1946 年 9 月 11 日，2 版、〈沙班號輪安抵高雄　載台胞計二千七百餘名〉，1946 年 10 月 6 日，4 版、〈台南號抵基　載瓊島台胞二二七九名　基隆市各界均紛起招待〉，1946 年 10 月 14 日，3 版、〈海南島台昨又一批　由沙興號運抵基隆　仍多病人消瘦如柴宛如乞丐　總數計共一六一三名〉，1946 年 10 月 16 日，4 版。

〔註67〕　〈新發利船被擊魄請求救濟案〉，國史館臺灣文獻館「日據時期與光復初期檔

署，有三百餘名留瓊者於後龍港上岸，公署乃商請救濟總署臺灣分署派員協助〔註68〕。同月16日，王氏呈文陳儀，告知有搭乘海和安號返鄉的留瓊者四百餘名，於福建省東山島遭海盜洗劫，後由廈門臺灣同鄉會收留，故請長官公署設法營救。〔註69〕8月3日，王氏告知陳儀，搭乘良福號者163人，遇風翻船，由汕頭市政府收留，宜速請當地政府及汕頭救濟分署繼續營救，設法遣送回臺〔註70〕。同月12日，王氏向陳儀報告，搭乘三順利號之留瓊者225人於澳門遭風翻船，由廣東省政府拯救，乃陳情長官公署設法救援〔註71〕。同月17日，王氏計畫派遣陳仁壽及醫師陳進貴2人，並攜帶醫藥品，隨臺南輪前往海南島運返臺灣人，以便途中照料，此提議得長官公署同意。〔註72〕

　　10月底，旅瓊臺灣同鄉會估算大部份留瓊者已回臺，遂於《新生報》、《中華日報》上告知留瓊者的臺灣家屬，至「臺灣信託公司」領回捐款，並在30日正式結束同鄉會的臺北聯絡處；然而，尚有少數臺灣人仍在海南島，故同鄉會本會也繼續留存該島，改由王溪圳負責。此外，《新生報》代行募款以匡助同鄉會的30萬餘元，同鄉會如數退還，而「旅外臺胞送還促進會」所捐的58萬元，同鄉會則有支出明細與收據，備呈該促進會，以示報銷透明化。

　　即便如此，王開運個人依然掛念剩餘的留瓊臺灣人，其數量也還有二千餘人之多，故仍向長官公署陳情：

> 現渠等之家屬，莫不倚閭涕淚，瞻望其回梓，重見天日者。伏念渠
> 等皆屬
>
> 鈞座治下黔黎，故膽敢瀝陳實情稟告，伏乞籲請廣東省政府轉飭現
> 地軍政機關，設法救濟，並送還歸臺，以解倒懸，實不勝惶悚待命

案查詢」網站，典藏號00318200012035。

〔註68〕　〈經辦派員攜款前往後龍港救濟返省台胞通知案〉，國史館臺灣文獻館「日據時期與光復初期檔案查詢」網站，典藏號00318200013003。

〔註69〕　〈電請臺灣救濟分署撥款救濟廈門臺胞案〉，國史館臺灣文獻館「日據時期與光復初期檔案查詢」網站，典藏號00318200013002。

〔註70〕　〈經電汕頭市政府協助救濟遇難臺胞同知案〉，國史館臺灣文獻館「日據時期與光復初期檔案查詢」網站，典藏號00318200013007。

〔註71〕　〈旅瓊臺胞澳門遭難請求救濟案〉，國史館臺灣文獻館「日據時期與光復初期檔案查詢」網站，典藏號00318200012076。

〔註72〕　〈旅瓊臺灣同鄉會派員隨船核准案〉，國史館臺灣文獻館「日據時期與光復初期檔案查詢」網站，典藏號00318200012068。

之至。〔註73〕

可見王氏並未因為同鄉會的任務已告一個段落而放手不管，其心心念念的姿態，在精神上確實信守了「堅持做最後一個返臺的臺灣人」這樣的諾言。對於王開運的陳情，官方除了再載回一千三百餘人之外，其餘則視做另有工作、不願返臺、不依規定的時間地點乘船，以及投入匪黨等少數特例，不願繼續遣返，反倒要求同鄉會轉告少數留瓊者，須自行搭船，或尋求各地救濟機關協助。〔註74〕此後直到1949年，猶有接運留瓊臺灣人返鄉的零星報導。〔註75〕

　　大致說來，戰後初期留瓊臺灣人的返鄉，不論是數量或頻率，主要都集中在1946年，且自從はりま丸運輸一次之後，必須要到7月開始，才又有官派的海川號等船隻陸續前來協助遣返，其餘多是留瓊臺灣人設法僱用船隻。以下為筆者所整理的留瓊者返鄉情況〔註76〕：

〔註73〕〈流落廣州灣臺胞請接運核復案〉，國史館臺灣文獻館「日據時期與光復初期檔案查詢」網站，典藏號00318200012230。

〔註74〕〈流落廣州灣臺胞請接運核復案〉，國史館臺灣文獻館「日據時期與光復初期檔案查詢」網站，典藏號00318200012230。

〔註75〕例如《臺灣民聲日報》：〈海南島臺胞三百餘　省當局將派員接運〉，1948年6月27日，4版、〈旅瓊臺胞生活苦　省撥三千萬接濟　決派員調查救濟接運〉，1948年12月12日，4版、〈滯留瓊島台胞第一批昨抵基〉，1949年4月4日，4版。

〔註76〕本表資料來源如下：

【一】《民報》（皆在1946年）：〈海南島台胞　一天僅有一餐　首次歸來之邱君談〉，3月31日，2版、〈呼籲救援海南島台胞〉，4月12日，1版、〈在瓊二萬餘人台胞　三日只得一食〉，4月12日，2版、〈留瓊台胞雖歸一批　尚殘滯二萬名〉，4月16日，2版、〈四、五人合穿一件衣　瓊島台胞在餓餓線〉，6月18日，2版、〈瓊崖歸胞中途遇險　澎湖縣府救獲還鄉〉，7月25日，2版、〈三自由輪將赴瓊　載該地台胞返省〉，7月30日，2版、〈旅瓊台胞六百名乘海川輪返高雄〉，8月1日，2版、〈揩油難民船　旅瓊台胞挨餓度日　返省途中備嘗苦楚〉，8月3日，2版、〈海南島台胞最近可全部運返〉，8月18日，2版、〈旅瓊台胞歷險歸省　赤腳空手談慘狀　裸身吃雜草渡日〉，8年22日，2版、〈台南號即開海南島帶病台胞頃抵高雄　大半均患病形容甚消瘦〉，8月25日，2版、〈留粵台胞遣送已達最後階段　黃參議鎮中業返台〉，8月27日，2版、〈沙班號輪安抵高雄　載台胞計二千七百餘名〉，10月6日，4版、〈台南號抵基　載瓊島台胞二二七九名　基隆市各界均紛起招待〉，10月14日，3版、〈海南島台昨又一批　由沙興號運抵基隆　仍多病人消瘦如柴宛如乞丐　總數計共一六一三名〉，10月16日，4版、〈又一批瓊島台胞〉，11月15日，3版。

【二】國史館臺灣文獻館「日據時期與光復初期檔案查詢」網站：〈滯留澳門臺胞已返臺通知〉（典藏號00306510009019）、〈滯廈門等地臺胞反籍回復案〉（典藏號00318200012028）、〈新發利船被擊破請求救濟案〉（典藏號

表 5-1-1【1946 年留瓊臺灣人返鄉紀錄】

出發	啟程	途經	到達	所乘船隻	人數
海口		香港、高雄	3 月底		邱定等 4 人
		安平	04.08	官派沙班號	海南島及廣東之臺灣人共 3,000 名；中有旅瓊臺灣同鄉會書記長陳紹宗、理事張添河 2 人
	03.30	香港、高雄	04.12	官派はりま丸	六千七百餘名
	04.	廣州灣、澳門、香港、澎湖、高雄	05.	僱帆船	黃壬癸等 113 名
	05.23	澎湖、高雄	06.26	僱涼聯安號、官派臺交輪 119 號	兩百餘名
海口	05.29			僱新新號帆船	141 名
	05.29	澳門		僱遠通號等船	兩批共 250 名
	06.08				
海口	05.30			僱迎昌號帆船	94 名
海口	06.03			僱合斌號帆船	104 名
海口	06.08			僱中凱裝號帆船	132 名
廣東			06.15	沙班號	王開運赴廣東，與該地之臺灣人一千三百餘名返臺

00318200012035）、〈旅瓊臺胞澳門遭難請求救濟案〉（典藏號 00318200012076）、〈漁林號載運海南島臺胞人數呈報案〉（典藏號 00318200012088）、〈海南島臺胞漂流至澳門請救濟案〉（典藏號 00318200012095）、〈臺南號輪接運臺胞抵臺港口電告案〉（典藏號 00318200012175）、〈宜興號輪運駛臺灣過程報告案〉（典藏號 00318200012194）、〈居留海口臺胞陸續返臺人數電報案〉（典藏號 00318200012355）、〈高雄港務局運返臺胞人數報告表電送案〉（典藏號 00318200012361）、〈旅瓊臺胞乘搭機船失事處理情形電報案〉（典藏號 00318200012367）、〈海南島回臺臺胞遇難過澎救濟情形電報案〉（典藏號 00318200012372）、〈旅瓊臺胞情形呈報案〉（典藏號 00318200012376）、〈電請派員攜款前往後龍港救濟旅瓊返臺臺胞案〉（典藏號 00318200013001）、〈電請撥匯救濟遇難滯留汕頭之旅瓊臺胞案〉（典藏號 00318200013008）、〈旅瓊第十四批返鄉臺胞遇颱留汕經電汕府救濟案〉（典藏號 00318200013009）。

【三】何鳳嬌編《政府接收臺灣史料彙編》，頁 1292、1311～1312。鄭麗玲採訪撰述《臺灣人日本兵的戰爭經驗》，頁 85～89。湯熙勇、陳怡如編《臺北市臺籍日兵查訪專輯》，頁 77、84。湯熙勇〈脫離困境：戰後初期海南島之臺灣人的返臺〉，頁 180、186～188、192、200。

		安平	06.16	僱船隻	17 名
	06.	香港		僱船隻	嚴登炎等 176 名
	06.	澎湖		僱慶聯號	220 名
	06.23	澎湖		僱帆船	354 名
海口		汕頭	07.	僱船隻	158 名
		澳門	07.	僱勝捷號	250 名
		淡水	07.05	僱龍光號	12 名
		新竹	07.08	僱新發利號	300 名
		公司寮港	07.12	僱新宏利號	34 名
海口	07.05	大安港	07.13	僱船隻	王新建等 368 名
		後龍	07.14	僱帆船	345 名
		澳門、安平	07.23	僱船隻	148 名
		高雄	07.26	僱發興號、連安號	331 名
		汕頭、安平	07.27	僱船隻	2 名
	07.03	汕尾、汕頭		僱良福利號	147 名
	07.08	東山島、廈門、高雄	08.09	僱海和安號	400 名
		東山、安平	08.08	僱船隻	9 名
海口	07.08	澳門、汕頭、高雄	08.09	僱成興利機帆船	400 名
	07.10	澳門		僱利安號	416 名
海口	07.10	澳門		僱三順利號	225 名
海口	07.30	高雄		官派海川號	600 名
海口		汕頭		僱船隻	121 名
		汕尾、高雄	08.20	僱利海潮號	186 名
		汕頭、高雄	08.24	僱船隻	180 名
海口	08.20	高雄	08.24	僱漁林號	95 名
海口	08.21		08.26	官派宜興號	1,800 名
榆林		基隆	夏天	官派臺北號	李煌等人
榆林		基隆	09.10	官派宜興號	1,265 名
	09.15		09.21	官派沙班號	2,285 名

			10.	官派沙興號	2,000 名
		廣州灣	10.03	官派沙班號	2,777 名
榆林	10.05	基隆	10.12	官派臺南輪	2,279 名
湛江		基隆	10.13	官派沙興號	1,613 名
榆林		基隆	11.14	官派沙班號	1,450 名
		基隆	11.16	官派義行號（筆者按，應是宜興輪）	兩千餘名

由於資料散佚，並無較完整的相關紀錄，此表乃根據當時報紙、官方檔案、口述訪談及相關研究等整理而成，優先採擇留瓊者確實回到臺灣的資料，其次是確定已離開海南島，但未必有回臺者；在人數上，同一則返鄉報導，也會因報紙、政府單位的不同而有所出入，乃採用較保守的數據，但總和實已逼近 3 萬。

　　王開運在戰後初期的部份詩作，反映了當時環境與心情，如〈失題（相爭蠻觸可憐蟲）〉（詩，1946，頁 170）即是。此詩是王氏從海南島返臺後，與施梅樵〈感賦〉唱和所得，為海南島經歷的註腳之一，充滿了語重心長的慨嘆，詩云：

> 相爭蠻觸可憐蟲，天演何年得告終。千里伏屍魂未返，動身繫戰計應窮。文章報國留餘地，口舌隨人效寸衷。食肉群賢多濟濟，拯民水火賴明公。

回顧中、日兩國鏖戰多年，最後強國敗北，弱國更形凋敝，而中國又開始內戰，一無所得卻執著為之，豈不是如同「蝸角之爭」那般可憐又不值得？但是，王氏所可憐的，更是自身與其他臺灣人一如飄蓬隨風轉的命運──以往被割讓被殖民，戰爭期間被迫「報效」國家，戰後換了新政權，仍是身不由己。「千里伏屍魂未返，動身繫戰計應窮」，寫的正是自己與眾多留瓊臺灣人在戰時前往海南島，無計可逃，戰後又難以歸鄉的處境，蘊含幾多悲愴。而浩劫重生，王開運已是 57 歲，近耳順之齡，不免要自嘲「文章報國留餘地」，表示尚欲存餘生以用世，但「口舌隨人效寸衷」，恐怕才是自己真實的、無力的心聲。

　　然而，筆者認為，「報國」還帶有歧義性。從本節研究可知，相對於被動的執政者，其所給予的期待往往淪為失望，留瓊者自身和臺灣民間反倒戮

力甚多，不但許多人自行設法歸臺，王開運更是不論離瓊與否，始終都以協助留瓊者返鄉為己任，一方面屢屢促請官方行動，一方面又募款租船，使之早日返臺，實在是功不可沒；這也等同減輕了政府的負擔，難道不是另一種教人心酸的「報國」？正因如此，無怪乎此詩會以「食肉群賢多濟濟，拯民水火賴明公」做為結束，希望有賢才擔負國事民瘼，不再讓人民陷入水火之中。

第二節　戰後際遇

一、捲入二二八事件

> 入門總覺團圓好，粗糲隨心勝錦衣。文武衣冠齊改變，鄉關風月尚依稀。
>
> 頹垣敗瓦人何在，覆雨翻雲道式微。喜逐飛鴻共北歸，江山失色景全非。

——王開運〈失題（入門總覺團圓好）〉，詩，頁175

上引詩作依內容判斷，不難推知是王開運從海南島返抵臺灣後所寫，詩中濃烈的人事全非、滄海桑田的感觸，來自於烽火肆虐、政權變更、海南島經歷，甚至是新政權不當統治所致，在在讓王氏不忍視聽，也引起「喜逐飛鴻共北歸」的歸隱想望。

1945年10月25日，臺灣經歷了戰後2個月餘無統治者的權力真空期，臺灣行政長官公署終於進駐，並在臺北公會堂（今中山堂）舉行受降典禮；此日為「臺灣光復日」。對此，臺灣人原本是抱持著樂觀、歡迎的心態，之後卻因為統治者一連串失政，導致變成失望、厭棄新政權。例如長官公署權力過於集中，不亞於日治時期的臺灣總督府；行政措施方面，人事任用不平等，幾乎由中國來臺者或有中國經驗的半山人士壟斷了公署高層官員職位，將本地菁英摒逐門外，且牽親引戚，中、臺人士之間同工不同酬，又刻意延遲地方自治進程。風氣與紀律方面，行政無效率，公務員中飽私囊，軍人擾民也時有聽聞。統治心態上，自許為征服者，質疑臺灣人被日本統治「奴化」，甚至視為「漢奸」，又在短時間內強迫臺灣人放棄習用的日語，改學國語（北京話），令人無所適從。經濟上，長官公署為發達國家資本，乃維持戰時經濟統制政策，並掌控工農產品的進出，且臺灣受中國內戰與內地經濟惡化的

影響，也開始缺乏物資，物價飆漲，嚴重情況甚於戰時。此外，尚有旅外臺灣人的返鄉數量甚眾，求職若渴。這些情況皆使得私人資本無法發展，經濟益形蕭條，失業率高居不降。〔註77〕簡言之，諸多原因交錯之下，臺灣人積怨已深，不願信任政府，且與中國來臺者有了族群對立的問題；這些戰後亂象，王開運也必當聞見，除了藉〈失題（入門總覺團圓好）〉一詩表達感觸之外，另如「相鼠無皮萬事憂，紅包回扣鬧難休。人生梏腹誰難受，刑罰當前一掉頭」（〈和兆平打油詩二首〉，詩，頁142），恐怕也在諷指當時情事。

　　1947年2月，臺灣爆發「二二八事件」，這是上述民怨已達臨界點，遂從緝菸糾紛為導火線，主張打倒惡政，要求政治改革。該年2月27日，臺北市有專賣局查緝員暴力取締私煙小販林江邁，以及開槍誤殺圍觀者陳文溪之事，是為「緝菸糾紛」；隔日，民眾向長官公署抗議，遭到士兵開槍，造成死傷，民眾乃攻佔臺灣廣播電台，號召全臺民眾反抗無能政府。而由於廣播電台的宣傳，自3月1日起，全臺陸續陷入官逼民反的騷動，民眾攻擊政府機關，癱瘓其功能，也遷怒至中國來臺人士；惟顧及身家、財產的安全，仍有部份臺灣人出面維護社會秩序。嗣後，官方與民意代表、商工團體代表、學生代表、民眾代表等共同組成「二二八事件處理委員會」，旨在維持秩序，訴求「改革臺灣省政」，各地皆設分會，並有「32條處理大綱」（後再追加10條），卻被政府暗中視為叛亂行為，成為日後政府派遣軍隊鎮壓此事件的藉口。同月8日，中央派出整編二十一師登陸基隆，進行全臺掃蕩，13日之後開始「清鄉」行動，剷除剩餘反對者；直至5月16日，事件才告一段落。〔註78〕

　　二二八事件發生之時，王開運已返臺8個月，在事件前一天還參與第一銀行臨時股東大會，當選為第一屆公股（即官股）監察人之一，這說明了王氏的金融界地位，並未因改朝換代而有動搖，且事件當下，王氏應該身在臺北，故近距離見證事件發生的可能性並不低。3月11日，彭孟緝所率領的高雄要塞兼臺灣南部防衛司令部軍隊，抵達臺南市，王開運恰在自營布店玉豐行，遂遭憲兵隊逮捕，罪名是「擾亂治安」，同日被逮捕者尚有莊孟侯、翁金護、湯德章、楊熾昌等二百餘人。〔註79〕對此，王氏的二媳婦吳淑美與王

〔註77〕高明士主編《臺灣史》，頁249、252～257。
〔註78〕高明士主編《臺灣史》，頁257～260。
〔註79〕〈臺南市政府36.4（36）卯微南市警第七八一號送名冊〉，《二二八事件資料

駿嶽都是歷史見證者，直至晚年還保有深刻印象，先看吳淑美的說明：

> 話說當時國民政府是先派陳儀接收台灣，阿祖因被派到海南島擔任
> 「旅瓊台灣同鄉會會長」的職務，而被當時陳儀政府以「擾亂治安」
> 的罪名逮捕入獄，二二八事件時很多人都因為類似罪名被政府抓起
> 來關，有些人甚至被槍殺，記得當時是早上，剛好生了玉芳阿姨，
> 突然就來了好多兵仔，門外停了一輛卡車，那些兵仔一進門就質問
> 王開運是否住這邊，人在哪裡？！一開始他們有先跑到阿祖祖厝
> （按，即王氏住家【今府中街】），那邊去抓人，但撲了個空，祖厝
> 那邊的人還不知情，也笨笨的，還真的報出阿祖在店裡面，後來就
> 來我們店裡把阿祖給抓走了，也不知被抓到哪裡去了。

> 我的兄嫂的弟弟，也是台南市的名醫蘇國糧先生（按，實為蘇國
> 樑），動用各種關係想要打聽阿祖的下落，但都找不到。還好我的
> 弟弟考進台南監獄做看守，就這麼剛好就在台南監獄看到阿祖，當
> 時阿祖剛被警備總司令送去台南監獄準備要判刑了，是被判最重刑
> 死刑，可憐阿祖年事已高，關在監獄裡一兩個月不見天日，又得知
> 被判死刑，整個人都瘦得不成人形，我弟弟都差點認不出來他那位
> 行如槁灰的老頭就是平時意氣風發的王開運先生，後來我小弟藉機
> 接近他，詢問他是否就是王開運，這才確定阿祖的確被關在台南監
> 獄沒錯。還好我兄嫂的弟弟，也就是那位名醫蘇國糧先生，剛好有
> 為警備總司令的兒子看診，於是就向警備總司令的夫人求情，說到
> 阿祖根本也不熱衷政治，只不過掛了中央會長這個名號，就不分青
> 紅皂白的被抓走判刑，實在很冤枉，夫人聽了也幫阿祖向總司令說
> 項。

> 其實當時二二八事件起因是一個老婦人販售私煙，引發緝警和那
> 位老婦有肢體衝突，當地又有一些地痞流氓藉機起亂，看到外省
> 人就打，當時外省人的處境一時非常危險，因為阿祖先前在不做
> 市議員後開了一家南郡運輸，專門負責運送全台的米、糖和鹽等
> 民生物資，我們也認識託我們運鹽的外省東家（北京人）帥雲風
> 先生（為鹽務局董事），當二二八事件剛開始時我很擔心帥雲風他

們一家子遭遇危難，曾在晚上偷偷把他們全家人帶到我們家裡避風頭，讓他們度過當時的危機。後來帥雲風先生聽到阿祖被關起來即將判刑，也慷慨伸出援手，出面向總司令擔保，以他們身家保證阿祖絕不是漢奸，又加上總司令夫人幫我們說情，這才放阿祖返家與我們團聚。

阿祖被放出來之後對政治非常懼怕，完全不敢提及二二八半句話，也慢慢淡出交際圈，當時和阿祖同期被抓，關在阿祖隔壁牢房的一位先生就是受不了獄裡的嚴刑拷打，最後爆發嚴重的肝炎而逝世。後來到了吳國禎擔任省主席的時代，也看重阿祖在日本時代的銀行管理資歷，又加上阿祖除了通日文外也精通漢文，文采非常優秀，不論是作詩寫文章都難不倒他，阿祖當時還常常開一些詩會，也結識了一些像于右任等清流大官戶，後來政府也因他的清譽和社會地位決定官派省議員給阿祖做，但第一任省議員素質非常的差，連很多根本不識字的也在其中濫竽充數，後來阿祖在第一任省議員任畢後因不喜歡當時整個政治大環境的黑暗及貪污腐敗的風氣，遂放棄連任省議員的機會。〔註80〕

接著王駿嶽也有相關記述：

民國三十五年底自海南島返臺後，於三十六年元月在臺南市中正路為家兄神嶽、崧嶽創立玉豐行，自上海進口布料從事批發買賣，並聘請陳孔昭先生經營，家父每日必到玉豐行看視，這期間發生了二二八事件。

民國三十六年三月間，在店門口，突然出現一車的軍人到來，為首的軍官問到：「誰是王開運？」家父回說：「是我。」隨即拿槍抵住腹部強行押走。因軍車高大，家父爬不上去，而遭強拉上車後不知去向，此時此景我適在店內，所以記憶深刻。由於數日後聽到湯德章律師在民生綠園遭到槍殺，令家人十分恐慌，所以透過各種管道查詢家父的下落，一個禮拜後得知，家父被關在臺南體育場監獄。還好，家父經營的南郡運送公司與鹽務局往來頻繁而認識當時的鹽

〔註80〕 吳淑美〈關於王開運〉，「美世紀」網站，2011年3月25日閱。吳淑美《美世紀》，頁157～159。

務局長帥雲風先生，家兄崧嶽即時趕去拜託帥局長，請求幫助伸出
援手。當下帥局長答應出面並以其身家性命向警備總司令部擔保，
才化險爲夷將家父安全保釋出獄。……（下略）……

在二二八事件剛發生時，因部分暴民騷動，外省籍人士也人人自
危，帥局長曾在家父的協助下避難，在亂世之中益見友情之珍貴。

聽家父的回憶：當時被關在臺南市體育館內的民眾，都要寫自白
書，那時的長官看到家父自白書的文章內容與字體都感到驚訝萬
分，所以對家父特別禮遇，再加上帥雲風局長的關照，終於在數週
後被飭回。

在當時家父並無參與政治上任何活動，卻無故被抓，實在令人猜
疑。事後回想，可能是當時有人透過廣播，要求海南島回來的同胞
團結起來，對抗外省人的緣故吧！其實家父對民族大義也非常的堅
持，臺灣在日本殖民的後期，極力推行皇民化運動，其中包括推行
國語（日本語）家庭和改名運動，來貫徹它的殖民地策略，然而家
父雖然歷經完整的日本教育，但是他依舊以漢文化爲主流，依舊以
先祖留下的名字爲榮耀，家父沒改姓換名，家父堅持用漢文寫作賦
詩，雖然家父在二二八事件受到驚嚇，但是他堅持黑、白、是、非，
堅持寬容和謙；所以光復以後，他來往的還是一些知名的文人名
士，不論是臺籍或是大陸來臺人士。他們一起創作，一起維護民族
文化。（獻，頁284～286）

關於王開運在事件中被補經過與營救過程，吳淑美與王駿嶽的回憶大致
相同，也可以相互補充。較大的出入是，據官方檔案顯示，王開運被羈押15
天，在該年4月5日以前即得保釋〔註81〕，所以王駿嶽說繫獄「數週」較爲
可信。值得注意的是，吳、王二人同樣提到了王開運遭受牽連的可能因素，
就在於海南島經歷。

戰後以迄1946年底，王開運最主要的社會活動，就是奔走協助留瓊臺
灣人返臺，最後盼得官方協助將留瓊者運送回臺。但事實上，長官公署並不
樂意旅外臺灣人返鄉，這從本章第一節所述的公署敷衍回應，以及二二八事

〔註81〕〈臺南市政府36.4（36）卯微南市景第七八一號送名冊〉，《二二八事件資料
選輯（六）》，頁18～20。張炎憲主編《二二八事件辭典·別冊》（臺北：國史
館，2008），頁27。

件相關研究，即可知曉；長官公署先是消極接運旅外臺灣人，又阻撓返鄉，返鄉後則未妥善安排就業，放任失業問題更趨嚴重。〔註82〕職是之故，當二二八事件發生時，經由電台廣播而聚集於臺北市的原旅外臺灣人，就有三千餘人，準備抵抗惡政，其他如曾經留瓊的黃金島，則是在臺中先後參加了自衛隊、二七部隊，維持治安，並武裝反抗國軍。〔註83〕如此這般，協助留瓊臺灣人的王開運，儼然是抗議民眾的代表之一，所謂「擒賊先擒王」，自然難逃遭受逮補的命運。

　　此外，在統治心態上，政府質疑臺灣人被日本統治所「奴化」，「助紂為虐」，因此長官公署治臺不久，就造冊逮補部份士紳。〔註84〕至二二八事件期間，官方另編纂了一份〈台灣皇民奉公會活動概略〉，事由處略謂：

> 日人統治台灣，為消滅台人祖國觀念及民族思想，即不遺餘力，利用親日無氣節之台人，灌輸日本文化，更用之以同化全體台人，故現台灣二十五歲以下之青年均深受奴化思想，且大都不懂祖國語言、習慣，其流毒之深，純係此輩御用紳士之作為。……（中略）……台省光復後，此輩因過去為敵作倀，已取得生活上獨厚之地位，又因台人參加偽職，不以懲治漢奸條例處分，公署當局雖有限制任用偽員之方案，延今亦迄未見推行。由是，該等「財可通天」，權勢未過，……（中略）……致日人遺毒迄未肅清。此次二二八事件發生，更蓄陰謀發作，坐大事態，以作獨立復辟之迷夢，僅將各該御用身士及皇民奉公會實際工作份子附表列後。〔註85〕

此文件是官方用來檢討二二八事件的一個角度，可見事件之前，政府已預設存在著一批「御用紳士」，且因為公署未能及時防止「御用紳士」，才使得事件如此棘手。在附錄的名單裡，便有王開運、陳逢源、許丙、林熊徵、林伯壽、林獻堂、林偕堂、林烈堂、陳啟貞、羅萬俥、林茂生、杜聰明、黃欣、黃周（醒民）……等羅列其中，皆為日治時期的各地菁英，部份尚是致力於民族運動者，官方卻特別注視其於皇民奉公會裡的職位（王開運為「皇民奉

〔註82〕 行政院研究二二八事件小組著《「二二八事件」研究報告》（臺北：時報文化出版社，1994），頁15～16。
〔註83〕 黃金島《二二八戰士：黃金島的一生》，頁94～108。湯熙勇〈脫離困境：戰後初期海南島之臺灣人的返臺〉，頁203。
〔註84〕 行政院研究二二八事件小組著《「二二八事件」研究報告》頁13。
〔註85〕 〈台灣皇民奉公會活動概略〉，《二二八事件資料選輯（一）》，頁98～100。

公會臺南支部參事」）〔註86〕，足見新政府成見甚深。換句話說，王開運返臺不久，極有可能已受到官方留意，〈台灣皇民奉公會活動概略〉不過是事後文書作業，即便王氏全然與二二八事件無關，也未曾協助旅瓊臺灣人，官方終究還是有可能將之逮補，以防帶頭作亂，威脅到統治者。

　　王開運因事件繫獄數週，後以「保釋」爲由出獄，表示一定時間內仍可能需要到案說明，惟後續資料不詳；但可以確定的是，受二二八事件的牽連，陰影難以揮去。先看〈詩贈帥雲風兄燦政〉（詩，頁118）：

　　　　海外歸來世已更，門庭小破了無驚。多公民瘼關懷甚，居亂難忘是太平。

　　　　埋冤自古說臺灣，天理循環好往還。道合何妨且共醉，古來中隱不須山。

此詩致贈對象是王開運的救命恩人帥雲風。在第一首裡頭，先言改朝換代之慨，後表達致謝，多虧有帥氏那麼關心民間疾苦（如拯救王氏出獄），今後則當更加警覺，不忘亂世時局，才能得到太平之世；但恐怕想強調的，仍舊是當時的社會確然是亂世。第二首，開頭便將「埋冤」與「臺灣」的諧音做一連結，這出自連雅堂穿鑿附會之說，然而在二二八事件裡蒙受不白之冤，說臺灣即「埋冤」，何嘗不眞切？「天理循環好往還」，指上天對人世的安排自有其道理，卻也有歧義性，既可理解爲，先是王家保護帥雲風，後換成帥氏救援王開運；又或許是相信事件冤屈有水落石出的一天，將還其公道；更可能是灰心之餘，自嘲不白之冤「其來有自」。這些都可視做「天理循還」。無論如何，王開運以醉忘懷，只願與帥雲風友情長存。而「古來中隱不須山」，脫胎自唐代白居易〈中隱〉的詩句「不如作中隱，隱在留司官」，表示閒職尚可擔任，惟不欲積極用世；王氏也是如此，二二八事件之後，活動重心遂漸次集中於商界、金融界，退縮到與就職生計的層面相重疊。

　　再看〈戊子元旦試筆二首〉其二（詩，1948，頁118）：

　　　　浪跡塵寰六十年，迎春餞歲笑隨緣。春風一室憑吾管，白雪盈頭祇自憐。椒頌早虛人已渺，蘭房依舊玉成煙。國歌且聽三民唱，留得浮生寄一塵。

此詩全由「浪跡塵寰六十年」一語的感慨敷陳而來，王開運的心情雖然淡定

─────────────────

〔註86〕〈台灣皇民奉公會活動概略〉，《二二八事件資料選輯（一）》，頁107。

隨緣，但悲傷仍在，自憐滿頭白髮，也嘆往事如煙；「國歌且聽三民唱」，國歌象徵新政權，其姿態卻是「聊且」，可知對於新政權的改觀依然有限。況且，王氏只求安然度日，晚年的應世哲學是「留得浮生寄一塵」，寄託餘生於低調生活。

二二八事件成為王開運個人生命的分水嶺，此後活動銳減，與日治時期的多元活動相較，迥然不同。然而，倒也不是斷然生變，從 1949 以迄 1954 年，王氏尚且參與了地方自治的推動，以及擔任臺灣省臨時省議會第一屆議員，這是在政治領域的最後一回呼聲，著落在地方自治發展的轉捩點，其意義不可輕忽。

二、加入「臺灣省地方自治研究會」

所謂地方自治，論者薄慶玖認為，乃「國家特定區域內的人民，基於國家授權或依據國家法令，在國家監督之下，自組法人團體，以地方之人及地方之財，自行處理各該區域內公共事務的一種政治制度」；亦即這是一套民主制度，可由人民選舉地方首長、公務員、代表等來處理公共事務，並向人民負責。〔註87〕就臺灣人而言，其自治經驗可追溯到日治時期 1920 年代，當時州、市、街庄財政獨立，已是具法人資格的地方團體，惟未明文規定；民主程度上，地方首長、職員為官派，協議會為官選，無議決權，民族運動者卻長期投入研究並爭取更健全的地方自治，且 1935 年之後有半數議員民選，又連辦兩屆，故民眾具備選舉經驗。〔註88〕此外，在行政區域劃分上，隨著地方發展，民眾也紛紛要求升格，例如原來的高雄街、新竹街、基隆街、嘉義街、屏東街等，陸續於 1920、1930 年代升格為市，這表示民眾主動重視地方權益，也有利於地方自治發展。要之，縱使日治時期施行不完整的地方自治，但對於地方發展、自治制度的健全與否，臺灣人皆有一定的認知與關切。

再就中華民國來說，建國以來，由於軍閥割據、連年戰亂、內憂外患頻仍，至二戰結束，仍停留於訓政階段，故地方自治的施行同樣欠佳，就連致力於地方自治的中國來臺法學家阮毅成，也認為「大陸並沒有做（按，指地

〔註87〕薄慶玖編著《地方政府與自治》（臺北：五南圖書出版社，1990），頁 5～8。
〔註88〕黃秀政《「台灣民報」與近代台灣民族運動（一九二○～一九三二）》，頁 171～177。

方自治），更沒有做好，才會爲共匪所乘〔註89〕」。職是之故，戰後臺灣，遂成爲臺灣人繼續追求地方自治，以及中國開始實施地方自治的場域；又因爲兩方對於自治的認知與考量不盡相同，也就出現了磨合過程。

中國之所以在戰後欲施行地方自治，據論者鄭梓（鄭牧心）的研究，乃是外在驅迫與內在需求所致。國共內戰之初，透過美國調停，雙方恢復談判，並與各黨派進行政治協商；蔣介石應各黨派要求，允諾行憲，將於 1946 年 5 月 5 日召開「制憲國民大會」，如此一來，臺灣行政長官公署就必須加速設立各級民意機關，以符合民主精神，也才有臺灣代表可以參與制憲，此爲「外在驅迫」。至於「內在需求」，則是長官公署失政，民怨漸深，爲收攬人心，亦必要採行自治。然而，官方卻又有統治考量，刻意延緩自治進程，例如 1946 年 2 月到 4 月，臺灣選出了區鎮鄉代表、縣市參議員、省參議員，其職權仍受限制，且地方首長也還是官派。後值二二八事件發生，不少民代在事件中被軍警搜捕、通緝，甚至死亡、失蹤，造成民意機關員額不足，長官公署雖因事件而改制爲合乎常軌的「臺灣省政府」，民代員額則以增選、派任的方式遞補，卻不再改選，遑論事件中民眾要求的地方首長、民意代表普選。〔註90〕這種情況，直至 1949 年陳誠接任臺灣省主席之後，才漸有改變，同時王開運也再度參與政治活動。

1949 年，政府在內戰中失利，準備退守臺灣，先派任陳誠爲臺灣省主席兼臺灣省警備總司令。爲了中國來臺政權得到鞏固，並贏得民心，陳誠以「民生第一，人民至上」做號召，在頒布「戒嚴令」之餘，又進行土地改革（如三七五減租、公地放領、耕者有其田）、發行新臺幣、落實地方自治。其中，落實自治的首要步驟是組織「臺灣省地方自治研究會」，由該研究會負責規劃自治內容，經省政府通過、省參議會審議，最後呈准行政院公布施行。這適恰也呼應 1948 年省參議員劉闊才的提議；劉氏曾主張，「地方自治通則」公布之前，可提早頒布臺灣的各鄉鎮自治暫行辦法。〔註91〕是以，政府遂能兩全其美，一方面滿足民眾的自治要求，一方面又將層次壓縮爲縣市級民代、地方首長民選，顧及了中央政府實際管轄領域與臺灣省幾乎重疊的窘

〔註89〕阮毅成〈臺灣省地方自治工作參加記〉，《地方自治與新縣制》（臺北：聯經出版社，1978），頁 252。

〔註90〕鄭牧心《台灣議會政治 40 年》（臺北：自立晚報，1987），頁 54～57、88、90～93、101～102。

〔註91〕鄭牧心《台灣議會政治 40 年》，頁 107～109、127～128、144～152。

境，以免權力被架空。簡言之，戰後地方自治進程，乃是政府帶頭自上而下施行。

「臺灣省地方自治研究會」成立於 1949 年 7 月，存續時間僅 4 個月餘，但會期頻率相當密集，每兩週一次，每次開會則 1～3 天，共開會 10 次，含審查會 8 次，座談會 2 次，成果為擬出〈臺灣省縣市行政區域調整方案〉、〈臺灣省縣市實施地方自治綱要草案〉、〈臺灣省縣市議會義員選舉罷免規程草案〉三者，以及〈臺灣省縣市長選舉罷免規程草案〉（此案在會內未底定）。該研究會在陳誠指示下，由省民政廳召集委員 29 人，臺灣人佔 22 名，中國人士 7 名，層級涵蓋黨、政、軍、中央民代、省參議員、各縣市代表、學者專家等，另有職員 14 人；其中張厲生為主委，委員阮毅成則對地方自治深有研究，為會中靈魂人物，議事時與張厲生多有齟齬，卻得陳誠肯定。〔註92〕

王開運也是研究會委員之一，就其出身與當時略歷來說，屬高雄、臺南的地方代表，年紀則最長（61 歲）；又，日治時期王氏即有長年議政經驗，也是臺灣地方自治聯盟成員，對於地方自治並非陌生，可說是一位德高望重且資深的長者，加入自治研究會乃恰如其分。以下先將王開運在自治研究會中的出席狀況整理成表格，再分類逐項說明：

表 3-2-1【1949 年「臺灣省地方自治研究會」歷次會議主題與王開運出席狀況〔註93〕】

會期	討論主題	王開運之發言、表現或出席狀況
（一） 08.15	議程、議事規則	出席未發言。
（二） 08.22～24	行政區域調整案	阮毅成、方揚、林世南、吳鴻森、林忠、王開運、何景寮等 7 人為「行政區域調整方案」審察人。 王氏主張大縣制；設市標準，應以政治、貿易、交通三者為中心。

〔註92〕《臺灣省地方自治研究會專刊》（臺北：臺灣省地方自治研究會，1949），頁172。鄭牧心《台灣議會政治 40 年》，頁 146～151。阮毅成〈臺灣省地方自治工作參加記〉，《地方自治與新縣制》，頁 254～266。

〔註93〕高小蓬〈台灣省參議會推動地方自治之研究（1946～1951）〉（臺北：臺灣師範大學政治學研究所博士論文，2008），頁 346。《臺灣省地方自治研究會專刊》，頁 34、35～37、39、41、51、59、67～69、76、84、93～97、99、103、107、109、113、126、118、128、135～137、139、141～142。

（三） 09.06～08	民意機關組織與職權案	王氏認為，議員人數過多，意見紛歧，最高名額應有限制；選舉以人才為標準，不宜以區域為單位；贊成大選舉區制度；投票方式，可採「圈定」，或請中等學校、職業學校之女學生代書。
（四） 09.19～21	縣市地方自治實施綱要	未出席。
（五） 10.04～05		出席未發言。
（六） 10.18～21	縣市地方自治綱要草案	王氏認為，自治條文裡「糾正」，是事前且善意為之者，以避免成案後又被否決，且糾正可針對行政、縣市長意見，故宜保留；不用規定「鄉鎮間之爭執由縣市政府解決」一節；不用規定鄉鎮設立警察機構；不必將戶稅改為「自治稅」；保留「鄉鎮公有財產收入」，其有調節鄉鎮間財政功效。
（七） 11.01～03	縣市議會議員選舉罷免規程草案	未出席。
（八） 11.15～17		王氏認為，公布議員名額，與編造選舉人名冊，兩者時間距離宜拉長；選舉後應同時造報名冊及揭示結果；當選無效時，次高票者之票數，應由全縣市之票數比較而取得；選舉人的名冊編造應有限期規定；簡化選舉人與候選人規定；投票時間由各區選舉分所自行規定。
（九） 12.01～03	縣市長選舉罷免規程草案	何景寮、鄭昌英、劉闊才、王開運、林忠、張吉甫、方揚等7人為「臺灣省縣市長選舉罷免規程草案」審查人。 王氏認為，有才能而未具縣市長候選資格者，准繳保證金競選；縣市長資格限定再放寬；候選人若由聯名簽署產生，則得票數要有限制。
（十） 12.19	閉會	出席未發言。

「行政區域調整」原本與地方自治沒有必然關係，卻成為該自治研究會的優先議案，反映出當時民眾對於地方發展的急迫關切。而之所以如此迫切，原因有四，其一，政府本有區域規劃，為合乎中國式的縣市制，乃準備將臺灣析為30個縣、12個市，使區域人口、轄境落差不大，便於施行自治，後因故中輟，只得折衷沿襲日治時期的區域轄境，也使得區域重劃的想法一直存在於官方。其二，日治時期的區域規劃，以統治便利為考量，由州轄市、街、庄，並設郡輔助統治街、庄；戰後因故不得重劃，遂折衷將州改為縣，下轄鄉、鎮（原街、庄），市改為與縣地位平等的「省轄市」，郡則改為輔助縣政府的「區署」，反而造成區域人口、轄境落差過大，省轄市財政也不足自給。其三，戰後改制，使得縣治（原州治）須遷出市以獨立，影響市的發展，新

縣治所在地亦未必得以發達。其四，日治時期區域規劃並非完善，只是民眾
難以置喙，戰後既有重劃之議，又沿用舊轄境的弊端甚多，則自然頻頻呼籲。
〔註94〕

　　此議案在地方自治研究會的第二次會議裡成為專案討論，且省民政廳業
已先提供了〈臺灣省縣市行政區域調整方案草案〉，以做為該研究會研議時的
底本。王開運是「行政區域調整方案」審察人之一，其他委員也多傾向區域
劃分，然而有大縣制、中縣制、小縣制 3 種不同主張。對此，王氏主張「大
縣制」，其理由為：

> 行政區域調整，其先決條件在於財政，因政治須配合財政，如財政
> 枯竭，則一籌莫展，無法建設，人民無實惠可言，政治鮮有辦理良
> 好者，所以本人主張大縣制，大縣制範圍雖廣，惟倘行政技術良好，
> 對於推行自治亦無困難，……（下略）……〔註95〕

王氏顯然是著眼於財政問題，呼應了長年處於商界的敏感度；並認為良好的
行政技術，能夠克服在廣大轄境推行自治的困難，反映王氏以往的從政體驗，
亦即信任日治時期的行政效率。那麼，到了戰後，豈有退步不如以往的可能？
主張「小縣制」者則以為，區域小、人口少更可以讓民眾更直接參與政治，
對行政效率也有利。最後，該自治研究會折衷選擇了中縣制，將臺灣規劃成
臺北、基隆、臺中、臺南、高雄等 5 省轄市，以及臺北、宜蘭、新竹、人和、
臺中、豐原、大觀、長溪、嘉義、臺南、高雄、屏東、花蓮、臺東、澎湖等
16 縣，並建議縣市名稱雷同者，由當地民意機關擬議新縣名。〔註96〕

　　關於「行政區域調整」，阮毅成認為此議案施行之後，使得各區域在人口、
轄境面積上都沒有太大落差，又能兼顧自然環境與地方實際狀況，是地方自
治進步之處〔註97〕。事實上，施行最不順遂的，卻還是區域重劃。此議案先

〔註94〕　〈臺灣調查委員會行政區域研究會第一次會議記錄〉、〈臺灣行政區域研究會
　　　　　報告書〉、〈鶯歌鎮公所電請大溪鎮中新里劃歸該鎮轄治，以重民意由〉，收於
　　　　　《臺灣省參議會資料彙編：行政區域規劃》（臺北：國史館，2001），頁 32、
　　　　　47～50、58。《臺灣省地方自治研究會專刊》，頁 109。高小蓬〈台灣省參議會
　　　　　推動地方自治之研究（1946～1951）〉，頁 376。
〔註95〕　《臺灣省地方自治研究會專刊》，頁 109。
〔註96〕　《臺灣省地方自治研究會專刊》，頁 6～7、23～24。高小蓬〈台灣省參議會推
　　　　　動地方自治之研究（1946～1951）〉，頁 420。
〔註97〕　阮毅成〈新縣制與臺灣省縣市現行制度之比較〉，《地方自治與新縣制》，頁
　　　　　412。

有民政廳版的方案，經自治委員會修正後，成為方案二，嗣後又有省參議會修正，是為方案三；1950 年 7 月省政府成立「地方自治督導委員會」，由省政府與省參議會共組，審議上述 3 個方案，似乎是將之融合成一案，但從中也更動多處，引發爭論，則實是第四案。最後，才由行政院以省參議會的方案為主體，稍事修改，定為〈臺灣省縣市行政區域調整方案〉，於 1950 年 8 月底開始陸續調整行政區域。〔註98〕

　　除了區域調整之外，地方自治研究會著意構思者，便是關乎地方自治如何推行的實際方法。1949 年 9 月，該研究會開第三次會議，討論「民意機關組織與職權」，此議案於日後化成更具體的〈臺灣省縣市地方自治綱要草案〉、〈臺灣省縣市議會議員選舉罷免規程草案〉、〈臺灣省縣市長選舉罷免規程草案〉。在民意機關功能上，王開運守護其「糾正作用」，認為：

> 糾正乃糾明正理之意，與糾彈之意自有徑庭，而與憲法規定之監察權亦當有別，若謂糾正是一個糾正權，則詢問亦可說是一個詢問權，如此未免過于重視，且糾正既非糾彈，當應在事前而為善意的，其糾正之對象，亦不限定行政，即對縣市長所發表之意志抱負有不滿意，亦可以糾正，以避免成案之否決，或對預算之削減修正等之摩擦，故糾正二字，似應保留。〔註99〕

同為會中委員的林彬，顧慮到憲法已將「糾正權」歸到「監察權」之內，若分置則重覆，民意機關易與政府發生摩擦；王氏意見乃是由此而發，進一步把「糾正」加以定義，置於民代詢問之後，政府執行之前，可使審議更加謹慎。此意見甚得其他委員同意，例如阮毅成認為「糾正」可視為一種技術手段，詢問若不滿意，糾正乃第二步驟，以免屢屢引導至罷免；方揚將之定義為，「詢問」屬議員個人，「糾正」屬整體議會；連震東強調「糾正」是議會職權之一。惟主委張厲生亦將「糾正」理解為執行後才行使，最後研議結果，決定議會有聽取施政報告及提出詢問之權，「糾正」一項刪除。〔註100〕

　　在選舉方面，第三次會議裡，王開運主張限制議員的最高名額，以免人數過多，意見紛歧；選舉以人才為標準，不宜以鄉鎮區域為單位，故贊成大選舉區制度；投票方式，可採「圈定」，或請女學生代為書寫候選人名字。第

〔註98〕 高小蓬〈台灣省參議會推動地方自治之研究（1946～1951）〉，頁 397～406。
〔註99〕 《臺灣省地方自治研究會專刊》，頁 13～14、68、126。
〔註100〕 《臺灣省地方自治研究會專刊》，頁 13～14、68、126。

八次會議裡，王氏認為公布議員的名額數量，與編造選舉人名冊，兩者時間距離宜拉長；選舉後則要同時報造名冊及揭示結果；選舉人的名冊編造應有限期規定；各區選舉分所自行規定投票時間；簡化選舉人與候選人規定。至於當選無效的補遞，原本是「由該原選舉區得票次多數者為當選」，但由於會影響到女性議員的保障名額，而其保障方法是「少於總名額十分之一時，應就全縣市其餘婦女競選人所得票數相互比較，以得票多者，依次當選，補足十分之一定額」，故主張不論男女，次高票者的票數計算，都依照女性議員保障方法，亦即經由比較全縣市的得票數而產生遞補者。第九次會議裡，王氏認為縣市長資格限定要再放寬；候選人若由聯名簽署產生，則連署人數要有限制；延續用人唯才的想法，認為有才能而未具縣市長候選資格者，准繳保證金競選。這些意見裡，計有大選舉區制、當選結果及造冊同時揭示、議員名額公布與選舉人造冊兩者的時間距離拉長、選舉人限期造冊、放寬縣市長候選資格、限制候選人的連署人數等 7 項，被採納入〈臺灣省縣市議會議員選舉罷免規程草案〉與〈臺灣省縣市長選舉罷免規程草案〉。〔註 101〕

　　地方自治綱要方面，王氏主張有四，分別是不用明訂由縣市政府解決鄉鎮間爭執，這本為前者的職責；反對鄉鎮設立警察機構；支持徵收戶稅，但不必將戶稅改稱為「自治捐」；保留「鄉鎮公有財產收入」一條，以調節鄉鎮間財政；後三者皆被納入〈臺灣省縣市地方自治綱要草案〉。其中最重要者，為保留戶稅，使地方財政有穩定收入；此稅收始自日治時期，到了地方自治研究會研議之時，大多委員傾向保留，卻因為擔心被視為延續日治苛政，故產生了是否必要改名為「自治捐」或「自治稅」的爭議，最後顧及習慣性，加上財政部核准地方徵收戶稅做為收入，遂不再更動。〔註 102〕此外，綱要裡頭的戶稅、縣轄市制度、彈性調整鄉鎮以下的戶口編制等，阮毅成亦認定是地方自治另一個進步之處。〔註 103〕

　　1949 年 12 月初，政府遷都臺北，之後陳誠接任行政院院長，省主席改為吳國楨接任。由於地方自治研究會是陳誠任內所聘組，並不是常設機關，人去政息，該研究會遂於同月 19 日舉行第 10 次會議，宣告閉會，留下已完成

〔註 101〕《臺灣省地方自治研究會專刊》，頁 16～22。
〔註 102〕《臺灣省地方自治研究會專刊》，頁 10～15、127～128、130～131。
〔註 103〕阮毅成〈新縣制與臺灣省縣市現行制度之比較〉，《地方自治與新縣制》，頁 412～414。

的〈臺灣省縣市行政區域調整方案〉、〈臺灣省縣市實施地方自治綱要草案〉、
〈臺灣省縣市議會議員選舉罷免規程草案〉，與未底定的〈臺灣省縣市長選舉
罷免規程草案〉。這些草案尚須經省政府、省參議會審議，以及行政院核准，
不是直接公布施行的確定版本，但無疑具有戰後地方自治「母法」的地位。
而從時間點來說，地方自治研究會對上繼承省參議會數年來追求的自治願景
（此願景甚至可以追溯到日治時期），向下開創自治母法，儘管就此延續了四
十餘年限制於縣市等級的地方選舉，卻誠如楊肇嘉之言，已從日治時期的假
自治，步入半自治制〔註104〕，故具有承先啓後的歷史地位。1950 年 3 月起，
省政府先後公布〈臺灣省縣市各議會義員選舉罷免規程〉、〈臺灣省各縣市議
會組織規程〉、〈臺灣省各縣市縣市長選舉罷免規程〉等十餘種相關法規，即
是從地方自治研究會的成果延展所得。〔註105〕

　　再就王開運個人而言，二二八事件之後，其活動領域漸次縮限，例如自
治研究會開會期間，值王氏 61 歲生日，其曾賦作〈己丑誕辰偶韻〉（詩，1949，
頁 120），詩句「新貴登場多意氣，故人存問喜追陪」、「世事如麻君莫管，相
逢此日且傳杯」，正好道出事件之後的消極心情，並認爲當時已是換成他人意
氣風發的時代。只是，王氏在詩作裡也略有轉念，「鞭羊有意宜從後，畫虎無
心合掉頭」、「骨鯁自知難世用，才疏只合順時謀」，看似消極地表示尙可接受
合理範圍內隨人口舌的事務，是「中隱」姿態的證明；但加入研究會後，又
多所建言，委實有著將事件挫折暫放一邊，再次提振元氣以持續追求昔日即
認同的自治理念之用意。由此看來，王氏不僅見證了地方自治起步，對於地
方自治的奠基，更有一份貢獻存在。

三、擔任臺灣省臨時省議會第一屆議員

　　隨著相關法規頒布，以及行政區域重劃，由政府主導制定的「半地方自
治」水到渠成，從 1950 年起，便陸續產生了民選的縣、市、鄉、鎮地方首長
和民意代表；其間，王開運還曾替臺中市參議會副議長徐灶生拉票，幫助徐
氏參選臺中市議員。不過，政府無意重選省級議員，遑論實施省長民選，於
是省參議會透過陳情、提案，甚至休會抗議，表示臺灣業經重劃區域，省參

〔註104〕鄭梓〈中央政府遷臺初期試行地方自治之歷史探源（一九四九～一九五〇）〉，
　　　　頁 6～22、30；收於國父建黨革命一百周年學術討論會（臺北，1994）。
〔註105〕《臺灣省地方自治誌要》（臺中：臺灣省地方自治誌要編輯委員會，1968），
　　　　頁 151。

議會也超過任期時間，議員已失去合法性與代表性，必須改選。對此，政府
雖然沒有斷然拒絕，卻以「省縣自治通則」與「省縣自治法」尚未頒布做為
藉口，推出權宜性的「臺灣省臨時省議會組織規程」，亦即僅將省參議會改稱
為「臨時省議會」，仍算不得是正式議會。至於省級地方首長，則維持官派。
〔註106〕

　　1951 年 11 月，舉行第一屆臨時省議會議員選舉，乃由各縣市議員間接選
出，共需名額 55 名；臺南市方面佔 2 名，王開運與其他 10 位候選人參加競
選。此是王開運首次參加競選，以往皆是官選；而據王駿嶽言，王氏之所以
參選，是由於黃朝琴的鼓勵（獻，頁 287）。同月 13 日，臺南市 11 位候選人
於市議會（今臺南市議政史料館）開政見發表會，其中王開運政見的報導如
下：

> 各位議員經陳仁德氏「第八號精神原子彈」之疲勞轟炸後，王氏乃
> 以幾句輕鬆話作開場白。
>
> 王氏說：今天此場合恰似昔時「洛陽之選壻」，我們五個候選人有如
> 五個憨女壻，所幸不必考外貌內才，題目也是自定的。
>
> 他首說省議員本無政見，因政府政策均以三民主義為最高指導原
> 則。過去陳主席與現任主席以「民生第一，人民至上」為施政方針，
> 我想一切政見也不出此範圍。
>
> 次說現世界有兩種思想潮流，一為共產主義，一為民主自由，世界
> 各國均不能超越此兩大潮流，共產主義比過去法西斯更為兇惡，國
> 家須民主自由，國民才有幸福可言，我們應堅定對民主自由的信心。
> 台灣實施地方自治即是向民主自由的大道邁進，也即政府之勵精圖
> 治。
>
> 王氏繼說，小弟如有政見的話，即：「切實為台南市、台灣省做事，
> 為民眾服務」，如此而已。
>
> 王氏末並以發展台南市商業，獎勵家庭工業及輕工業，發展教育，
> 尤其是女子教育為努力目標。談到財政方面，王氏認為應切實開源
> 節流。最後王氏說，無論何人當選省議員，今後均應與市議員及市

〔註106〕鄭牧心《台灣議會政治 40 年》，頁 152、154。〈推薦徐灶生先生競選臺中市
　　　　議員〉（廣告），《臺灣民聲日報》，1950 年 9 月 22 日，3 版。

　　　　　　長切取聯繫，共爲台南市建設而努力。〔註107〕

由於地方自治乃官方主導，王氏也參與過自治奠基工程，其政見自不脫出「民生第一，人民至上」的號召，但終究最爲務實者，還是允諾「切實爲台南市、台灣省做事，爲民眾服務」，這在王氏任期內頗得兌現。同月 18 日，臺南市舉行省議員選舉，同日開票，結果王開運與黃業當選，各得 8 票，乃由該市 23 名市議員選出，非市民直選。而與王氏同入議會殿堂的，尚有陳皆興、張李德和、陳逢源、陳文石，此 5 人兼能漢詩，《臺灣詩壇》雜誌特闢版面爲之祝賀，另有陳定國、顏興賦詩祝賀王開運。其中，顏興的「寶島人人慕政聲，東山老壯起陽明。掬誠鄉黨忠謀國，革弊揚廉賴力爭」（〈贈王開運先生榮膺省議員〉〔註108〕），既是恭賀，也是肯定王氏過去的表現，因此欣喜其能以 62 歲之齡東山再起。

　　臨時省議會於 1951 年 12 月 11 日開成立大會，省議員推選黃朝琴、林頂立爲正、副議長，選舉過程中由王開運、馬有岳、陳萬 3 人擔任監察員。〔註109〕首屆臨時省議員的任期原本 2 年，惟政府爲了第二屆的縣市長、省議員能夠同時由民眾直選，遂將省議員任期延長半年，以配合下屆選舉時間；因此，王氏等議員任期爲 1951 年底以迄 1954 年中（含駐會期間）〔註110〕，共歷 5 回定期大會，分別是 1951 年底一期，1952 年與 1953 年各兩期，每期大會又各有十餘次的會議。

　　王開運個人的問政紀錄，共計質詢三十餘次，提案（含臨時動議）二十餘次，連署其他議員之提案者二十餘次（詳細情況可參見附錄六）。大致來說，王氏在議壇的表現可歸納爲「地方發展」、「交通」、「公營事業」三者，以下逐項說明。

（一）地方發展

　　王開運對臺南市、南部地區發展的關切，散見於教育、財政、建設、民政等討論議題之中。在教育方面，爭取臺南二女中復校，及設置臺大臺南考

〔註107〕〈台省臨時省議員選舉候選人政見介紹四　台南市〉，《聯合報》，1951 年 11 月 16 日，5 版。

〔註108〕此詩收於顏興《鳴雨廬詩稿》，又見《臺灣詩壇》第 2 卷第 1 期（1952.01），頁 19。

〔註109〕「臺灣省議會史料總庫」網站（http://ndap.tpa.gov.tw/drtpa_now/main.php），典藏號 002-01-01OA-00-2-2-0-00022、002-01-01OA-00-2-2-0-00023。

〔註110〕《臺灣省地方自治誌要》，頁 253。

場。王氏於第一次定期大會，向省教育廳質詢如下：

一、全省中等學校，其程度當然相同，但剛由甲地要轉學乙等學校
之時，需要經過考試，一般公務員甚感不便，於理實屬不合。

二、每年中學以上畢業生，不能就業者，所占百分比率如何？比來
年年累積爲數若干，對此未稔政府有何補救對策？

三、女子教育之重要性已不待多言，但文化都市之臺南市，只有一
女中，對二女中之復活，政府有計畫否。〔註111〕

四、聞中等學校之國文教科書，有國定書及省定書兩種，以致或用
時文或用古文及白話文，使學生莫知適從，此後有統一計畫否？

教育廳面對王氏認定的缺失，不覺得不妥，猶以便於教學、畢業生可按照公
職考試分發就職、臺南女中足夠招收容納國校畢業生……等理由做爲回答，
不欲有所作爲。〔註112〕到了1952年5月，趕在臨時省議會第二次定期大會開
議之前，王開運偕同省議員黃業、臺南市議會副議長辛文炳、市議員楊請等
人北上，持續向省教育廳商恰二女中復校，另議臺灣大學增設臺南考場、「臺
南市立女子初級商業職業學校」（今家齊女中）增設高級部等二事，其中除了
市女商一事將派員考察之外，餘則礙於經費不足，或臺大校方未有決定而擱
置〔註113〕。是以，王開運便在第三、四次定期大會追索上述問題，並延伸出
其他教育問題，例如學校過於重視統計調查，忽視教育學生本末倒置，以及
主張政府獎勵、補助私校，且不可禁止民間捐助私校等，而省政府依然有一
套對應說法，這就使得王氏採取提案以訴諸議會。〔註114〕

第四次定期大會，王開運提出〈請政府恢復臺南省立第二女子中學維護
女子升學機會案〉，理由爲：

查臺南市日據時代原設有第一女中及第二女中兩校，當時人口僅十
五萬餘人，自本省光復後迄至最近，人口已增至二十四、五萬人，

〔註111〕「臺灣省議會史料總庫」網站，典藏號 002-01-01OA-00-6-6-0-00225。

〔註112〕「臺灣省議會史料總庫」網站，典藏號 002-01-01OA-00-6-6-0-00225、
002-01-01OA-00-6-6-0-00205。

〔註113〕《聯合報》：〈南市王開運等晉省 請投省立女中〉，1952年5月22日，6版、
〈南部增設省二女中 明年才能辦到 台大在南部招生問題 原則上同意還未
決定〉，1952年5月24日，6版。

〔註114〕「臺灣省議會史料總庫」網站，典藏號 002-01-03OA-01-6-6-01-00236、
002-01-04OA-02-6-6-01-00128。

而第二女中因部份校舍被燬，現借與師範學校使用，迄未有恢復之動機，致使臺南及附近青年女子甚多失去升學之機會。我們時常高唱提高國民水準，對於未來後一代之母親教養問題，實不可忽視，目前吾國社會狀況而論，大多數人沒有受高等教育之機會，因此，我們有賴於家庭教育之改善，家庭教育必需有一個足學多能的母親，最低限度應有初中畢業以上之程度，為針對現實需要，希望早日恢復開辦。〔註115〕

此案建議辦法，是將原有第二女中校舍修復使用、請教育廳擬具復校計畫書送本會審查、本年度編製明年度預算時列入開支；可是省教育廳回覆，二女中的校舍設備分別被臺南師範學校（今臺南大學）、臺南女中接收使用，必須撥鉅款重置二女中，故難照辦。〔註116〕第五次定期大會，王開運與黃業再提〈請政府撥款給臺南師範學校籌建宿舍藉以促進恢復臺南二女中俾解決中南女子失學問題並利住宿生管理案〉，其理由除了與上一提案相似之外，另強調南師學生分住原二女中校舍之後，不易管理，並抗議省教育廳的回覆，認為：

> （前略）本人所欲明瞭者，臺南省立第二女中究竟有無恢復之必要，如認為必要，即需設法恢復。誠如覆文內所稱，原有校舍已由臺南師範學校接收作為第二部，可見學生之增多，而省立第二女中因此停辦，此種偏廢情形是否合理？教育當局對於南部女子失學問題之嚴重性，有否注意，臺南師範學校接收省立第二女中校舍何以不撥還？此種處理辦法，是否適當？應請政府切實考慮重視民意。
> 〔註117〕

其辦法則是換成政府撥款予南師籌建宿舍，如此二女中將能取回校舍；但這對省教育廳來說，無疑是「換句話說」而已，終究仍以省庫不足為由，拒決受理。〔註118〕事實上，臺南二女中一案，不止有王開運、黃業關切，亦有其他省議員詢問或提案，直至1971年，仍有省議員趙森海爭取二女中設立，並提案將市內南寧國中升格當做二女中。〔註119〕

〔註115〕「臺灣省議會史料總庫」網站，典藏號002-01-04OA-02-5-3-05-00503。
〔註116〕「臺灣省議會史料總庫」網站，典藏號002-01-04OA-02-5-4-05-00571。
〔註117〕「臺灣省議會史料總庫」網站，典藏號002-01-05OA-03-5-3-05-00303。
〔註118〕「臺灣省議會史料總庫」網站，典藏號002-01-05OA-03-5-4-05-00702。
〔註119〕「臺灣省議會史料總庫」網站，典藏號003-04-08OA-01-5-3-05-05568。

　　至於在臺南設置臺灣大學入學考場，王開運同樣於第四、五次定期大會中，分別提出〈請國立臺灣大學同時在臺南舉行新生入學試驗以輕考生負擔〉、〈請政府轉知國立臺灣大學自四十三年度起新生入學試驗仍應尊重民意分臺南臺北兩區分期舉行以輕考生家長負擔〉兩案，得到政府回應，至 1955 年，已可見臺大、省立農學院（今中興大學）等 4 校開設臺南考場。〔註120〕

　　財政方面，有節約商人成本、爭取興建平民住宅。鑒於臺南市開發甚早，是商業重鎮之一，卻因政府壓抑物價，使得市內商人利潤降低，是以王開運於第一次定期大會提出〈請在臺南市設立臺灣銀行國外匯兌課以利商民並繁榮臺南市工商業案〉，主張讓進出口商就近辦理國外匯兌，一來可振興市內商況，減少商人外遷，並便利鄰近地區的同業商家，二來進出口商將無庸遠赴北、高辦理，節省成本，亦避免禁止抬高物價的政策所帶來的痛苦。在總質詢時間，王氏進一步質詢省政府，是否有貿易管理機構的通盤計畫，以及進出口商的救濟辦法。〔註121〕而黃業也在同期大會裡，提出〈請臺灣銀行在臺南分行設立外匯課案〉，與王氏提案併合送請省政府辦理。二氏提案呼應了台南市進出口商業同業公會的請願，該公會亦致電感謝。〔註122〕

　　關於平民住宅，王開運於第二次定期大會中，曾反對政府藉整理市容而拆除違章小屋，主張要先有建宅計畫，否則應放寬取締。其理由為，臺灣在二戰期間多次受到戰火轟炸，民宅損壞嚴重，違法蓋屋實屬不得已。〔註123〕與此同時，臺南市政府也有計畫籌建平民住宅，首建 10 棟，嗣後需求增加，乃需建上百幢。〔註124〕到了第五次定期大會，王開運即提出〈請政府指定臺灣土地銀行撥借長期低利貸款協助臺南市政府興建平民住宅以救房荒案〉，主張由銀行提供貸款新臺幣 1,500 萬，以便市政府興建 500 棟民宅，並顧及民眾財力，採分期付款；但土地銀行以農業貸款為主，無法籌措。〔註125〕此民宅

〔註120〕「臺灣省議會史料總庫」網站，典藏號 002-01-04OA-02-5-3-05-00504、002-01-05OA-03-5-3-05-00344。〈臺大農院等四校新生　台南攷區今筆試〉，《商工日報》，1955 年 7 月 28 日，4 版。

〔註121〕「臺灣省議會史料總庫」網站，典藏號 0026130241006、002-01-01OA-00-6-8-0-00344。

〔註122〕「臺灣省議會史料總庫」網站，典藏號 0026130241006。

〔註123〕「臺灣省議會史料總庫」網站，典藏號 002-01-02OA-00-6-4-0-00400、

〔註124〕《聯合報》：〈南市籌建　平民住宅詳細計劃正擬訂中〉，1952 年 5 月 4 日，6 版、〈南市建造　平民住宅〉，1952 年 9 月 12 日，4 版。

〔註125〕「臺灣省議會史料總庫」網站，典藏號 002-01-05OA-03-5-4-02-00698。

問題，直至 1954 年，省政府始承認民間需求，令基隆、臺北、臺中、臺南、高雄等地方政府擇地建屋。〔註 126〕

建設方面，有河川整治、防波提築造。在第一次定期大會，王開運提出〈擬請築造臺南市南區喜樹里（原喜樹庄）海岸防波堤以利民生案〉，以搶救該庄繼續受到海浪侵蝕土地民房，市政府財力不足，故提請省政府設法。此案亦與黃業所提的〈南部沿海喜樹等地因海浪沖刷土地崩塌海岸線逐年內移請省政府迅派專家實地勘查急謀補救以安民居〉內容類似，仍合併呈請給省政府。〔註 127〕

第三次定期大會，王開運論及鹽水溪的整治問題，由於此溪流時常遇雨爆發洪水，使得兩岸的安平、安南兩區盡成水鄉澤國，但省政府礙於水利相關法規，以致無法充分補助修築款項，王氏遂質詢省政府有何補救之道。對此，水利局卻強調依法行事，並建議由臺南市政府發動國民義務勞動，讓民眾自行修整次要河川鹽水溪。王氏在日治時期即參與安平築港運動，水利局的回答自然無法讓其滿意，是以省政府加以緩頰，表示中央與省政府均在研究中。〔註 128〕到了第四次定期大會，王開運仍就此問題進行質詢並提案，認為「臺灣行政區域重行劃分以後，各地經濟狀況，迥然不同，如不重新規定，是強各縣市以不可能之事，於理於情，均有未合」。而此意見在其提出的〈請政府撥款補助建築鹽水溪堤防以利生產而安居民案〉之中，說明得更清楚：

> 鹽水溪提防，過去在日據時代，因當時係州轄政府，稅收豐富，雖被列為次要河川，歸當地政府建築，實非難事。但本省光復後，所有稅收，歸省政府統籌分配，則當地市政府已乏財力負擔，且鹽水溪築防之重要性，與日俱增，……（中略）……本省四面環海，雨量較多，時有水災之虞，若不迅速建築堤防，每遇災害，農村幾瀕破產，對於一時之少量救濟，實無補於事。為安定地方經濟及當地居民生活起見，亟需早日付諸實施，急不容緩。

這呼應了當初王氏主張大縣制的經費考量，也間接抨擊政府的用稅方法有可

〔註 126〕〈省令六大都市 興建平民住宅 防空疏散都市計劃 兩大原則不得有違〉，《臺灣民聲日報》，1954 年 7 月 5 日，4 版。
〔註 127〕「臺灣省議會史料總庫」網站，典藏號 0026140341024、0026140341024。
〔註 128〕「臺灣省議會史料總庫」網站，典藏號 002-01-03OA-01-6-4-02-00194、002-01-03OA-01-6-8-00-00641。

議之處。惟建設廳僅表示，將來會把較重大的次要河川重劃入主要之列，水
利局則允諾提供工程設計與材料技工，至於實際費用，依然不予補助。〔註129〕
直到 1962 年，鹽水溪堤防才修築完成，解決了氾濫災害。〔註130〕

　　民政方面，是商榷「公地放領」政策。王開運在第四次定期大會中指出，
公地放領若不加限制，將妨礙到都市計畫，徒生糾紛，其中自然有著對於臺
南市日後發展的擔憂。之所以如此，是因為政府自 1951 年起，推行「臺灣省
放領公有耕地扶植自耕農實施辦法」，卻執行過當，以致產生不少負面問題。
除此之外，影響所及尚有嘉南大圳與窯業用地，王氏意見如下：

> 嘉南大圳在日據時代，日人購地二千甲，以為堤岸潰缺時搶修之需，
> 足見日人用心周到，現在僅要求保留六十多甲而已，倘不予保留，
> 將來萬一堤防一旦為洪水沖缺，而無足夠泥土填阻搶修時，其損失
> 之慘重，將不堪設想，應請局長慎重考慮。

> 大凡窯業，均在其窯廠附近構地一、二甲，以貯備將來原料，目前
> 因尚未用完，便將原料用地出租與工人，現在如果被征收放領，則
> 將來原料無著，勢必倒閉，間接影響磚瓦業者，亦請局長考慮，儘
> 量准予保留。

當時答覆人是地政局長沈時可，乃將都市計畫問題推給上一級的建設廳、財
政廳與省主席，並自認嘉南大圳只保留 60 甲土地無不妥之處，若有萬一，再
就近徵收土地即可。至於窯業公司的土地問題，則舉其對考察桃園窯業的結
果做為反例，堅持依法行事。如此沒有商量餘地的態度，不禁使得王開運語
帶慍怒地繼續質詢：

> 一、局長你這樣的答覆我不滿意，不是在你的推脫，而期你作不作
> 　　的問題，因為你是做官，便可不作，如果你是要做事的話，那
> 　　就得需要替老百姓多服務。

> 二、今後嘉南大圳如果一旦發生危害，其所遭慘重的損失，這個責
> 　　任，是要局長去負的。

> 三、窯業廠既經准許設立，為何將其土地放領，豈不是要他們倒閉
> 　　嗎？你應要有人心。

〔註129〕「臺灣省議會史料總庫」網站，典藏號 002-01-04OA-02-6-4-01-00167、
　　　　002-01-04OA-02-5-3-03-00422、002-01-04OA-02-5-4-03-00623。
〔註130〕謝國興〈台江的歷史地理變遷〉，《台江庄社家族故事》，頁 7。

　　而主持會議的議長黃朝琴，或許想緩和府會對立的僵持氣氛，也或許是對沈時可的回答不甚贊同，遂在王氏質詢後，緊接發言：

　　一、剛才王議員所提出的是關於嘉南大圳，將來恐發生不堪設想的慘重損害，應須慎重考慮，而沈局長所答的，是關於在嘉南大圳兩岸邊如因需要搶修，可照征收，這是不可以的，依照土地法和土地征用法，如需要搶修而征收土地，事先一定要經過縣市議會及省議會的決議，否則政府不得隨便征收民間土地。

　　二、你答覆桃園窯廠，該廠址是經奉准建設於平地，且一窯之設立，要花費數十萬元，現以政府不准其保留，原料供應告斷，將被迫關門，試問將作何解釋呢？

黃朝琴的言論較爲客氣，立場顯然傾向王開運，既補充了反對省政府的理由，兼替府會雙方緩頰，只是沈時可依然堅持己見，質詢內容遂不得不轉換方向，改爲陳逢源提問公營事業。等到部份議員質詢過後，王開運再度提出同樣問題，屆時是由地政局回覆，語氣已較溫和。〔註131〕

　　最後，面對長年居住的臺南市，王開運將之定位爲「文化古都」。在第四次定期大會，王氏提出〈請政府指撥專款修復臺南市名勝古蹟赤崁樓孔廟大成殿五妃廟以重歷史而壯觀瞻案〉，要求省政府指派技術人員，會同臺南市政府勘察損毀情形，並擬具修復計畫，而費用則是省政府撥助三分之二，其餘由市政府負擔；如此一來，既使市況繁榮，又有可觀的外匯。此案甚得省政府贊同，乃飭令市政府擬具計畫預算，以報府核辦。〔註132〕

　　不過，王開運的都市願景重視整體規劃，而不單是修復古蹟。於第五次定期大會，王氏指出都市計畫的缺失，認爲政府只是無目的地將近郊鄉村編入市區，卻未擴充新轄區的道路、路燈、公共衛生等設施，反倒成爲多此一舉之事，繼而發表其看法：

　　查現代國家，爲適應當地環境，及原有歷史因素，易於發展起見，特將某某地區，形成爲文化或工業中心，例如本省臺北政治中心，臺南多名勝古蹟，歷史悠久，極宜視爲文化中心，以後創辦女子師

〔註131〕「臺灣省議會史料總庫」網站，典藏號 002-01-04OA-02-6-2-01-00056、002-01-04OA-02-6-2-01-00395。

〔註132〕「臺灣省議會史料總庫」網站，典藏號 002-01-04OA-02-5-3-05-00518、002-01-04OA-02-5-4-01-00654。

範，或專科大學時，最好設在臺南，因文化事業之發達與否，歷史
及環境有密切之關係，使兩者相得益彰，其他事業區亦可逐步形成。
使本省所有地區，對將來發展上，有一確立目標，能地盡其利，不
致有錯縱雜亂之嫌。〔註133〕

讓臺南市與臺北市各具特色，不相頡頏，表現了王氏對於居住地的熱情與驕
傲感；而筆者認爲，在當時便有此番願景，不得不說頗具遠見。

（二）交通

「交通」是王開運在議員任內發揮甚力的領域。共計5次的定期大會裡，
王氏就擔任了4次交通組審查委員會的召集人，集合小組裡的議員來審議相
關提案、請願與法規，以加強監督交通問題，而其本身也有不少質詢與提案
關乎交通；就中最具代表性的，乃是關切鐵路局經營狀況，以及運送方面是
否與民爭利。

在第二次定期大會期間，王氏竟連問了鐵路局長莫衡26個相關問題，
內容可分爲5個部份，一是質詢鐵路局何以不遵從省政府決議，開放小運送
業（即轉運業）民營化？二則探問鐵路局將會釋出多少貨運量給民間轉運，
並指出莫衡提供的數據完全不正確。三則質疑莫衡掌理鐵路局的能力與誠
意，例如「局長是主管官，何以既不知詳情，而竟在施政總報告內隨便提出」、
「局長口口聲聲說合作合作，究竟是否故意欺騙」、「局長是我好朋友，我再
三勸告，但是忠言逆耳，這完全是局長受下屬包圍」。四則不滿鐵路工會阻
遏貨物轉運開放民營，要求鐵路局出面解決。五則抨擊鐵路局不該與民間爭
利。此外，尚有陳文石、游蘇鴦、呂世明、蘇東芳等議員，紛紛在王氏之後
補充詢問，認爲鐵路局經營不善、浪費錢財，局長包庇部下，並暗示莫衡下
台。〔註134〕

事實上，鐵路局自有其「難處」。據論者溫文佑的研究，莫衡掌理鐵路
局期間（1949～1961），中央政府命令鐵路局將就業學生、退除役官兵、其
他機關編遣人員，安置爲該局從業人員，加上非因政令而入局工作的外省人
士也爲數不少，使得員工人數高達2萬名上下。雖然臺籍員工仍佔大宗，亦
暫難知悉臺籍、外省籍員工在職級上的比例，但勢必產生冗員問題，也會因
爲安排人員入局，而擠壓了他人就職空間。省政府的態度，則是將鐵路局視

〔註133〕「臺灣省議會史料總庫」網站，典藏號002-01-05OA-03-6-8-00-00185。
〔註134〕「臺灣省議會史料總庫」網站，典藏號002-01-02OA-00-6-7-0-00507。

同搖錢樹，該局盈餘繳省庫，有虧損卻不補助，且要求鐵路局在學生、軍公教人員、軍民貨運、定期票（如月票）等方面須有優惠票價；其中，軍費開支佔國家經費泰半，鐵路局連帶也因對之折扣而蒙受龐大虧損。對此，鐵路局的應變之道，即是節約煤油燃料、將貨車改裝為代用客車、重覆使用狀況尚好的停用車輛、廢料回收使用，同時動用美援〔註135〕；此外，屢屢調整票價，或壟斷轉運業，從中所得的利潤自然也對鐵路局的虧損不無小補。

職是之故，鐵路局在外界看來，就有了貪腐、經營不良、與民爭利的形象，成為議員們頻頻抨擊的目標。省議員並非不知其中難處，例如黃堯曾質詢「鐵路局應繳庫金額，可否酌予減低，俾鐵路得支持保養有設備」，而省政府仍不願放手，只回應待財政充足，或可考慮。〔註136〕儘管如此，省議員仍持續向省政府與鐵路局提案、質詢，力爭轉圜餘地，一定程度上展現了為民謀福的問政風骨。

到了第三次定期大會，王開運又針對鐵路局進行一連串質詢。王氏指出，鐵路局藉口加價以清償債務、充實建設，卻愈益虧損：

> 大家知道，日據時代，政府收入以公賣局及鐵路局兩項為最多，現在公賣局收入，仍然很好，而鐵路局都是虧本，有什麼理由呢？……
> （中略）……歷年率先加價者，是鐵路局，而虧本者也是鐵路局……
> （中略）……老百姓實負擔不起，想是總務費用過多，及經營不善所致。

莫衡的答覆頗為詳實，也坦承「日據時代，鐵路係統收統支，鐵路營業進款，邀送總督府，而支出如搶修工程等，亦由總督府出」，然今非昔比，並舉出軍運採用記賬方式，以及軍人、公教人員、學生、華僑團體等享有票價優待的事實，來解釋收入不豐之因。不過，這樣的答覆仍舊無法滿足王開運，故在一句「不論多少理由，均因經營不善，及浪費而致虧本，此為毋庸諱言」之後，遂持相同問題，轉向質詢交通處長侯家源。當檢討到鐵路局業務之時，侯家源表示會加強檢討業務，並請王氏多加指示，王氏則藉機贈言：

> 我很知道侯處長是一個好人，但好人並不是好官，希望處長做好官，

〔註135〕溫文佑〈戰後台灣鐵路史之研究——以莫衡擔任鐵路局長時期為例（1949～1961）〉（臺北：政治大學台灣史研究所碩士論文，2009），頁 43～46、74～83、161～163。
〔註136〕「臺灣省議會史料總庫」網站，典藏號 002-01-05OA-03-6-8-00-00176。

多負責任，僅做好人，是不能解決問題的。

隨之侯氏補充說明，交通處將會平等兼顧公營、民營轉運業，終究還是抽象原則，無具體作法，王開運乃重覆其言，「處長這個方針不對，叫雙方滿意是做好人，不是做好官，希望處長做好官，不要做好人」，突顯了侯氏只欲息事寧人的心態。接著，議員張芳燮又提出一個鐵路問題，卻未得到回應，會議質詢方向即換成公路局方面，可想見王氏與交通處、鐵路局針鋒相對，顯然相當尷尬。〔註137〕在該次大會後半段的總質詢時間，王開運又續問省主席吳國楨，吳氏的答覆是公、民營貨運業務之分配正在進行，且交通處將周密研究民營辦法，加上已有議員劉金約提案，建議將鐵路局旗下的「貨運服務所」改為公司組織等 3 點，故短期內能有具體辦法；似乎有了這番話，才使王氏頗感滿意，不再追問。〔註138〕

上述劉金約的提案，乃〈為鐵路貨運服務所應獨立組織經營以示公平而息糾紛案〉，於第3次定期大會提出。劉氏認為，鐵路局本身即可接受貨主直接托運，而民間經營轉運業僅是代貨主向鐵路局辦理托運，從中賺取手續費，故鐵路局應監督民間競爭，而不是與民爭利。簡言之，其主張鐵路局「貨運服務所」宜改成公、民合營的民間事業。〔註139〕不過，這對於極需鐵路局利潤的政府來說，不是容易妥協之事，是以變成鐵路延線範圍之內的轉運業務，仍由鐵路局負責，範圍以外的業務才允許公、民合營，且規定1953年底改革完成。〔註140〕所以，當第四次定期大會開議，省政府此項做法便遭受陳漢周、黃堯、黃運金等議員的質疑與批評〔註141〕。

王開運顯然也反對，對於鐵路局更有許多不滿，首先是抨擊該局虐待民間轉運業者：

> （前略）民間運輸業者皆有幾十年的歷史，過去在日據時代，遭受歧視壓迫，苦心慘淡經營而維持下來的，光復迄今，只有二百多家還存在，這是得了鐵路局長的幫忙，很感謝。但是我也要問，

〔註137〕「臺灣省議會史料總庫」網站，典藏號 002-01-03OA-01-6-7-00-00219、002-01-02OA-00-6-8-0-00578。

〔註138〕「臺灣省議會史料總庫」網站，典藏號 002-01-03OA-01-6-8-00-00641。

〔註139〕「臺灣省議會史料總庫」網站，典藏號 002-01-03OA-01-5-3-06-00563。

〔註140〕「臺灣省議會史料總庫」網站，典藏號 002-01-03OA-01-5-4-06-00817

〔註141〕「臺灣省議會史料總庫」網站，典藏號 002-01-04OA-02-6-7-00-00210、002-01-04OA-02-6-8-00-00251、002-01-04OA-02-6-7-02-00223、002-01-04OA-02-6-7-01-00419。

運輸業是否替鐵路局招主顧，……（中略）……我想站在鐵路局
立場，應該愛護他們才對。……（中略）……但是過去幾年以來，
如果我的看法不錯，我敢說鐵路局是虐待業者。……（中略）……
只要有一點錯誤，就毫不容情的馬上罰款停業。日據時代，對於
運輸業雖也有管理規則，但前後罰停業者五十多年中只有一次，
而光復迄今幾年間，運輸業者受停業處分的已有十多次。受停業
處分猶如刑法上受死刑。業者是靠運輸吃飯，一旦停業，則生活
發生問題。這是很殘忍的。……（中略）……我希望局長考慮業
者對於鐵路局是否有益？假使有益，就應當愛護。則鐵路局的作
風，也應當要改。〔註142〕

對此，鐵路局長莫衡反而將責任丟給王氏，「請王議員及其他運輸業者開一個
檢討會，俾使大家消除歧見，合作無間，交通處也有此意」；並且固執於法規，
「倘有故意不可諒之違法，自當處罰」〔註143〕。到了總質詢時間，王開運又
有連續11項質詢，其中與鐵路局相關者就佔8項，包含該局不顧行車安全、
對上級機關陽奉陰違、未處理監察院對該局糾舉浪費之事、獨攬轉運、開設
副業（如餐廳、運送店）與民爭利、誤用統收統支政策、鐵路與公路二局自
相競爭、人事有待調整……等等。特別是「統收統支」，乃省政府得以藉口不
讓物資運送放手給民間的工具，王氏批評如下：

查省政府對於所屬公營事業機關試辦統收統支，其目的為減少通貨
流動數額及約束不必要的開支，用意至善。不料財政廳主管科將統
收統支，誤為統制政策，……（中略）……令各統收支各單位，物
資輸送，應委託鐵路局、公路局承運。現查公路局早已不辦貨運，
其中統收統支各單位部份物資，向由民營轉運業者代辦手續，統交
鐵路局承運。財廳主管科對於公路局已不辦貨運業務，都不知
道，……（中略）……本人認為對於上述財廳主管誤發之府令，為
免除誤會起見，應請令飭糾正。主席以為如何？

統收統支，只是手續簡化及易監督而已，如可為政府省錢，似不一
定實行統收統支。如公賣局貨物，多不交民營搬運，則係藉口統收
統支，……（中略）……（鐵路局甚至說如不交鐵路運輸，配車必

〔註142〕「臺灣省議會史料總庫」網站，典藏號 002-01-04OA-02-6-7-00-00215。
〔註143〕「臺灣省議會史料總庫」網站，典藏號 002-01-04OA-02-6-7-01-00411。

有困難）此或爲公賣局與鐵路局之勾結。

統收統支辦法規定各機關貨品皆應歸鐵路貨運服務所，把民營業務
大量搶奪，（且財政廳命令要公營機關貨物交公路貨運——其實公路
並無貨運設備）徒事滋擾，望取銷此命令。〔註144〕

想當然爾，省政府的解釋依然多於實際作法，時新任省主席俞鴻鈞，即從便
利管理、減少別貸款周轉困難等角度，堅持採行統收統支，惟允諾對相關法
規的缺失進行研究。

王開運也不屈不撓，在第五次大會裡，甚至將鐵路局貨物服務所的民營
化問題，聯結至執政者最期盼的「反攻大陸」願望，指出：

請交通當局街實履行在議會公開發表之諾言，譬如對鐵路貨物服務
所之問題自省參議會以來，一拖三年餘，由開放民營一變而劃分貨
物，再變而爲獨立經營，豹變之多，莫此爲甚。

當此反攻大陸之前，對此渺小問題，尚不能維持政府威信，迅予解
決，實不禁爲反攻前途寒心。〔註145〕

可謂是以子之矛，攻子之盾。

總的來說，王開運對於交通議題，特別是鐵路方面，實是用心良苦，這
自然與長年在商界活動，並且從事運輸業而累積的經驗有關，加上身爲議員，
故大力反對政府與民爭利，痛心公營交通事業經營不善；即便屢屢得到官方
說法，仍不輕易放棄。就連駐會期間，王開運雖非駐會委員——但當過議會
公營事業小組成員，也須駐會——，依舊奔波於交通議題，例如建議政府維
護臺航公司、催促省政府將交通法規送會審議、要求鐵路局來會報告出軌意
外、調解嘉義縣的汽車客運經營糾紛、審查〈汽車貨運管理辦法草案〉、調查
鐵路局貨運服務所與新營合同運送兩合公司的債務糾紛，以及代表臨時省議
會參加交通處主辦的〈港區裝卸工人管理規則草案〉及〈各港口民營輪船裝
卸業管理規則草案〉座談會……等等，在在展現了一種「恨鐵不成鋼」的迫
切企望。

（三）公營事業

所謂「公營事業」，是指政府資本超過五成，或政府、民間根據〈事業組織

〔註144〕「臺灣省議會史料總庫」網站，典藏號 002-01-04OA-02-6-8-00-00249。
〔註145〕「臺灣省議會史料總庫」網站，典藏號 002-01-04OA-03-6-7-01-00091。

特別法〉而共同出資的企業，由政府經營，具有公共性、獨佔性特質，目的在於增添國庫收入。戰後，國民政府在臺灣所擁有的公營事業，主要是將日治時期的日人資產充公而得，造成國家資本獨佔，民間資本卻無力發展的局面；到了 1950 年代，由於一連串土地改革政策開始執行，政府必須設法補償地主的損失，而公營事業也時有經營不善的情形，反倒成為國家負擔，再加上隨美援而來的企業民營化主張（以便美國民間投資）、民眾的呼籲……等等，這些因素都使得政府必須重新整頓公營企業，並選擇部份來開放民營化。〔註146〕

公營事業也是臨時省議會開會時的重要議題，屢屢可見相關質詢或提案；甚至 1952 年初（第一次定期大會），省議會就已制定了〈臺灣省臨時省議會公營事業小組委員會辦事細則〉，每一會期選出議員 5 名擔任，不得連任，其職則乃在協助駐會委員處理有關公營事業之案件，並研擬相關方案，以督促公營事業發展。〔註147〕1952 年 8 月（第二次定期大會），王開運當選為公營事業小組成員，駐會期間曾與黃宗焜等 4 人共同提出〈為發展本省航業清建議政府維護臺航公司並設法充實船舶俾能肩負本省航運之使命案〉，主張糧食局的外銷米由臺灣航業公司運送，以及省政府撥款為該公司添購新船、開拓新業務，並加強監督等，目的即在於保護省營的臺航避免受其他船商排擠。〔註148〕

到了第三次定期大會，時值政府選定讓臺灣水泥、臺灣紙業、臺灣肥料、臺灣工礦、臺灣農林等五大公營事業轉為民營，以配股方式補償受到「耕者有其田」政策影響的地主，故特地在該定期大會裡舉行座談會，與省議員商討估價問題。其中，陳逢源不同意政府的估價方式，認為政府只以公營事業資產或盈餘來估算股票面額，沒有考慮到配息問題，因此有股票市價低於面額之虞，分析頗為精透。王開運也同意陳氏觀點，並舉例指出政府沒有開放民營的誠意：

> 一、本人對政府有許多不明瞭之處，以前政府說過，臺灣之公營事業，應儘量開放民營，一般人民認為公營事業都要民營，但最近看到工礦公司召開明年度業務委員會，由此言看來工礦公司

〔註146〕劉進慶《台灣戰後經濟分析》（王宏仁、林繼文、李明俊漢譯，臺北：人間出版社，1992），頁 24～28、80～83、104～105、197～201。
〔註147〕「臺灣省議會史料總庫」網站，典藏號 002-01-01OA-00-3-1-0-00414。
〔註148〕「臺灣省議會史料總庫」網站，典藏號 002-01-02OA-00-5-3-06-05412。

　　　　並無意交與民營。

　　二、財政廳任廳長最近訂一公營事業統收統支辦法，如要交民營，

　　　　此係不必要之措施。〔註149〕

無可諱言，政府確實沒有誠意開放公營事業，畢竟能擁有的國家資本愈雄厚，其統治權力也就益加鞏固。是以，政府逐刻意挑選品質差的公營事業來開放，且讓開放數量減少（如臺肥 1995 年才邁向民營化），並將資產高估，更限定只能以股票補償地主損失總額的 3 成，餘下 7 成用實物債券填補。〔註150〕正因如此，政府的估價報告並不能讓省議員滿意，甚至當時連公營事業出售的相關條例也還沒公布，省議會只好先彙整該座談會的討論內容，預計另向立法院請願。

　　前述五大公營事業，以工礦公司本身弊端為多，故易受省議會注目。在第三次定期大會，王開運質詢如下：

　　　　本會每次大會，關於公礦公司密告案件特多，此次外間謠言，工礦
　　　　公司對議員行賄二萬元一事，希望公司澈查，事關公司名譽及董事
　　　　長人格，議員方面亦有關係，按此次謠言，可能為中傷，我希望如
　　　　此。又聞公司化工部人事，多屬牽親引戚，事實如何？以前化工部
　　　　發生貪汙案件，牽涉人員，有無受到行政處分？

當時答覆人為該公司董事長郭克悌，斷定沒有行賄之事，貪汙一節也意欲否認，並強調自己在公司裡的功績，但王氏提出省議會的調查小組已糾舉出貪汙案件的事實，直接戳破郭氏粉釋太平的心態，且要求郭氏自行檢討。〔註151〕第四次定期大會，王開運又緊盯工礦公司的貪汙與人事問題：

　　　　工礦公司為各公營公司中之一大伏魔殿，為眾所週知，自本會與監
　　　　察院歷次檢舉以來，其集體貪汙舞弊，層出不窮，前總經理不唯放
　　　　任無能，且包庇體容，殊不知欲蓋彌彰，腐爛更甚。現總經理非大
　　　　刀闊斧，力鼓勇氣，作一次之大清除，殊難重振正氣之作風。試問
　　　　現任者有此魄力與信念與否？又聞該公司從前之亂脈，皆基因於前
　　　　總經理之牽親引戚，重用私人，且人事多出婦人之手所致。今該公
　　　　司不久將撥歸民營，對將來股東連絡上，不得不多少起用本省人才。

〔註149〕「臺灣省議會史料總庫」網站，典藏號 002-01-03OA-01-3-1-00-00172。
〔註150〕劉進慶《台灣戰後經濟分析》，頁 80～84。
〔註151〕「臺灣省議會史料總庫」網站，典藏號 002-01-03OA-01-6-4-02-00194。

請問現總經理對過去不善逢迎輾轉呻吟於下層階級之本省人才，有
重新調整之意見與雅量否？〔註152〕

兩次定期大會僅隔數月，王氏卻連續追問，可見對公營事業的期望是如何地
迫切；之所以如此，與同一年裡（1953）即將開放臺泥、臺紙、臺灣工礦、
臺灣農林等四大公營事業的時程不無關係，若能盡量克服弊端，則民營化之
後，自能減少不必要的糾紛，有利營運，這該當是王氏用意所在。而同為省
議員的張李德和，則曾與王開運賦詩唱和，並表達自己相當欽佩王氏在公營
事業方面的問政風範：

從新主席開詢問，奕奕精神似馬龍。五個公營精估價，雍容。（〈耕
者有其田討論和開運老瑤韻 三句半〉〔註153〕）

王開運只擔任一屆臨時省議員，便不再參選。據王駿嶽之言，「因為後來
便改成直接民選，先前需要國民黨黨內初選，此時就需要錢買票了，所以家
父就不屑參與了，若要硬出頭，形同脫黨」（見附錄二）。所謂「黨內初選」，
即指國民黨內部於1952年建立了提名制度，用以全力支援代表該政黨的候選
人，但也容易發生賄賂、違紀參選等情事〔註154〕，則王氏顯然不願意汲營於
此。事實上，由於政府鎮壓二二八事件，後接續施行戒嚴令、土地改革，又
透過半自治制度來收攬地方新興勢力，除了在臺政權更為鞏固，日治時期原
有的地主、士紳等臺灣領導階層，亦因而受到重創、瓦解〔註155〕，其中王開
運也屬於傳統士紳成員。況且，從前述的王開運問政情來看，官方大部份的
答覆若非成效緩慢，就是推諉敷衍，訴諸法規，屢屢令人感到不滿。凡此種
種，都讓勉力提振元氣來投入議政的王開運，又對政事灰心，因而退出政治
舞臺。

是以，在第四次定期大會裡，王開運發表了一番言論，可視做戰後的從
政感悟：

自開始詢問以來，各廳處的答覆，我聽了都不滿意。因為什麼呢？

〔註152〕「臺灣省議會史料總庫」網站，典藏號002-01-04OA-02-6-4-02-00272。
〔註153〕此詩收於張李德和《琳瑯山閣唱和集》（臺北：待文之友，1968）。
〔註154〕任育德〈向下紮根：中國國民黨與臺灣地方政治的發展（1949～1960）〉（臺
北：政治大學歷史學系博士論文，2004），頁218～229。
〔註155〕鄭牧心〈議政風雲五十年——試探「台灣經驗」中的議政傳承〉，收於《回顧
與前瞻：台灣省議會成立五十週年專刊》（臺中：臺灣省議會，1996），頁252
～257。

就是各主管的答覆，都是說官話，臺灣是復興中華的基地，反攻的前哨，一年之間，才有兩次的會議。各主管能在此兩次的會議裡，虛心聽取議員的意見，藉以明瞭人民的需要，作自己的鏡子，為施政時之參考。有這種雅量的人，做人民公僕的確實很少。大家都以為議員很麻煩，講起來又囉嗦，不要講最好。所以我說你們都打官腔。譬如上午問到船價的問題⋯⋯（中略）⋯⋯雖然，事情處理得不妥當，還是理直氣壯，但手續與事實卻是兩個問題，縱使手續不錯，如果事實有壞處，是應該虛心接受細加檢討纔是。⋯⋯（中略）⋯⋯既然，覺得大家都麻煩，所以我也不想問。不過，我忝為交通召集人，不問也不好。〔註156〕

想關切時政，卻得不到正面回應，若放手不管，又有失省議員職責，這是王氏對政事灰心的寫照；再從整體問政紀錄來看，到了第五次定期大會，王開運質詢只有一次（提案則仍有 8 件），與之前的質詢次數有不少落差，似乎也呈現欲諫言又無力的掙扎痕跡。

自此之後，王開運雖然專心致力於商界與金融界，但在其心裡，偶爾也會因為某些緣故而勾起關切時政之情。例如 1963 年，《自立晚報》為慶祝「臺灣光復」邁入第十八年，特闢「台灣光復與我」一園地，邀請王開運、蔡培火、陳逢源、李萬居、黃啓瑞、高玉樹、游彌堅、藍蔭鼎、張建邦、施翠峰等人發表談話。其中王氏提倡反共、堅持自己未曾皇民化，顯然是配合局勢，惟談話裡仍提及：

王開運老先生在談到善用本省同胞的堅強民族性之點時，曾經強調政府已經做得很多，但是不一定夠，政治上的清明，實為一項最良好的誘導因素。

就這方面而言，王先生不願多談，但仍然指出兩點：一是表揚好人好事，太過於表面化，我們應該選拔好人而且應該選用好人，只有選用，才能改良社會，澄清吏治。

其次是創造就業的機會，他老先生指出，目前本省的失業問題，如果不予解決的話，是相當嚴重的。政府也應該拿出具體的辦法來，以圖消弭社會中的嚴重失業現象！〔註157〕

〔註156〕「臺灣省議會史料總庫」網站，典藏號 002-01-04OA-02-6-7-00-00215。
〔註157〕「台灣光復與我」，《自立晚報》，1963 年 10 月 25 日。

強調澄清吏治、選用好人、重視就業，既反映王氏的議政經驗，又可見其對時事保持關切，又不願多談，恐怕也是高壓局勢與議壇挫折所致。再看〈賦呈達雲主席〉〔註158〕：

> 天下風雲尚戒嚴，何時復國起淵潛。忠規唯一能長見，善政從茲總
> 可占。要使人民增富裕，必須僚屬更清廉。封疆大任公堪寄，雨露
> 台陽待遍霑。

此詩發表於 1966 年，距離王氏卸任省議員已有十餘年，卻仍然賦詩勸告當時的省主席黃杰，認為要廣納箴規，才能獲得善政，保持清廉吏治，始可造福人民。相對於王氏晚年作品內容，多述其歸隱情志、閑適生活或時代滄桑，這首詩確實是特異的存在，所謂「老兵不死，只是凋零」，正好可以形容王開運離開政治後的心境。

小　結

　　本章旨在考述王開運在中日戰爭期間（同時也是日治末期）以迄戰後的諸般活動，從遠赴海南島為起點，中經協助留瓊臺灣人返鄉、受二二八事件牽連、參與臺灣地方自治規劃，最後以參選臨時省議會議員為終。1937 年中日戰爭爆發，殖民地臺灣不可避免地被捲入戰時體制，臺灣人的心靈思想、外在言行，甚至是物質生活，都漸次受到控制、受到扭曲，這對於當時臺籍士紳、知識份子的影響尤為明顯。王開運本身就是著例，1939 年前往廣東慰勞皇軍，1941 年成為皇民奉公會幹部，1944 年更被派遣至海南島主持瓊崖銀行，在在身不由己。然則，臺灣人的怨懟，若不是隱忍心中，就是以幽微方式透放，是以本章考述王開運的諸般活動時，也注重同一時期的相關作品，欲明瞭其當下心情。

　　王開運擔任瓊崖銀行總經理，表面原因是受臺灣銀行推薦，且能夠獨力主持一家銀行；不過，瓊銀是為戰時金融國策而存在，目的是吸收當地物資，提供日軍所需，乃不義行為。加上路途遙遠，日軍也未能全盤控制海南島，此行可說是「生死未卜」，所以王氏在餞別詩作中，透露出極度不願意前往的心情，是可以理解的。但不論接受與否，在「奉公」大纛之下，都必須履行，「動身繫戰計應窮」（〈失題（相爭蠻觸可憐蟲）〉）一語，恰是無計可逃的慨

〔註158〕《自立晚報》「自立詩壇」欄，1966 年 5 月 7 日。

嘆。附帶一提，就現有的旅瓊臺灣人的相關回憶或研究來說，總是以軍旅經驗爲主（返鄉困難則是共同經驗），一般商民的部份甚少，這當然是臺籍軍屬在該島蔚爲大宗之故；加上資料闕如，從 1944 年前到戰爭結束，王氏在彼的生活情況如何？不得而知，只能依蛛絲馬跡來合理推估，先提供一可能方向或範疇，以便日後若有新資料出土，再繼續考述。

日軍在海南島成立的地方政權與建設，以及鼓勵民間人士前往當地拓展事業，臺灣總督府幾乎無役不與，形成了「日本—臺灣—海南島」的重層殖民結構。在此結構下前往海南島的臺灣人，陸續增多，遂轉變成日後遣返的一大難題；且處於戰爭協力者角色，也使得留瓊者日後飽受冷眼對待，於返鄉過程中添增痛苦，造成這些情況，日本是始作俑者。然則，戰後臺灣人改隸中華民國，國民政府握有資源，卻隨即投入國共內戰，幾經折衝才將留瓊者接送返鄉；面對官方的被動拖延，臺灣人付出了遭受歧視、病餓、死亡威脅的代價，返臺時程最晚，途中遭遇異常艱辛，也是新政府失職。是以，留瓊者與臺灣民間唯有自立自強，方能握有一絲希望；其中，王開運擔任旅瓊臺灣同鄉會會長，爲了早日協助臺灣人返鄉，不顧身處危難，四處奔走，其先行返臺之後，更未曾鬆懈，實有不容忽視的貢獻，「關愛同胞」孰眞孰假，不難判知。

返臺後，王開運也一面投入商界、金融界，延續其日治時期的事業成就。二二八事件發生時，恰好接任第一銀行公股監察人，不久卻身陷囹圄，這無疑是王氏曾擔任皇民奉公會幹部，戰後又奔走留瓊者返鄉事宜所致。在官方眼中，王氏不免成爲一位「御用紳士」、一位反對政府的旅外臺灣人的精神領袖，遂使其蒙受不白之冤。待出獄後，此事件成爲王開運個人生命的分水嶺，活動銳減，與日治時期多元活動相較，迥然不同。不過，王氏的立場是「中隱」的，不願積極用世，倒也可接受閒職，日後又加入推動地方自治，並擔任臨時省議會議員。

戰後的臺灣，是臺灣人繼續追求日治時期未完成的地方自治，以及國民政府實施地方自治的雙重領域；與戰前相較，相同之處是仍由官方主導，差異則是縣市、鄉鎮的自治空間確實較開闊。戰後地方自治的奠基工作，由陳誠召集的「臺灣省地方自治研究會」規劃雛型，成爲 1950 年代十餘種地方自治法規的「母法」，而王開運是研究會委員之一，對地方自治有所貢獻，也見證了自治的起步。到了 1951 年底，逾期不替的省參議會終於更換新血，改稱

「臨時省議會」，王開運代表臺南市出馬競選，當選後特別著意於「地方發展」、「交通」、「公營事業」等議題，頗能兌現政見諾言。又從另一角度看，王氏先是參與地方自治規劃，接著參選省議員，不論是否自覺，都確實帶有監督自治施行成效的意義存在。然而，問政時不滿官方敷衍，對政治失望，故第一屆議員任期結束後，便不再參選，只將關懷時局的熱情埋入心中。

　　王開運卸下議員身份，已是 65 歲之齡，年華老去，精力大不如前，或許也影響到參與社會各種活動的能量，加上二二八事件的陰霾難除、對議政感到失望，內心則常有用世不得，歸隱不能，以及鄉愁、家計負擔的煎熬（見第七章第一節），遂顯得沒有留戀於社會舞台的必要。但是，王開運依舊保有社會聲望與地方上的若干影響力，例如 1960 年，本土企業集團臺南幫創立「環球水泥公司」，侯雨利與吳修齊有意在路竹鄉覓地設廠，王氏即受邀從旁說服故鄉農民賣地，使環球水泥大湖廠得以建立；對此，吳氏衷心感念，頻頻於自己的回憶錄、受訪之中提及。〔註159〕而誠如上述，1963 年《自立晚報》為慶祝臺灣光復，王開運也以「本省耆宿」的身份受邀發表談話。

　　要之，1950 年代中期之後，王開運專心持守商業、金融，處於第一銀行高層，較明顯的社交活動則是和文壇的舊雨新知讌飲酬唱；如此閒雲野鶴之姿，顯然是有選擇地迎合或噤聲。1969 年初，病痛纏身的王開運一度康復，趁機訪視友人，卻突然發生腦溢血，同年 2 月底逝世於臺大醫院。〔註160〕

〔註159〕吳修齊《七十回憶》（出版項不詳），頁 266。謝國興訪問《吳修齊先生訪問紀錄》（臺北：中央研究院近代史研究所，1992），頁 235。吳修齊《吳修齊自傳》（臺北：遠景出版社，1993），頁 213。謝國興《台南幫——一個台灣本土企業集團的興起》（臺北：遠流出版社，1999），頁 138～141。吳修齊《八十回憶——臺灣實業鉅子吳修齊》（臺北：龍文出版社，2001），頁 226。
〔註160〕〈本省金融界聞人 王開運病逝 治喪會日內成立〉，《自立晚報》，1969 年 3 月 2 日。

第六章　文學活動的外部考述

　　除卻商、政、地方權益等層面的事跡之外，王開運的文學活動同樣值得注意。日治時期人物志書和其他相關資料裡，多提到王氏參與《三六九小報》之事，以及其具有創作漢詩的能力。再如 1934 年，臺灣文藝聯盟成立，臺灣各地新舊文人群集於臺中，王開運也在受邀名單裡，列為「文藝同好者」，儘管不清楚王氏是否出席，但仍有祝文寄達，當時在會場裡，先是賴慶致開會辭、張深切報告第一回全島文藝大會籌備經過之後，即由何集璧代讀各地祝電、祝文。〔註 1〕又如 1941 年《瀛海詩集》出版，裡頭說明王氏乃「漢學漢詩之造詣頗深，興到筆隨，其所吟詠每為人傳誦焉〔註 2〕」。凡此種種，可見王氏確實具有文壇聲望，特別是《瀛海詩集》裡頭這幾句說明，其實也是王開運的自負之語。

　　《瀛海詩集》由黃洪炎（可軒）編輯，蒐羅了臺灣各地詩人與物故前賢的一時佳作，共三千餘首作品，計作者四百餘人，亦附錄作者簡介及照片。在該書序跋裡，黃氏交代了編纂緣由、選詩標準，認為臺灣詩社林立，擊缽聯吟例會活動不絕如縷，有延續文運之功，然而「閒詠者比較尚少，即根據真實之情感作用而發，所謂心聲，或根據『寫實』而帶有地方色彩之吟詠者無多」，故覺缺憾，乃有意精選佳作，選取各詩人作品之時也就盡量保持一定

〔註 1〕參見賴明弘〈我的文學回顧——臺灣文藝聯盟創立的片斷回憶〉，頁 58、64，以及《臺灣文藝》創刊號，頁 88、《臺灣文藝》第 2 卷第 1 號，頁 2～3；以上皆收於《臺灣新文學雜誌叢刊》（復刻本，臺北：東方文化書局，1981）第三卷。
〔註 2〕黃洪炎編《瀛海詩集》下冊（臺北：龍文出版社，2006），頁 317。

比例的閒詠詩作。結果，詩集內容呈現出「間或有擊缽之作，然而閒詠者亦頗多，而所謂心聲，可爲後學之津梁者亦不少」，亦即兼顧了鬥捷取巧的擊缽吟和抒發心跡的閒詠詩。值得注意的是，黃洪炎對於各詩人的介紹是頗爲尊重的，「至於編輯略歷，概遵各位意見，勿妄加點竄」；換句話說，略歷在很大程度上帶有各詩人主見，甚至可能是各詩人自行撰寫，黃氏基本上不加干涉。〔註3〕因此，《瀛海詩集》裡頭對王開運的說明，不單是評語，也是王氏自我評價，自許爲詩人的心意躍然紙上，且相當看重自己的詩文創作成就。

職是之故，王開運的文學活動有待仔細發掘。本章著重文學面向的外部考述，第一節關於王氏的學養來源，包含父兄的影響與自修累積；而由於王氏留下一批藏書，透過藏書的整理，尙可從學養延伸至其閱讀情況，以及閱讀之於其創作上的關聯。第二節談及王開運參與文學社團的情形，其中《三六九小報》、《臺灣詩壇》分別是王氏戰前戰後所加入的唯二文藝團體，參與姿態卻頗有差別，前者是念茲在茲，後者則比較像是敬陪末座列名而已。此外，王開運是詩人，但在日治時期詩社林立之下，既不隸屬任何詩社，也少參加詩社活動，戰後仍是如此，故王氏參與文學活動的實際情況如何？何以有不同的參與態度？以及是否關係到個人文藝觀？箇中原因皆宜注意。第三節述及王開運的文學交遊，在爲數眾多的友人中，筆者挑選數位與王氏互動較頻繁者，做爲觀察對象，透過相關資料與往來詩文的解讀，理解彼此情意所趨。

第一節　漢學素養的來源與應用

王開運現存作品裡，以傳統漢詩文爲多，這恰是其具備漢學素養的明證，也反映了王氏的讀書傾向。關於王氏學養的累積來源，第二章談及王開運生平之時，曾指出其自幼承受庭訓，並依據日治時期漢學的興衰發展狀況，來推論王氏就讀公學校之後，可能還持續吸收了來自傳統書房或父親王棟的漢學教養，此便成了學養基石。

漢學教育除了儒家的四書五經，文藝上也有韻語對仗、作詩屬文等能力

〔註3〕參見線上臺灣歷史辭典「瀛海詩集」詞條。黃洪炎〈自序〉，《瀛海詩集》上冊，頁4。又，黃洪炎對於作者略歷的規範確實是寬鬆的，例如嘉義市的何啓緒，即以五言詩體來做爲簡介，開頭云：「母亡方一歲，父沒九齡時。繼庶娘柔若，如何有作爲。……」參見《瀛海詩集》下冊，頁322。

的培養〔註4〕，故擁有前清科舉功名的父兄，自能爲之示範：

> 英雄命世本豪雄，筆吐江山氣吐虹。別有逍遙吟詠閣，公餘頹醉酒杯中。

> 茂鬱蒼涼翠接天，先生借此定詩權。松濤聲應吟聲響，何處鐘聲聽渺然。（鳳山　王棟〈敬和棲霞先生鳥松閣作〉）

> 傑閣嶒崚屹勢雄，朝凝雲霧襯殘虹。煙霞花鳥供詩料，賞識松陰月下中。

> 名士風流洽性天，文明教化寓詩權。先生閣上評風月，惹起騷人思豁然。（王淵源〈敬和棲霞先生鳥松閣作〉）〔註5〕

上引詩作乃王氏父兄僅存的詩作，收於《鳥松閣唱和集》，是給臺灣總督府民政長官後藤新平的和詩。日治初期，殖民政府爲使治臺順遂，除了武力鎮壓反抗者，還優恤遺儒紳商，具體作爲例如頒發紳章、任命協理地方政務，或製造官紳唱和的機會……等等；其中「官紳唱和」是利用臺、日兩地皆能溝通的漢學做爲交流平台，開拓互動空間，裨補統治。自1895年開始，臺日雙方的儒紳官員便藉著節日慶典、送往迎來、出遊、集會宴飲、定期設置課題等名目，進行賦詩應酬動，形式上或是當下齊聚一堂，或是在報章雜誌裡頭投書徵詩；而臺人接受度頗高，也就促使創作詩賦的風氣更加興盛〔註6〕，舉凡《慶饗老典錄》（1899）、《南菜園唱和集》（1900）、《江瀨軒唱和集》（1902），以及1905年藤新平先行刊登〈鳥松閣偶題〉二首並序，公開徵求詩作回應，隔年乃將所得詩作集結成冊的《鳥松閣唱和集》等，皆是官紳唱和的成果。〔註7〕

　　王棟與王道宗（淵源）的和詩，以應酬爲主，容易使得詩作價值有減損

〔註4〕楊永彬〈日本領臺初期日臺官紳詩文唱和〉，《臺灣重層近代化論文集》（臺北：播種者出版社，2000），頁110。

〔註5〕館森鴻、尾崎秀眞編《鳥松閣唱和集》（臺北：臺灣日日新報社，1906），頁264、266〜267。

〔註6〕楊永彬〈日本領臺初期日臺官紳詩文唱和〉，《臺灣重層近代化論文集》，頁111〜162。

〔註7〕《臺灣日日新報》：棲霞〈鳥松閣偶題〉，1905年11月10日，1版、〈鳥松閣唱和集〉，1906年9月23日，3版。館森鴻、尾崎秀眞編《鳥松閣唱和集》，頁1、132〜133。

之虞。按「鳥松閣」，是民政長官官邸（建於 1901 年）的書齋，因官邸庭園內有兩株古松，久覆鳥糞，俗呼「鳥屎松」，後藤新平改稱「鳥松」以為書齋雅號；在當時，此官邸已算是頗高的建築物，登上位於二樓的鳥松閣，能俯視整個庭園、外頭廣漠的蔗疇稻田，甚至可望向稍遠的淡水河、大屯山、觀音山，直有登泰山而小天下的氣勢〔註8〕，故後藤氏自撰的〈鳥松閣偶題〉乃實情實景，殆無疑義。然而，王棟父子身在南臺灣，距離北部路途遙遠，是否曾親眼見過鳥松閣？抑或只是根據徵詩訊息、後藤氏的詩作來創造和詩？又是否與後藤新平有確切的交流？這些都可存疑。且既是和韻詩作，限於用韻，也容易束縛寫作空間。〔註9〕如此情況下，誠如二人的詩句用詞，可知「詩權」掌握在後藤新平手中，賓主的高下位置立判，則這樣的和詩到底是畫寫心聲抑或是客套奉承？就不得不在評價上有所保留。但無論如何，王開運的父兄具備作詩能力是無可置疑的。數年後，1910 年，即將從國語學校畢業的王開運發表了〈遊圓山公園〉、〈遊苗圃偶詠〉二詩，說明漢學傳承在王氏身上已有了一定的效果。

　　這種傳承經驗對王開運的影響頗為深遠，並體現在其對漢學教育的看法上。當王氏投入《三六九小報》之時，傳統漢學不但久遭殖民者打壓，也受新知識份子質疑其存在價值（因而引發了新舊文學論戰），在王氏眼裡，更時可見到僅得漢學皮毛者，「多養成一個半啞人物，每欲著一長篇議論，必要用幾句國語、幾句臺語或幾句英語，拉雜湊合，方得暢達其意，若要他單用國語或臺語，多難暢所欲言」（〈幸盦隨筆〉，文，1933，頁 335～336），可見漢學極待振興。因此，針對漢學教育，王氏認為要有所調整：

> 今有人，敢主張廢止公學校漢文者，則輿論必囂囂然，群起而攻擊之。如日前岡山庄長楊氏，一倡此說，群目為狂，幾乎眾口鑠金，一辭莫辯：其實公校增課漢文，除阻礙國語及其他課程之教習而外，於實際上，果有幾多效果乎？余敢斷言曰，為父兄者，苟能使其畢業後之子弟，深知漢學必要，從而督勵其研究，而為其父兄者，又能以身作則，相與切磋，則雖盡廢公校漢文，於漢學之前途，亦無所阻撓也，不然，雖盡公校，遍置漢文科目，一旦畢業，便能運用

〔註8〕館森鴻、尾崎秀真編《鳥松閣唱和集》，頁 1、132～133

〔註9〕如清代詩人兼文學批評家袁枚即反對和韻詩作，認為會影響表情達意，見張健《隨園詩話精選》（臺北：文史哲出版社，1986），頁 18。

自如者，果有幾人乎哉？嗚呼，予嘗聞排斥廢止漢文之聲矣，而尚
未聞排斥廢止漢文者自身之熱心研究漢文之聲也，噫。〔註10〕

將漢學和其他科目並置於學校中，學生將難以兼顧，故漢學該當跳脫出新教育之外，利用課外時間學習；而學生要有自覺，家長則從旁督勵，最好還能以身作則。這委實迥異於反對廢止學校教授漢文，或爭取增加學校漢文課程時數等主張。

至於學習上的實際工夫，王開運認爲要識字紮實，打好基礎：

古人謂欲讀書，必先求識字，蓋知識字之難也，然不善讀書者，多
病此。吾臺自改隸以來，漢學日墜，一輩莘莘學子，亦多效古人，
讀書不求甚解。而於字之音義，益覺傳誤不疑，如出納、會計等日
常時用之字音，尚多不能辨正，以訛傳訛，殊可慨也。（〈幸盦隨筆〉，
文，1931，頁 136～137）

古人謂讀書，先要識字。蓋漢字音義，諸多假借，苟習而不察，自
免貽譏大雅，見笑文人。前者老友變態偉人，曾於其隨筆中，臚舉
數項，登于本報，茲再試舉易于訛傳者數字於此：「繅」，蠶治絲，
繭也，繅音騷或誤作巢；「戇」，愚也，音貢，或誤讀俗音；……（中
略）……諸如此類，不勝枚舉，觀此則青年讀書，益知不可不細心
矣。（〈幸盦隨筆〉，文，1933，頁 336～337）

乍看之下，王氏的見解似乎既過於理想主義又八股，但有其務實之處。蓋漢字爲圖象文字，較偏重符號意義而輕忽發音功能，同音異字者與一字多義者又多，強識漢字之義與如何發音，就成爲必要的基本要求。且上述學習方式也是傳統漢學的教育方法，先識字、寫字，再句讀文章，並由師長引導，相顯著地反映出王氏的學習經驗。也就是說，其藉由過去的方法而立下漢學基石，遂認爲年輕學子若欲學好漢文，仍應如此行之。

王棟雖然有機會持續爲子嗣灌輸漢學，但其於 1914 年逝世，王開運的基本漢學來源就中止了；不過，王開運留存一批書籍，可說明漢學素養的另一個確切來源，即是依靠自修。

目前王開運遺留的藏書近 120 種，分別由國立台灣文學館和其孫女王玉

〔註10〕小丑〈靜室小言〉，《三六九小報》340（1934 年 5 月 13 日）。

嬰收藏（見附錄五）。這些藏書絕大部份是古籍，從讀物性質來看，可粗分為提供立身處世、精神修養的諸子經典，增加文史知識的史書、筆記，有助於砥礪創作的各類詩集、詩話，以及遣興自娛的小說、雜聞等。其中頗具規模的叢書是「國譯漢文大成」，由東京國民文庫刊行會刊行，鶴田久作主編，召集小牧呂業、服部宇之吉等多位日籍漢學家譯註，對中國典籍進行日文的白話解釋，附上原文，共 40 帙；並以四庫分類為基礎，併合為「經史子」與「文學」二部。惟尚缺文學部的「西廂記、琵琶記」（第 9 帙）、「桃花扇」（第 11帙）、「晉唐小說」（第 12 帙）、「長生殿、燕子箋」（第 17 帙）、「紅樓夢（上）」（第 14 帙）、「水滸傳（上）、（中）」（第 18、19 帙）等 6 帙；由於此套叢書的訂購方式採取會員預約制，需先行加入會員，繳付資金，事後才會收到成套出版品〔註 11〕，是以王氏這套叢書裡未見的部份，可能是散落他處，並非未購齊。

「國譯漢文大成」出版於 1920 年代，儘管不等於王開運購書或閱讀的具體時間點，但當時王氏已轉職商界，薪資待遇較公學校訓導優渥，反倒說明了其購買能力上升，始可成套收藏。再合觀王開運藏書的刊刻資料，出版年代分布於清末以迄戰後，則體現王氏一生的讀書傾向與購藏喜好，乃是始終保持著對於傳統漢學的涉獵。且縱使出門在外，王開運也能安排閱讀行程，例如 1933 年東遊日本，便有如此記載：

> 下午二時，趨訪橫光氏，三時到神田文求堂觀閱漢書。此處為東京唯一之漢籍老舖，架上藝書，汗牛充棟，使鐵濤老友到此，必至流連忘返，較我輩之憐香惜玉為猶甚矣。（〈東游日記〉，6 月 8 日，文，1933，頁 383）

橫光氏即橫光吉規，1931～1932 年曾任臺南州知事，1933 年已回到日本，舊識相聚也就王氏成為行程之一。「求文堂」則是當時東京一家規模可觀的專營中國典籍、書畫買賣的書店，店主田中慶太郎，為中日馳名的中國文物鑑賞家，時在北京搜求善本，再運回求文堂，使得此書店成為東京的中國善本重鎮，學者出入頻繁，包含中國的魯迅、郭沫若，荷蘭漢學家高佩羅等。〔註 12〕

〔註11〕 此叢書於 1930 年代又有「續國譯漢文大成」。參見《臺灣日日新報》：〈新刊紹介〉，1923 年 1 月 27 日，8 版、〈續國譯漢文大成 經子史部・文學部 全四十八冊を見る〉，1937 年 5 月 9 日，7 版。

〔註12〕 內藤湖南等著《日本學人中國訪書記》（錢婉約、宋炎輯譯，北京：中華書局，2006），頁 8～13。

前往求文堂對王開運來說，不啻是趟朝聖之旅，雖然無法得知此行是否有購買任何書籍，但大體可知王氏所言「使鐵濤老友到此，必至流連忘返，較我輩之憐香惜玉爲猶甚矣」，乃夫子自道，不但思及洪坤益的嗜書，也表達自身心情相當雀躍入迷。凡此種種，皆見得王氏喜好漢學之程度，無怪乎在《瀛海詩集》裡自我稱許爲「漢學漢詩之造詣頗深」。

　　筆者在整理王開運遺留藏書的過程裡，僅見少數書頁有圈點劃線的痕跡，不易從中看出藏書與主人的關聯。然而，若與王氏的創作內容相對照，便可以發現，除了收藏書籍，王氏將讀書所得加以摘錄引用於創作上的頻率也相當高，是勤於閱讀、樂於分享的。其〈幸盦隨筆〉的開宗明義之語即道：

> 日長似歲，遣悶無方，幸盦生既不能做襏襫子之趨熱，又不能做衡門客之隱遯，日惟屹坐書齋，開卷與古人相盤桓於案頭燈下耳。縱目騁懷，游戲之文字偏多，一爪一鱗，棄之可惜，略爲編次，附之棗梨。（〈幸盦隨筆〉，文，1930，頁72）

所謂「襏襫子」指遮熱用的涼笠，爲入世大展長才的象徵，「衡門客」指隱逸之人，是深居不問塵事的表現，兩者皆無法效習，則於世無用，只能當個「書蟲」，與人敍述讀書所得。如此說法，和王開運在社會上的諸多表現，既不符合又過於客謙，但無疑在強調王氏自身的興趣即在讀書，不論何時何地。

　　王開運的「引用方式」有二，一爲純粹摘錄，例如談論古代人名湊巧可資對仗的現象：

> 近人有戲以現代名士，屬對成語者，如黃興對白濁、孫中山對子午谷、閻錫山對銷金窟等，工則工矣，其如不倫不類何？古人命名，多有所取義，然于數千年來，實不啻恆河沙數，其中竟有天然自成妙對者，今試舉數個：如黎子雲對童伯羽、張大中對胡方平、吳安國對蕭定基、韓擒虎對吳從龍……（中略）……等類，可謂工巧絕倫，惜筆者，才疏學淺，掛一漏百，不能盡數介紹爲憾。（〈幸盦隨筆〉，文，1930，頁72）

再如談論「異姓同名」現象：

> 嘗考古代人名，遙遙千古，年代遠隔，而每有類同者，茲就散見于史籍列傳，或稗官野乘者，摭取一二，以資談助焉。

> 賀知章，唐永興人，字季眞，晚年號四明狂客。天寶初，乞歸田里爲道士，御製詩送云：「遺榮朝入道，辭老早抽簪。豈不惜賢達，其

如高尚心。」陸象先曰：「季眞清談風流，吾一日不見，則鄙吝生矣。」

尹知章，唐絳州人，少好學，明六經，任國子博士。

張九齡，唐曲江人，字子壽，七歲能屬文，後擢進士，爲詞人之冠，號文場元帥。

陸九齡，宋全州教授，亦字子壽，嘗與弟九淵，講學鵝湖，卒諡文達。

薛九齡，宋知敘州，吳曦叛于蜀，九齡鳩財治兵，卒討平之。

嚴九齡，宋，字德延，新喻人，質敏嗜學，教授里塾，高蹈不仕，紹興間，屢薦不出，年九十四終。

（中略）

他如名安石者，有王安石、陳安石、韋安石。名之奇者，有古之奇、宮之奇、陳之奇、林之奇。名如晦者，有杜如晦、陳如晦、馮如晦。單名一武字者，有蘇武、孫武、何武；單名一嵩字者，有嚴嵩、孫嵩、孔嵩；名萬里者，則有江萬里、楊萬里，其楊萬里又與我南故楊鵬摶氏。同姓同名最新穎者，則有以九萬爲名，而有彭九萬、程九萬，可謂無獨有偶；餘如閭相如、司馬相如、王相如等，亦多屬史上著名人物，諸如此類，大有書不勝書之慨。（〈幸盦隨筆〉，文，1930，頁77）

　　另一種引用方式，則是由時事涉及讀書，或是由讀書思及時事，例如〈就普渡而言〉一文（文，1921，頁8）裡，認爲普渡是種迷信，便以《論語・爲政》之言來評說：

（前略）夫普渡云者，原欲救孤魂之饑、解倒懸之苦，意亦良善；第以宇宙之大，其受飢餓倒懸之厄者，豈獨率萃臺灣？……（中略）……況施之者，果爲憐念無依孤魂而然乎？抑爲冀邀分外福利而然乎？……（中略）……**先哲云：「非其鬼而祭之，諂也」**。祭之猶不可，況有所要求而祭之耶？是普渡之爲迷信也明矣！（按，粗體爲筆者所加）

再談及人心漸失慈孝之道，則從《孔子家語》聯想到時事：

孔子釋六本，誨人立身之義以孝，又曰：「**親戚不悅，無務外交；比近不安，無務求遠，是故反本修跡，君子之道也。**」今有人焉，有

　　親不能奉養，而使糊口於外；有弟不能友愛，而相側目於途，如是
　　而猶欲廁身士林，妄稱紳士，孜孜然唯外交是務，去本齊末，正君
　　子之所謂悖亂之惡者。（〈幸盦隨筆〉，文，1931，頁101。按，粗體
　　爲筆者所加）

上述讀書摘錄乍看只是心得分享，與古人筆記的體裁、撰寫用意雷同，但王
開運主要以隔幾日即發行的《小報》爲載體，則多了即時性、流通廣泛的優
勢，能與讀者互動。其間王氏尚有藉以批評社會、維繫漢學、提供漢文學習
示範等用意，展現了顯著的入世姿態，這些將在後文陸續提及。

　　那麼，王開運將讀書心得應用在寫作上的「頻繁程度」究竟如何？除了
上述例證之外，筆者再揀選王氏藏書裡的《宋人小說類編》、《兩般秋雨盦隨
筆》二書，與《王開運全集》中的〈幸盦隨筆〉、〈亂彈〉、〈靜室小言〉等隨
筆類文章進行核對，即可見其應用情況：

藏書名	資料應用處
《秘本宋人小說類編》 卷一（天文「至節送物」、「攪龍得雨」、官職「十萬貫塞破屋」、姎慶「單耿爭葬」）；卷二（詩詞「生張熟魏」、文學「犇麤字說」、議論「最怕虛名」、辨證「索妻」、考據「行李」）；卷三（笑談「顏子鑽錯了」、「喫冷茶去」、「字說」、稱呼「支婆」、「鄉里」）；卷四（服飾「帶腰」、飲食「嚛酒」、器用「面具」、禽魚「虎威」、雜記「一肚皮不合時宜」、「爭間氣」）	〈幸盦隨筆〉，文，頁73～76、82～85、96～98、109～110、131～133、152～153、157～158、174～176；〈亂彈〉，文，頁334～335
清‧梁晉竹《兩般秋雨盦隨筆》 卷一（食酒、象棋、尋常音誤、圖書、拾沒）；卷二（十半軟半、嫁、赤子）；卷三（痘疹、陳眉公）；卷四（山歌）；卷五（躲破鼓、父子異趣、兄弟異趣、下體、不好玩物）；卷六（到、黎女、鐵馬、封神傳、武弁臨終詩、急急如律令、硬記）；卷七（義髻、顏子、雌雄牝牡、點心、檳榔、女媧、敗子、蔗蟲）；卷八（鬼畏桃、妯娌、太公、壽堂）	〈幸盦隨筆〉，文，頁106～107、109～120、124～125、128～131、139～147、164～165、176～177；〈亂彈〉，文，頁337～338；〈靜室小言〉，文，頁400～401

另外，《觚賸》、《談瀛錄》、《文昌雜錄》、《坤輿外記》，以及季麒光的《臺灣
雜記》、……等等，也是王開運雜文裡頭曾經出現過的書籍，這些書籍當然也
成爲參考資料，只是不見於藏書中，說明了「不存在者」可能是王氏曾經收

藏而後佚失，或者是至少有閱讀過；是以，透過其作品內容，尚能夠彌補藏書清單之不足。

又，值得注意的是，王氏作品乃屬創作，而非嚴謹的論文，不少地方雖有引用書籍資料，卻未交代詳細出處，例如談「行李」一詞的源流：

> 世言行裝曰「行李」，蓋李者理也，謂人將遠行，必須理裝。《左傳》曰：「一介行李。」又曰：「行李之命。」古稱法官曰「李法」，乃言理法也。
>
> 《北史》〈敍傳〉，李氏爲堯之理官，因以爲氏，後改曰李，是可謂「李」與「理」通義之左證也。（〈幸盦隨筆〉，文，1930，頁 74）

此則筆記原是參考《宋人小說類編》，由於出處說明不完整，易使人誤以爲乃是直接閱讀《左傳》、《北史》所得，也增加了對照的困難。再如王開運藏書有《正續尚友錄》，爲一部依「平水韻譜」將中國歷代人名分類整理的名冊，屬於類書，而前述〈幸盦隨筆〉裡王氏所摘錄的諸多「異姓同名」之例證，以及同篇隨筆中另一則談姓名巧合與趣味的記事（〈幸盦隨筆〉，文，1930，頁 88、90～96），可能就是運用《正續尚友錄》裡頭的豐富資料。其他如《宮閨百詠》、《增像時下名妓尺牘》等，滿是綺豔詩作與神女故事，更不得不想到與王氏「花叢小記」的關聯。由此可見頗有能對應者，因此王氏將讀書心得與寫作結合的頻繁程度，也就不言而喻。

總之，出生於清末，在日治初期成長的王開運，先有父兄爲之啓蒙，再透過自修閱讀，乃有穩實的漢學素養；影響所及，使得閱讀偏好以傳統漢文爲主，創作體裁多採傳統詩文形式，有著時常摘錄書本內容的寫作習慣。而這份學養也有助於和其他傳統文人的交遊，並透過文友往來，對王氏的文藝觀點不無影響。接下來要談的，王氏在《三六九小報》裡投入甚多，卻甚少參與詩社、詩會活動，正關係到其文藝觀點。

第二節　文學活動與社團的參與

一、吟詠於詩社之外

「國家不幸詩家幸，賦到滄桑句便工」（清・趙翼〈題遺山詩〉），誠如此語，臺灣受日本殖民統治，卻也產生了傳統詩社林立、詩會活動頻繁、詩作數量激增的特殊現象。究其原因，乃是日人爲使統治順利，並行高壓與懷柔

統治，提倡官紳唱和，形成了「安定」的社會環境；加上報章雜誌等傳播媒介的發達、臺灣人欲維繫漢文的想望，以及部份知識份子用詩歌逃避現世、藉詩社進行社交……等因素所促成，是以作詩風氣普及於社會。〔註13〕在這樣的環境裡，詩作能力不愁沒機會琢磨交流，詩作完成後也多有園地可發表，對於從小浸淫於漢學，兼又自修累積學養，且興趣之一乃為漢詩的王開運來說，似乎能如魚得水，悠遊其中。

　　然而，王開運卻「惜墨如金」，這並非指其詩作數量甚少，而是綜合相關資料，會發現儘管王氏文友廣多，加入過《三六九小報》、《臺灣詩壇》兩個文學團體，但此外便未曾加入過其他詩社。且王開運甚少因為參與擊缽吟或徵詩課題而賦得詩句，在各種詩會活動上也不易發現其蹤跡；相反的，王氏作品大多屬於「閒詠詩作」，可說是吟詠於詩社、詩會之外。箇中緣故，宜從閒詠詩與擊缽吟、徵詩課題的差別，以及個人詩觀來理解。

　　所謂「閒詠詩」，是相對於擊缽吟詩、徵詩課題等詩會活動而言。兩者在詩律格式、題材內容（如詠史、寫景、感懷、贈答、唱和、應酬……）等方面並無不同，可是詩會活動有限題、限體、限韻、限時，設詞宗，有名次排行，縱使是學習作詩的良機，也容易淪為恃才競勝，輕忽藝境與「詩言志」的本質。〔註14〕況且日治時期作詩風氣普遍，參與詩會活動的動機不一，純為詩藝者有之，討好權勢者有之，受詩會附帶的獎品、榮譽或宴飲所吸引者亦有之，造成擊缽吟詩、徵詩課題在詩作數量上佔有很大比例，卻量增質降。是以，1906年連雅堂發表了〈臺灣詩界革新論〉，即反對擊缽吟，並設法改良詩會競技方式。〔註15〕

　　不過，如此本末倒置的作詩風氣並未見改善，1920年代張我軍掀起的「新舊文學論爭」、1930年代陳逢源〈對於臺灣舊詩壇投下一巨大的炸彈〉，以及《瀛海詩集》的編選期望等，都是持續欲改去此弊端的表現。相對來說，閒詠詩則沒有那麼多上述詩會的限制，即便是唱和、應酬、綺豔詩作，還是比

〔註13〕黃美娥〈日治時代臺灣詩社林立的社會考察〉，《古典臺灣：文學史‧詩社‧作家論》（臺北：國立編譯館，2007），頁203～223。

〔註14〕許成章對擊缽吟有深入的解說，包含定義、源流、分類、取勝方法、賞析等，見氏著〈擊缽吟與詩〉，收於《許成章作品集‧詩論》（高雄：春暉出版社，2000）。

〔註15〕連雅堂〈詩薈餘墨〉，《雅堂文集》（南投：臺灣省文獻委員會，1992），頁265、294。

較能夠自由創作，顧及藝境，較能符合「詩言志」的傳統。

　　王開運既喜好傳統漢學，生活在詩會活動風行的時代，又與連雅堂、陳逢源、黃洪炎等結爲文友，對於此起彼落的或擁護或反對詩會活動的現象，自是有所感知。其〈靜室小言〉與〈亂彈〉即道：

> 吾人對於詩社之結合或聯吟大會，頗表滿腔敬意，蓋以向之所謂漢
> 文學者，除干與自己生計外，凡對社會上公益事，多乏進取氣象，
> 態度消極，氣魄不振，今能堂堂結社，聯絡聲氣，以共維持漢學之
> 墜緒，作振聾發聵之快舉，大是難能；然聞就中亦僅有爲爰爰賞品，
> 而參與大會者，其所以不惜撚斷幾莖鬚者，端在物質，而不在精神，
> 信然，則未免斯文掃地，大爲詩界之辱矣。〔註16〕

> 舊派之所以被人厭棄者，實以其志尚浮華，重虛牝，而不重實際。
> 其爲文，雖盈篇累牘，飛揚跋扈，其實不出舖張粉飾四字。（〈亂彈〉，
> 文，1933，頁325）

由此可知，王氏認同連雅堂、陳逢源等人的漢詩改革觀點，在「頗表滿腔敬意」底下，「敬謝不敏」之意昭然若揭。爲了物質而辱沒詩格，是王氏在意的，且「其志尚浮華，重虛牝，而不重實際」，更與王氏當時在各領域奔波的務實風格背道而馳（見第七章第二節），由是亦可以理解，其極少參與詩會活動，甚至不加入詩社之故。而此原則連朋友的要求也不例外，例如1935年，王開運的忘年之交張江攀年屆70，先於寧南門外置「南山生壙」，做爲將來埋身處，並向王氏徵詩；王氏乃以「余韻學素拙，未敢應之，請其徵募」推辭，惟仍盡朋友道義，爲張氏發布徵詩消息，負擔獎品。〔註17〕戰後，王開運主要投稿園地《臺灣詩壇》，每逢「詩人節」便有全國詩人大會，且每期不時有社內徵詩，或刊載其他詩社的詩會活動成果，同樣少見王氏參加。

　　職是之故，王開運在漢詩方面偏好閒詠情志，對於詩會活動保持距離，這是可以確信的。從「今之自稱詩翁者，每得一詩，非輒炫視於人，則冀登報上，以誇其能，而不自計其詩之工拙」、「予少不讀書，長又作嫁依人，筆墨益復空疏，故平生非不得已，絕不敢言及詩文，蓋藏拙也」（〈幸盦隨筆〉，文，頁 82、144），也可見王氏創作態度嚴謹而不浮濫。再在〈籟軒詩集序〉

〔註16〕小丑〈靜室小言〉，《三六九小報》337（1934年5月3日）。

〔註17〕杏庵〈南山生壙徵詩〉，《三六九小報》443（1935年5月6日）。

曾云：

> 古人謂詩以言志，不論其得志與不得志，莫不可抒情寄詠，唯作者
> 亟要才德兼備，方可稱爲一完整詩人，如我南謝石秋先生殊可當之
> 而無愧。（文，1965，頁70）

稱頌謝石秋之餘，更表達了個人詩觀，即才德兼備的完整詩人才是最理想的，詩求眞心，並非文字遊戲。

　　當然，王氏交遊廣闊，常流連風月場所，並在《三六九小報》「花叢小記」裡品評藝旦，以致詩作中有大量唱和、綺豔、應酬等類型的詩作，只是其創作方式屬私人社交，非是詩會場合，仍可歸納於閒詠詩範疇。以上僅是外部的判別，究竟王開運詩作底層的思想情感爲何？是否只因作品屬於「閒詠」，便有較高的藝術價值？有待在第七章繼續探求。

二、擔任《三六九小報》編輯

　　《三六九小報》（以下簡稱《小報》）發刊於1930年9月9日，是臺灣人創辦、經營，且維持長達5年的漢文文藝雜誌，現共留存479期。對於這份刊物，學者認爲在臺灣文學史上有著重大意義，一者保留彼時傳統文學、大眾文藝和文人交流的若干風貌；二者，因應新文學崛起，《小報》爲傳統漢文提供了一份後盾力量；三者，面對殖民者的同化政策，《小報》透過癲狂姿態來運作，不與統治者正面衝突，反倒有避免漢文快速消亡的功能，某種程度上實具抵殖民的意味。〔註18〕此外，《小報》以漢詩、文言文形式的雜文與小說爲主，可是內容邁向大眾化路線，篇幅簡短，消閒、諧謔的遊戲文字更是主要特色，價格亦不昂貴，委實能爭取到一定範圍的接受與認同；並且一路走來，頻頻得到新聞報紙的關注，舉凡《小報》的發刊、初期暢銷程度、休刊、廢刊消息，皆有報導。〔註19〕

〔註18〕柳書琴〈通俗作爲一種位置：《三六九小報》與1930年代的台灣漢文讀書市場〉，《中外文學》33：7（2004年12月），頁23～31。

〔註19〕相關消息例如《臺灣日日新報》夕刊：〈別樹一幟小報出現〉，1930年9月9日，4版、〈三六九小報好評〉，1931年6月27日，4版、〈臺南三六九小報〉，1933年8月4日，4版、〈臺南 三六九報〉，1934年2月13日，4版、〈三六九小報決定廢刊〉，1935年9月13日，4版。《臺灣日日新報》：〈臺南市內五詩社主催全島詩人大會不成 爲南社員內訌 文界不幸事也〉，1930年10月29日，4版、〈臺南 小報停刊〉，1933年8月15日，8版、〈翰墨因緣〉，1934年3月2日，8版。《臺南新報》：〈公私人事〉，1930年9月10日，4版……

　　王開運是《小報》的創辦者之一，該報社也是王氏投入程度較爲深入的文學團體。提供消閑，是《小報》的一個明顯功能，而在《小報》創刊之前，已有羅秀惠的《黎華報》、洪鐵濤的《孔雀》雜誌以爲前鋒，此二刊物同樣是綜合性漢文雜誌，存續時間不長，内容與《小報》相仿，講求知性、娛樂兼具〔註 20〕，該當對《小報》走向有些許影響。或者，從《小報》得以長久經營的這一點來看，也可以將《小報》視爲上述二刊物的再出發之地，而羅、洪二氏亦爲王氏友人。再者，隨著王開運在地方事務上涉及日廣，1928 年曾參與成立美臺團，即以增加娛樂機關、提升文化生活爲宗旨，同年 8 月又參與籌備「四民俱樂部」，意欲士、農、工、商各階級能有共同的娛樂、應酬場所〔註21〕；那麼，美臺團、四民俱樂部與《三六九小報》，皆具備提升知性或提供娛樂的特色，三者也都有王氏的蹤影，便說明了其對於日常生活應有休閒、知性的理念頗爲重視。復次，王開運擁有漢學素養，能和《小報》的傳統漢文路線產生共鳴，也可從中找到適合自己的位置，擁有大肆發揮學識的機會。是以，文友、《小報》性質與自身學養，便是吸引王氏，使之願意投入《小報》的緣故。

　　王開運對《小報》的投入程度是有跡可尋的。首先在人事分配上，外頭報紙先後記載王氏爲《小報》的組織人、顧問、撰述者；而《小報》自身布告的人事名單裡，有同人與客員（約聘撰稿人）之別，王氏則名列關係者、

等等。

〔註 20〕《黎華報》原名「東瀛黎華新報」，是創立於 1924 年的旬刊漢文雜誌，由羅秀惠、張鏡村、游承謨等人編輯，刊載振興漢學、東西學說、科學、宗教、教育、經濟、優伶、藝旦、詩文著述等相關文章，至少有一年的活動紀錄。《孔雀》由洪鐵濤於 1929 年號召籌備，爲月刊文藝雜誌，内容包含論說、史遺、叢談、小說、詩壇、詞林、諧文、醫藥、常識、月旦、燈話、花訊等，惟相關報導無幾，或許是胎死腹中。參見《臺灣日日新報》夕刊：〈東瀛黎華新報創刊〉，1924 年 11 月 27 日，4 版、〈黎華報創刊號〉，1925 年 1 月 11 日，4 版、〈黎華報（創刊號）〉，1925 年 1 月 22 日，3 版、〈黎華報暢銷〉，1925 年 2 月 2 日，4 版、〈黎華報出二號〉，1925 年 4 月 24 日，4 版、〈黎華報（第三號）〉，1925 年 6 月 3 日，3 版、〈花選投票盛況〉，1925 年 7 月 9 日，4 版、〈月刊孔雀 按來年一月發行 期島内諸家惠稿〉，1929 年 10 月 9 日，4 版。《臺灣日日新報》：〈翰墨因緣〉，1925 年 5 月 31 日，4 版、〈花榜重開〉，1925 年 6 月 21 日，4 版、〈本日花選開票〉，1925 年 7 月 12 日，4 版、〈花選披露會況〉，1925 年 7 月 14 日，4 版、〈黎華報之花選〉，1925 年 7 月 17 日，4 版、〈詹炎錄〉，1925 年 7 月 17 日，4 版、〈黎華報花選卷〉，1925 年 10 月 12 日，4 版。

〔註21〕〈臺南 四民俱樂部 已實行募集股份〉，《臺灣民報》，1928 年 8 月 5 日，7 版。

理事兼編輯或同人，屬前者範圍。〔註22〕如此職務遞擅，王開運始終保持在核心地位，這固然緣於《小報》規模之「小」，同人僅有 10 人左右，無太大的人事替換，卻也可知王氏的堅持程度並不亞於他人。

從地方關係來說，先行研究已觀察到「南社成員是《小報》支撐的骨幹」〔註23〕，如趙鍾麒、趙劍泉、洪坤益、陳圖南、韓浩川、連雅堂等爲南社成員兼《小報》同人者，黃拱五、王大俊、許丙丁、許仁珍等爲南社成員兼《小報》客員者，其他南社社員也時常投稿至此。不過，《小報》同人裡不少尙具有商人身份，這就和「臺南商工業協會」頗有關聯，例如王開運本身爲臺南商工業協會會長，蘇錦墩曾任該會的會計，鄧堯山、蔡培楚以及負責印製《小報》的鴻文活版舍店主黃振耀，曾經分別擔任該會的常置評議員與評議員〔註24〕；加上《小報》刊載了王氏在 1933 年的日本商工考察報告（即〈東游日記〉），故王氏在《小報》裡的位置就更加值得關注。另外，論者江昆峰認爲，王開運加入《小報》，等於是帶入了「廣闊的政商關係，對於《三六九小報》業務的推廣，自有其相當大的助益」〔註25〕，此一說法實是可信，當《小報》爲了向北臺市場推廣，在愛愛寮設置取次所，時日雖短，卻不得不讓人思及，正是王開運與施乾在「愛護會」這份社會事業上有所交集，才促成此一機緣，可以做爲「助益」之例證。

其四，王開運在對外捍衛《小報》的行動上，也有表現。1930 年，《小報》刊登了王氏〈演說的秘訣〉（文，1930，頁 20～27），述說一位敗盡家產的故家子王芹生，因遇貴人得以出洋留學，回鄉後僅憑著小技倆來四處演說，終究無眞才實學，被人模仿，不再佔盡優勢；此一短篇小說與同年《小報》刊登的洪鐵濤〈雞規仙外傳〉，皆被認爲是在譏諷當時臺南市內的另一位士紳黃欣，轟動一時，引起黃欣及其支持者不滿。而王開運一派與《小報》未曾退卻，以笑鬧本色迎接挑戰，並質疑黃欣一派若欲辦報對抗，是否有經營能力。此論爭雖未成氣候，影響仍在，當時臺南市內的南社、酉山、留青、桐侶、

〔註22〕《臺灣日日新報》夕刊：〈別樹一幟小報出現〉，1930 年 9 月 9 日，4 版、〈三六九小報好評〉，1931 年 6 月 27 日，4 版。〈公私人事〉，《臺南新報》，1930年 9 月 10 日，4 版。《三六九小報》5、22、27、28、35、122、142 諸號。

〔註23〕柯喬文《《三六九小報》古典小說研究》（嘉義：南華大學文學研究所碩士論文，2004），頁 51。

〔註24〕〈臺南商工業協會〉，《臺南市商工案內》（臺南：臺南市勸業課，1934）。

〔註25〕江昆峰《《三六九小報》研究》（臺北：銘傳大學應用與文研究所中國文學組碩士論文，2004），頁 158～159。

錦文等 5 個傳統詩社,本欲藉著同年 10 月底的「臺灣文化三百年記念會」來
舉辦全島詩人大會,卻因南社和《小報》成員重疊程度頗高,黃欣是南社重
要成員,適與《小報》發生齟齬,遂釀成南社內訌,詩人大會流產。〔註26〕

　　隔年(1931)9 月,《小報》與《臺南新報》開啓了另一場歷時約兩個月
左右的筆戰,可惜筆戰期間僅《小報》期數留存完備,卻無同時期的《臺南
新報》,故只能片面推測爭論概況。大致是任職於《臺南新報》漢文部的張淑
子,開設「心聲欄」做爲發表隨筆的園地,而《小報》方面的植歷(蔡培楚)
在其專欄「芳圃閒話」也恰好在談論心的作用,遂使張淑子疑慮自己被影射
批評,乃回文評駁,掀起兩報人馬筆戰。之後爭論內容一變再變,或是商榷
臺語用字,例如「香蕉」的臺語漢字應該寫成「芎蕉」還是「弓蕉」;或者轉
向人身攻擊,例如論戰後期,王開運被《臺南新報》質疑愛護會的會計公布
問題、自負對於安平築港運動有功的品德問題、身兼高雄州路竹庄長和臺南
市協議會員適當與否……等事情。同年 10 月底,經由連雅堂、林茂生勸和,
論爭乃漸次掩息,但《小報》依舊把先前已收件卻不及刊登的論戰文章陸續
發表出來。〔註27〕

　　王開運是否一開始就加入論戰,並不清楚,而同年 10 月初的《小報》〈三
言兩語〉(文,1931,頁 60～61)上曾言,「日來予不知有何開罪於《南報》
漢文記者先生,竟三番五次,必欲尋予鬧脾氣」,則說明了王氏甚早即被對手
列爲筆戰標的,且論戰後期尚遭攻擊質疑,可知被牽扯進去之後不易脫身。
同樣在〈三言兩語〉裡,王開運一邊對《臺南新報》陣營點名批評,一邊提
醒對方應當就實際問題、文學之事來進行論談。其中批評林本元的部份頗堪
玩味:

　　《南報》漢文記事,自林本元入社以來,則五花十色,光彩陸離,
　　奇文怪文,別字啞字,連篇累牘,堆滿紙上,久爲島內能文具眼之
　　士所共賞矣。又何須格外炫能,牛皮力吹乎?嗚呼!無是非之心,

〔註26〕野狐禪室主〈雞規仙外傳〉,《三六九小報》5(1930 年 9 月 23 日)。〈赤崁流
　　　　彈〉,《臺灣新民報》,1930 年 10 月 18 日,5 版。〈全嶋詩人大會破裂 徒使文
　　　　人望眼成穿〉,《臺南新報》,1930 年 10 月 29 日,6 版。〈臺南市內五詩社主
　　　　催全島詩人大會不成 爲南社員內訌 文界不幸事也〉,《臺灣日日新報》,1930
　　　　年 10 月 29 日,4 版。
〔註27〕〈赤崁流彈〉,《臺灣新民報》,1931 年 11 月 7 日,5 版。柯喬文《三六九小
　　　　報》古典小說研究〉,頁 69～70、199～202。張惠芳〈張淑子及其作品研究〉
　　　　(臺南:臺南大學台灣文化研究所碩士論文,2009),頁 42～45。

非人也；無羞惡之心，非人也。汝曹，既不知羞惡之爲何物，予又

何必多費一片婆心。

林本元畢業於明治大學法科，曾遊歷中國，專精北京語白話文（即華語），返臺後在臺北自宅教授北京語，1930 年 6 月受聘入《臺南新報》擔任漢文編輯記者〔註28〕；由此背景來看，林氏自是有能力跨足至新文學、白話文的領域。而「別字啞字」，則是 1920 年代新舊文學論戰發生之時，傳統文人常用來質疑、看待新文學價值的一個視角，因此王開運批評林氏造成《臺南新報》的漢文「五花十色，光彩陸離，奇文怪文，別字啞字，連篇累牘，堆滿紙上」，不無指責林氏帶入北京語白話文色彩的用意；姑不論《臺南新報》漢文部份是否眞的有所變異，卻可見到王氏偏重傳統漢文的立場。接下來，王開運自傲地道出「如果必欲逞舌謾罵，則吾社植歷、凡夫等輩，已覺濟濟多士，○期年以相○○，當亦無不可也，妄言多弊」，表現出隨時迎戰的姿態。

再看王氏另兩篇回應文章，也是兩報爭論陷入膠著之時的作品。在〈爲小報討假名檄──傚駱賓王〈爲徐敬業討武曌檄〉〉（文，1931，頁 62～63）有「小報編輯同人，讀書種子。奉先哲之名教，延一線之墜緒。……（中略）……不通桶之攻擊，豈徒然哉。是用驅逐敗類，志安良善，因民衆之失望，順島內之輿情，爰舉毛錐，以清妖孽」之言，在〈惡德頌──仿劉伶〈酒德頌〉〉（文，1931，頁 64）則有「去非老人、擔糞居士，聞爾穢聲，究其所以，乃奮劍驅蠅，熏屋逐鼠。生公說法，群醜蠢起」之語，皆充滿嘻笑怒罵的情緒，欲捍衛《小報》的心思表露無遺。

最後，王開運與《小報》的互動，還可見諸其創作情況。就數量而言，現存《小報》共計 479 期，據筆者統計，半數以上刊載過王氏作品，甚至有時候還是一期兩份稿件。這些作品以雜文爲主，包含詩文並存的「花叢小記」，日記形式的〈東游日記〉，筆記體的〈幸盦隨筆〉、〈亂彈〉、〈醉廬漫筆〉、〈靜室小言〉，以及單篇散文、短篇小說、詩歌等等；其中筆記與花叢小記蔚爲大

〔註28〕《臺灣日日新報》夕刊：〈中國話國音編〉，1925 年 1 月 15 日，4 版、〈擬教授支那語〉，1925 年 3 月 12 日，4 版、〈北京語講習〉，1925 年 4 月 10 日，2 版、〈小冊子出版〉，1926 年 11 月 18 日，4 版、〈人事〉，1930 年 3 月 21 日，4 版、〈人事〉，1930 年 6 月 3 日，4 版。《臺灣日日新報》：〈林氏教授北京語〉，1925 年 4 月 26 日，4 版、〈北京語教授〉，1926 年 11 月 14 日，5 版。〈計畫組織中國語學會 希望有志者參加〉，《臺灣民報》，1929 年 11 月 3 日，2 版。

宗，長期維持在《小報》第四版的上、下處，可說是王氏個人專欄。

　　之所以如此多產，除了用王開運個人熱情、身為同人的使命感來解釋之外，可能也跟「稿源」是否足夠的考量有關。據江昆峰觀察，造成《小報》中途二度停刊與最後廢刊的困境在於，訂戶積欠報費、報社催收無效、讀者支持不力、無法掌握讀者群，以及未擴大發行量、廣告版面與發行範圍等因素；加上後期（第317號之後）稿源不足、人力流散，也增加了摧枯拉朽的局面。〔註29〕雖然江氏的「稿源不足」特指《小報》後期，然而一路上在《小報》無償投稿的情況下，配合「採取來稿必登的策略……（中略）……出現多音紛呈的現象」〔註30〕，卻仍然只有維持4個版面，且主要投稿者相當固定，則不無「稿荒」危機沉潛其中。換句話說，稿源的問題是辦報一開始就會遇到，若《小報》同人只負責經營，等待外來稿件充實其中，立即就會有稿源問題，這使得王開運與其他投稿常客必須多多撰著。

　　就文體而言，王開運的全數作品可區分為詩歌與雜文二類，詩歌是王氏畢生使用的體裁，發表於各報章雜誌，未有明顯集中的時段；雜文則多見於1930年代，刊登園地正是《小報》，使得雜文作品的風格頗為一致。先看〈釋三六九小報〉（文，1930，頁18～19）：

> 不言大報，而稱小報，何哉？曰：無他。現我臺灣言論界，自三日刊新聞以外，或月刊，或旬刊，或週刊，諸大報社，到處林立，觀其內容，莫不議論堂皇，體裁冠冕。本報側身其間，初舉呱呱墜地之聲，陣容未整，語或不文，所謂大巫在前，小巫氣沮，故不敢倣世人之妄自尊大，特以「小」標榜，而致力托意乎詼諧語中，諷刺于荒唐言外。按：「小」字，從字義言為微細，從臺音言，則與「狂」字同意，讀者以雕蟲小技視之可，以瑣屑微言視之亦可，以荒唐無稽之譫言狂語視之，亦無不可。至所謂「三六九」者，明示刊行日耳，每月于三六九日，計共發行九次。蓋九者，數之終也，合三六亦為九，古人多喜用此數，如九錫、九官、九經、九疇、九思、九重之類，以九為名者，實不勝枚舉。而古人名，亦多喜用九字，如張九齡、張九宗、錢九隴、張九成、陸九思等是也。臺語，「九」與

〔註29〕江昆峰《三六九小報研究》，頁141～152。
〔註30〕柯喬文《三六九小報古典小說研究》，頁52。按，柯氏指出，連雅堂因經濟吃緊，《小報》曾一度破例支付，是唯一例外，同52頁。

「狗」同音，故今人，亦學步邯鄲，遂有所謂狗屎、狗母、狗巢（讀
壽）者，然畫虎不成，齟齬太甚。《易》曰：「九三，君子終日乾乾，
夕惕若厲，無咎。」又曰：「六三，含章可貞，或從王事，無成有終。」
蓋九三均爲陽數，六則爲陰數，陰陽接濟，上下融和，加以諸同人，
乾乾惕若，庶可收本報有終之美，而三六九數之功用以明，則在來
數字上之九哥。長此以往，亦可免與後來侵入之狗兄狗弟，混同爲
伍矣。

此文是王開運在《小報》的第一篇作品，也是《小報》創刊號裡頭僅有的兩
篇同人宣言之一。對於創刊宗旨、名稱由來、發行方式、內容與風格，〈釋三
六九小報〉均加以解釋，且字裡行間充滿跳躍聯想，又引經據典，若無一定
的學養，不易成文。這反映了王開運的撰文功力，也在創刊之初替《小報》
的戲謔風格提出示範；而對照王氏在《小報》上的作品（詳細的內容探討見
第七章），則多服膺於此文理念。易言之，〈釋三六九小報〉的理念，正是王
開運日後在《小報》創作之時所貫徹執行的。

另外，由於王氏名列創刊者，〈釋三六九小報〉就有代表同人共識的作用。
柯喬文認爲，此文意義更在於，「清楚說明《小報》所處的文學場域，受到哪
些力量的左右」。這些力量包括社會資本裡的官方審查，經濟資本裡的資金、
成本、收支、行銷手法、人脈關係，以及文化資本裡的稿源、路線選擇，使
得《小報》具有版次固定、成本與印刷量不寬裕、取次點不多、印刷廠商固
定、無稿費、倚重廣告、同人與南社成員相重疊、幾乎無違逆官方的紀錄、
內容走向消閒輕鬆的路線……等特色〔註31〕。然而，不論是《小報》的特色
或困境，都在〈釋三六九小報〉一文中，被王開運對「小」字或「小」的臺
語諧音「狂」（音 siau2）的笑鬧解釋所含混帶過，只要深入思索，即可演繹出
創刊當時的諸多考量。依此來看，王氏的創刊宣言具有代表性，也隱約指涉
了當時的辦報環境，而富有時代意義。

王開運在《小報》裡最後一次發表的作品刊於 475 期（1935 年 8 月 23 日），
已接近《小報》尾聲。歷來關於《小報》廢刊的探究，多認爲是經費問題，
與休刊的因素相似，但缺少《小報》本身的廢刊說明以爲佐證，故經費問題
是否眞是廢刊理由，以及第 479 號（目前所見的最後一號，1935 年 9 月 6 日）
之後是否還有「未見」期數，則持保留態度。對此，1935 年的《臺灣日日新

〔註31〕柯喬文《《三六九小報》古典小說研究》，頁 43～82。

報》有相關說明：

> 臺南三六九小報，發刊於昭和五年九月九日，其間因經濟拮据，曾
> 停刊一次，迨後該報同人，爲維持漢文計，乃各捐資，旗鼓重整，
> 繼續發刊，至去九日滿五週年。該報以年來經營不大進展，而損失
> 特多，乃決自當日廢刊，業經發柬，通知關係方面矣。該報創刊以
> 來，社會已深認識，今○廢刊，殊爲可惜云。〔註32〕

此消息有助於吾人了解，經費虧損確實是《小報》無法生存的最大原因，遂
不得不於 5 週年紀念的同時，忍痛停止運作。再將廢刊消息與現存的《小報》
第 479 號相對照，則知僅缺少「第 480 號」這份終刊號，便稱完備；又，《小
報》「見不到」的廢刊說明，該然也是存在於「終刊號」之中。此爲筆者撰述
本論文時，偶然發現者，特爲說明。

綜上所述，王開運始終處於《小報》裡的核心位置，加上臺南商工業協會
成員與《小報》同人有重疊現象、當外人攻擊《小報》時有所捍衛，以及在《小
報》上發表多篇作品，都說明了王氏付出的心力和實際的貢獻不容輕忽。且一
生的散文創作恰好也集中在此一時期，其他時候只見零星數篇，故可以說，王
氏對《小報》竭誠以待，《小報》對王氏本身的意義更是深刻，是其文學生命
裡的重要發表園地。至於《小報》做爲日治時期重要的漢文刊物之一，王開運
藉此向讀者表達了什麼主張，其雜文又有哪些內容，仍待後文探析。

三、擔任《臺灣詩壇》副社長

王開運在戰後加入的文學團體，目前可考者僅有《臺灣詩壇》。此刊物創
立於 1951 年 6 月，是專載古典詩的文藝雜誌，其前身乃附屬於《建國月刊》
（1947 年 10 月創刊）的「臺灣詩壇」欄；該詩欄共發行 6 期，成果有徵詩〈日
月潭〉、〈端陽〉，並發行《蔣主席六旬華誕介壽詩集》。後擴大組織規模，1949
年獨立發行月刊《臺灣詩報》，發起人數近 70 位詩人，並有上海分社，惟目
前只見第一卷一、二期。1951 年，《臺灣詩報》改名爲月刊《臺灣詩壇》，組
織更分明，曾今可、黃景南擔任編輯，聘請多位詩人爲顧問、社務委員，另
有其他贊助者，且曾氏兼任發行人；同年增置經理一職，由黃氏兼任。1952
年，再度增設職銜，聘請于右任爲名譽社長，賈景德爲社長，林熊祥與陳逢
源爲副社長；1953 年，曾今可列身於顧問，發行人改爲《臺灣詩壇》整體；

〔註32〕〈三六九小報決定廢刊〉，《臺灣日日新報》，1935 年 9 月 13 日，4 版。

1954 年，黃景南的經理一職改為總經理，並增加數名編輯委員；1955 年，聘請王開運為第三位副社長；1956 年，增設「臺南辦事處」，便於加強詩友聯繫，以林叔桓為主任。〔註33〕上述變動過程僅止於 17 卷 1 期（1960 年 2 月）以前，這是筆者能見到的範圍，此後該雜誌社的發展與何時廢止，不得而知，但就報端新聞來看，《臺灣詩壇》至少到了 1968 年尚有活動。〔註34〕

　　王開運在《臺灣詩壇》裡的活動並不積極，也非初始即參與籌備。一直要到 1 卷 6 期（1951 年 11 月），才名列贊助人，並發表詩作〈題許丙丁先生小封神巨著〉；而此詩作算是「重刊」，乃許丙丁於前一個月出版的中文版《小封神》裡頭所收錄的題辭。之後隔了一年餘，王氏不曾在此詩刊發表作品，似乎詩興大減；然而，《臺灣詩壇》仍有留意，當王開運與陳逢源、陳文石、陳皆興、張李德和皆當選臨時省議會議員，該刊物同人特闢一廣告版面，恭賀此當選大事。〔註35〕

　　到了 4 卷 2 期（1953 年 2 月），王開運的詩作才又再次出現，接著平均一期僅發表一兩首詩作，可考據者共計四十餘首；《臺灣詩壇》並有王氏 2 次擔任詞宗、3 次出席社內活動的紀錄。這些活動成果確實不如日治時期《三六九小報》，但相較於王氏在戰後如《詩文之友》、《中華詩苑》等其他詩刊的發表數量，《臺灣詩壇》已屬重要創作園地。以下羅列出王開運於該刊物發表的作品與相關訊息：

表 6-2-1【王開運在《臺灣詩壇》的詩作與活動】

活動內容	期數
發表〈題許丙丁先生小封神巨著〉	1 卷 6 期（1951.11）
發表〈張群前院長枉駕敝寓賦呈〉	4 卷 2 期（1953.02）

〔註33〕曾金可編《蔣主席六旬華誕介壽詩集》（臺北：建國月刊社，1948）。《臺灣詩報》（臺中：臺灣詩壇月刊社，1949～）1：1、1：2。《臺灣詩壇》1：3（1951年 8 月）、3：1（1952 年 7 月）、4：2（1953 年 2 月）、6：3（1953 年 3 月）、9：6（1955 年 12 月）、11：4（1956 年 10 月）。線上臺灣歷史辭典「臺灣詩報」詞條。施懿琳〈五○年代台灣古典詩隊伍的重組與詩刊內容的變異——以《詩文之友》為主〉，《戰後初期台灣文學與思潮論文集》（東海大學中國文學系編輯，臺北：文津出版社有限公司，2005），頁 32～37。

〔註34〕〈自立詩壇〉，《自立晚報》，1968 年 5 月 11 日，6 版。

〔註35〕《臺灣詩壇》1：6（1951 年 11 月），頁 14、2：1，頁 28。呂興昌編《許丙丁作品集》（臺南：臺南市立文化中心，1996），頁 585。

發表〈敬和品聰兄五十自頌原玉〉	4 卷 4 期（1953.04）
發表〈集飲蓬萊酒家〉、〈偶成三絕〉、〈陽明山訪溪山煙雨樓贈南都主人〉	4 卷 5 期（1953.05）
發表〈春日宿溪山煙雨樓再贈主人〉、〈祝臺灣詩壇創立兩週年紀念〉、〈癸巳上巳新蘭亭修禊〉、〈有贈〉	4 卷 6 期（1953.06）
《臺灣詩壇》徵詩〈絮語〉，王開運、賈景德分任左右詞宗	5 卷 1 期（1953.07）
發表〈中秋前偶患盲腸病後感賦〉	5 卷 5 期（1953.11）
發表〈奉和臥蕉兄中秋日見寄瑤韻〉	5 卷 6 期（1953.12）
發表〈靜莊觀菊口占〉	7 卷 6 期（1954.12）
發表〈重陽後二日生辰感賦〉、〈甲午除夕〉	8 卷 2 期（1955.02）
發表〈乙未元旦〉、〈四十年前同學數人稻江邂逅歡飲留影即詠〉	8 卷 3 期（1955.03）
發表〈祝臺灣詩壇創立四周年〉、〈和景南春興瑤韻〉、〈悼義士健秋〉	8 卷 6 期（1955.06）
發表〈乙未詩人節賦呈于賈二老郢政〉；《臺灣詩壇》於臺南舉辦「乙未詩人節大會」，時王開運擔任臺南市議會秘書長	9 卷 1 期（1955.07）
發表〈過濁水戲和景南韻〉	9 卷 2 期（1955.08）
發表〈吟贈白雪即用芳園韻〉	9 卷 3 期（1955.09）
發表〈聞白雪從良〉	9 卷 4 期（1955.10）
發表〈乙未生日前二日適值重陽臺南諸親友假礪園為開歡讌〉	9 卷 5 期（1955.11）
發表〈乙未生日〉；《臺灣詩壇》聘王開運任副社長	9 卷 6 期（1955.12）
發表〈丙申元旦試筆〉、〈臺灣詩壇同人邀與共事文訪有詩見寄因成一律奉酬並呈諸老〉、〈和韻有寄〉	10 卷 1 期（1956.01）
發表〈丙申夏台灣詩壇五周年紀念〉	10 卷 6 期（1956.06）
發表〈總統蔣公七十大慶〉、〈祝文訪社兄花甲榮壽〉；《臺灣詩壇》徵詩鐘「杏庵一唱」，由王開運選定次第；王氏與同人邀約在臺北的詩人齊至指南宮登高	11 卷 4 期（1956.10）
發表〈丙申六八生日〉	11 卷 5 期（1956.11）
發表〈夏日杏庵小集呈詩壇同人〉	12 卷 6 期（1957.06）
發表〈丁酉立秋後十日壽煜老〉	13 卷 2 期（1957.08）
《臺灣詩壇》舉行「臺南辦事處一周年紀念聯吟大會紀盛」，王開運致贈書畫作品	13 卷 3 期（1957.09）

發表〈丁酉中秋〉	13 卷 4 期（1957.10）
發表〈戲成〉	15 卷 5 期（1959.05）
發表〈杏庵暮春小集〉；出席于右任八一華誕祝壽	15 卷 6 期（1959.06）
發表〈次韻似兆平〉	16 卷 1 期（1959.07）
發表〈岐阜觀鵜飼口占〉、〈日本千代菊校書索句歸後戲贈〉	16 卷 4 期（1959.10）
發表〈己亥七一生日〉、〈臺灣新竹枝〉	16 卷 5 期（1959.11）
發表〈靜莊觀菊戲似主人〉	16 卷 6 期（1960.01）

1955 年，王開運與陳逢源、林熊祥並列為《臺灣詩壇》的 3 位副社長，由贊助人躍升成為社內同人。當時林熊祥以〈喜杏菴出共主詩壇卻寄並示南都〉〔註36〕表現其喜悅：

> 承天文物古吾臺，代有風流倜儻才。牛耳人懷三六九，鷗盟我忝竹
> 松梅。囊中新句珠騰彩，席次名花錦作堆。樽酒婆娑如意舞，干戈
> 白髮任相催。

首聯稱譽王開運為灑脫不羈之俊才，次聯有註「日據末期以國文維持我固有文化，臺南三六九報張最後一幟，君力居多」、「詩壇在于賈二老卵翼之下，本省人副主者，君與南都並余而三」，強調王氏往昔投入《三六九小報》，今後亦應持續維護詩教，加入《臺灣詩壇》才是，並自許 3 人是詩壇上的歲寒三友，有高尚品格，能堅守詩教傳承的重任；同時，也不忘奉承渡臺的中國詩人。最後二聯則表示，若王氏加入，定能再創佳作，共同暢遊於詩賦酬唱之中。此詩也間接印證，王開運在戰後確實較少文學活動。

對此，王開運以〈臺灣詩壇同人邀與共事文訪有詩見寄因成一律奉酬並呈諸老〉（詩，1956，頁 138）答之：

> 十年守墨愧無成，贏得吟鬚白數莖。難免疏狂憐校尉，但知諷誦老
> 書生。形骸旦宅誇恬澹，頭腦冬烘怕品評。換骨未曾才思澀，攜竽
> 來聽女媧笙。

王氏承認戰後 10 年之間，自己確實疏忽創作。原因在於，覺悟到自身性格不過是不受拘束又愛誦讀書籍而已，且過慣了恬淡生活，頭腦已遲鈍，難有佳作，故「攜竽來聽女媧笙」；攜竽卻不吹竽，形同濫竽充數，暗示了其入社以後仍將是態度消極，只願觀人創作。是以，詩作數量並未隨著擔任副社長一

〔註36〕此詩收於《臺灣詩壇》10：1（1956 年 1 月），頁 7。

職而有明顯增加。至於擔任副社長的時間，在 17 卷 1 期（1960 年 2 月）的資料裡，王開運仍有此名銜，而《臺灣詩壇》的人事常是經年未改，直至同人逝於任內，且該刊物時常刊文向逝世同人致哀，因此王氏應該是長年擔任副社長。此外，1968 年《自立晚報》刊登出《臺灣詩壇》的徵詩消息，以響應中華文化復興運動暨紀念戊申詩人節，王開運也仍是發起人之一，這已是相當晚年之時。〔註 37〕

筆者認為，王開運之所以創作能量大不如前，其實和戰前跨足多領域，戰後卻只退守商業、金融一隅的原因相似，都關涉到自覺年華老去、二二八事件帶來的陰影難消，以及資源分配不均等問題，而後兩者的影響較為顯著。二二八事件之後，臺灣進入另一波高壓統治時期，上文所引詩句「難免疏狂憐校尉」，用了西晉阮籍的典故，阮氏無力改變亂世，只能設法自保，以狂狷爛醉的姿擺脫權貴騷擾，因此王開運以古人喻己，乃委婉道出自己也逢戰後「亂世」；這其實是語帶雙關，從中國渡臺人士來說，國共內戰失敗，待望反攻還鄉，是一種新亭對泣的亂世〔註 38〕，但對臺灣人來說，再次遭受高壓統治又何嘗不是亂世？此間，欲逃避自保的心情，便在「疏狂」、「諷誦」、「老書生」等用詞之下，隱約傳達出來了。這就如同王開運雖然融入黃朝琴派系，保有自己的事業，在銀行業裡更上一層樓，並與中國人士交好，政治上卻只當選一屆省議員即退出，顯然是有選擇地迎合或噤聲；而與舊交的臺灣文友、新識的中國詩人保持往來，創作量卻不多，也是類似的心情。

至於資源分配不均，指的是文壇裡的權力關係。根據施懿琳研究，中華民國政府和清領、日治兩時期一樣，也利用漢文化做為交流平台，以期治理順遂；不同的是，新政府來自漢文化的核心地區，渡臺文士的漢學素養不亞於臺灣文人，加上高壓統治、治臺政策失當、政經地位的落差，使得渡臺文士在臺灣古典詩壇裡有較多優勢，甚至掌控了主導權。這般結構下出現的古典詩雜誌，如《臺灣詩壇》、《詩文之友》（1953）、《中華詩苑》（1955）、《鯤南詩苑》（1956）……等，從其個別的社長、編輯、顧問社務委員等職銜名單的組成與變化，以及雜誌內容來看，都可發現渡臺文士與在地文人面對主導

〔註 37〕　〈自立詩壇〉，《自立晚報》，1968 年 5 月 11 日，6 版。
〔註 38〕　例如曾今可在《臺灣詩壇》創刊詞即言：「蓋聞謫仙狂放，留佳話於千秋，工部悲歌，垂芳名於萬古。吾人同生亂世，感慨良多，每有新作，流傳不廣，未能應求乎聲氣，無可奈何，徒自感喟於時，安能遣此？……」見《臺灣詩壇》1：1（1951 年 6 月）。

權力時不同程度的拉扯。〔註39〕就《臺灣詩壇》來說，長年執行編輯事務的是擔任經理一職的臺灣人黃景南，可是來自中國的曾今可，才是實際具有影響力的靈魂人物；所以，面對雜誌每期篇幅有限，中國來臺詩人為數眾多，且主導了編輯方向，還必須考慮到政府的言論干涉……等情況，縱然王開運想要多所創作，園地空間亦僧多粥少，大幅縮短了。

另外，還可留意到王開運的詩觀。前文提到，王氏偏好閒詠，不欲逞才張揚，故不容易在日治時期的詩會活動尋得蹤跡，而成為《臺灣詩壇》同人卻又無多發表，可見戰後也持守原則。據論者李知灝研究〔註40〕，戰後的各古典詩雜誌裡，《臺灣詩壇》相當重視個人閒詠詩作，雖然之後刊登其他詩社徵詩、擊缽吟成果的比例漸有增加，但仍以閒詠為多，這或許也是吸引王氏親近該團體的一個原因。要之，王開運與戰後文壇保持一定的聯繫，創作量與活躍程度則不如以往，再次呼應王氏所採取的「中隱」姿態。

第三節 文學交遊

王開運交遊之廣闊，因著在政治、經濟、文化、地方建設等活動的參與而產生，其作品、相關資料裡也就透露出與哪些人做過哪些事的紀錄。那麼，在眾多友人裡，哪幾位會是與王氏互動較為頻繁的文友？以下舉其要說明之。

一、黃拱五（1877～1949）

黃拱五，原名得眾，字拱五，以字行，另有瘦菊、紅谿、多事老人、鯤南隱士等名號，乃南社成員、臺南新報社的資深記者。出生於臺南書香世家，家中設塾授徒並經商，父黃字吉與次兄黃緯五具科舉功名，其大姐黃菜嫁與王棟，故與王開運為舅甥關係。黃氏青年時期遇上乙未割臺變局，青雲路斷，但傳統文學的創作相當豐富，舉凡《臺灣日日新報》、《臺南新報》、《興南新聞》、《孔教報》、《三六九小報》、《詩報》、《風月報》等，都有筆墨蹤跡，可惜沒有積極留存；此原因在於，黃氏自身認為，「然於斯道，僅得皮毛，況又依人作嫁，言論束縛，苟有所作，大半貴族文字，非頌則揚，阿諛滿紙，嗣

〔註39〕施懿琳〈五〇年代台灣古典詩隊伍的重組與詩刊內容的變異——以《詩文之友》為主〉，《戰後初期台灣文學與思潮論文集》，頁29～31。

〔註40〕李知灝〈戰後台灣古典詩書寫場域之變遷及其創作研究〉（嘉義：中正大學中國文學系博士論文，2009），頁71～72。

後而觀，令人可厭，故多棄而不存焉」，儘管過謙，然而文學自覺亦顯現其中。後經施梅樵等友人相勸，始將舊稿近作集成《拾零集》，文字風格譏諷幽默、香豔風流，與文友唱酬的詩作卻又真情流露。另著有《寄廬集》，作品收錄範圍起於與王開運同住，以迄黃氏逝世，共 6 年期間的創作，未見刊行流通，但部份篇章已鈔錄於盧嘉興的文章中。〔註41〕

　　黃拱五與王開運是親屬，同樣愛好傳統文學，一起加入「彰聖會」，一起為《三六九小報》撰稿，往來密切自不待言；也有共同文友，如鹿港施梅樵、陳子敏等。當黃氏接近中年始得一子，王氏以〈拱五舅父晚年得子誌賀〉（詩，1914，頁 6）相贈，祝賀之餘，也表現關慰之情。由於黃拱五排行最幼，父兄似乎健康情形不佳，未及而立之年，其父母與 3 位兄長皆亡逝，故只得獨力撐持家庭，照顧遺孤；加上在那個年代，黃氏屬於「晚婚」（1905 年，28 歲），婚後又未能立即得子。相形之下，王開運甫自國語學校畢業（1910 年，22 歲）便成家，24 歲（1912 年）已有長子神嶽，時黃氏仍膝下空虛。因此，當黃拱五長子振煌降生，自然視做為時甚晚。而王氏詩中有「自是尊家德不孤」、「待看商瞿五丈夫」之語，正是以孔子門下精於易學、且年過四十終得五子的商瞿為典故〔註42〕，用來比喻黃氏，說明只是時間未到，上天終究不會辜負有德之人，藉以排解黃氏早年無子與家中人丁凋落的遺憾。

　　後來在 1940 年，長子振煌為其添孫，黃拱五自撰〈庚辰元旦後一日舉長孫俊夫感賦〉〔註43〕：

　　　浮生易老感年華，到老含飴樂意賒。室內呱聲憐雪夜，庭前喜氣茁蘭芽。書香望汝留詩卷，宗嗣知天惠我家。湯餅會開新歲首，酌餘春酒愧無奢。

此詩透露出遂得含飴之願的欣喜，並希望孫子日後能維繫黃家的書香傳統。

〔註41〕參見盧嘉興〈臺灣日據末期著刊「拾零集」的黃拱五〉，《台灣古典文學作家論集》，頁 681～744。黃拱五〈拾零集自序〉，《拾零集》（臺北：龍文出版社，2009），頁 55。「台灣好！文學網」網站的「台灣漢詩資料庫」、「台灣文藝叢誌資料庫」。漢珍「臺灣日日新報」資料庫。

〔註42〕梁鱣，齊人，字叔魚，少孔子三十九歲。年三十未有子，欲出其妻。商瞿謂曰：「子未也，昔吾年三十八無子，吾母為吾更取室，夫子使吾之齊，母欲請留吾，夫子曰：『無憂也，瞿過四十，當有五丈夫。』今果然，吾恐子自晚生耳，未必妻之過。」從之，二年而有子。見《孔子家語》卷九「七十二弟子解」。

〔註43〕黃拱五《拾零集》，頁 49。

王開運也次韻和之，除了錦上添花之意，仍舊以「久聞行素屏浮華，願足含飴望不賒」（〈拱五舅父舉一長孫感賦一律謹次其瑤韻並藉以賀之〉，詩，1940，頁 96）之句，再次強調黃氏有質樸的素行品德，才能得償所望，足見王氏對舅父相當景仰。

　　黃拱五的詩作同樣也流露出對於外甥的疼惜與重視。1939 年，中日戰爭方熾，王開運成為臺南市南支皇軍慰問團代表之一，目的地在前一年（1938）被日軍攻下的中國廣東；原預計該年春天出發，黃氏有〈杏庵甥為南支派遣軍慰問使之一人將赴粵時因來告行賦此送之〉[註44]：

> 威武輕裝上客程，春潮一舸海南征。風雲劇變翻時局，文字原同似
> 弟兄。鶴唳千山驚勁旅，鴻哀百粵起悲聲。善鄰還待諸君子，靡特
> 三軍慰問行。

黃氏認為中、日、臺三地文化同源，有兄弟關係，故一方面稱日軍為勁旅，一方面又不忘道出戰火下人民的悲痛，反對戰爭的意味也就呼之欲出；進而對於王開運的慰問任務，便期待能發揮善鄰作用，不當止於軍隊慰勞。

　　此行後來因故延期，黃拱五遂另有同韻之作，詩句語氣卻已改變，例如「曾聞攘地歐欺亞，底事操戈弟與兄」、「雷雨閩山驚敵夢，波瀾粵海怖風聲」、「劫灰應料猶存跡，星使傷心故緩行」（〈杏庵赴粵延期又依前韻再賦一律〉[註45]）；黃氏直言中日戰事委實同室操戈，也指出廣東局勢可怖，且此情此景更是影響了上天，造成「星使傷心」，才會讓王氏延期，可見黃氏並不看好這次行程。最後，當行程終於確定 10 月出發[註46]，黃拱五 3 度賦詩，從「為使秋風辭鹿耳，從軍舊雨逗羊城」、「珠江血漲凝脂色，海島彈飛怯砲聲」、「到處忍看戎馬跡，艱辛遠戍最關情」（〈杏庵本擬春間赴粵慰軍嗣而延期遂經夏而秋今將就道乃賦一律以壯其行〉[註47]）等詩句來看，黃氏態度依然悲觀，持續道出戰火慘絕，還將勞軍視為兵事遠征，相當辛苦，屆時能賦詩抒情的王開運，豈能不動心感傷？唯一聊以自慰的，或許是廣東尚有些故人舊雨可資聚首。言下之意，乃不捨外甥啓程，又無法阻攔。

　　透過 3 首詩作的情緒變化的比較，說明黃拱五初始較為樂觀，認為王開

〔註44〕黃拱五《拾零集》，頁 45。
〔註45〕黃拱五《拾零集》，頁 45。
〔註46〕〈臺南慰問團出帆〉，《臺灣日日新報》，1939 年 10 月 13 日，5 版。
〔註47〕黃拱五《拾零集》，頁 47。

運身負重任，對其身影描寫亦相當瀟灑豪氣，後來還是屈於戰火現實，不看好此次慰問任務，王氏的身影便由「戎武輕裝上客程」換成「艱辛遠戍最關情」，表現了對外甥的疼惜。確實，王開運此行留下不少詩作，例如〈夜登甲板〉（詩，1940 年，頁 81）的「天地暝濛一葉舟，一船載得幾鄉愁。恍如萬馬啣枚走，默默無言疾放流」等句，思鄉滿懷，又對當下感到茫然的那般複雜、難言的心情，一如舅父的擔憂。

1940 年，王開運至滿洲國與朝鮮一遊，之後直接東渡日本，並在旅次中度過生日。此行相關詩作裡，較為特別的是〈九月十一日京阪道中值予生辰有作〉（詩，1940 年，頁 98），詩句談及自身已達知命之年，卻是壯志漸消，依舊蹉跎歲月，且漂泊不定，未享天倫；最後只有縱情於良朋美酒，以天涯野鶴自適，帶有濃烈的唏噓失落之感。這份感慨，源自於舟車疲憊、生日之時未與家人團聚，以及遊歷所見的滄桑悽景，不得不喟然長嘆。因此，黃拱五有〈杏庵歸自大陸出其途次誕日感作四絕因次其韻〉〔註 48〕作為安慰，一掃外甥的負面心情，其中「未可雄心日放慵，漫云學易是龍鍾」，乃勸說王氏不可因年齒增加而放失雄心，進而以「清游好似出塵寰，拋卻憂時孰濟艱」之句，肯定其能力足以憂時濟艱，自不宜從此懶問世事，好作清游。「一幅芝蘭才女筆，終輸松柏歲寒姿」，乃提到王氏從朝鮮藝妓處得到一把畫扇，又將之贈予黃氏一事；不過，與自己的外甥相較，畫扇終究是無足輕重，因為在黃拱五眼裡，最重要的是王開運具有松柏般的堅貞志操，能在艱危的境遇中奮鬥到最後。凡此種種，皆可看見舅父對外甥的重視。

1941 年，日人當局欲開闢防火線工程，黃拱五位於東轅門的住宅大部份在工程範圍內，將面臨拆除，遂遷居至柱仔行巷，和王開運同住。黃氏並把在王家的起居空間號為「寄廬」，表達浮生一若飄萍的感慨〔註 49〕；其〈移居感作〉〔註 50〕寫出對舊居的惋惜，不過從詩句「容膝杏庵吟詠好，藏書草閣聖賢疏」裡，能夠看出黃拱五嘗試轉念，認為與外甥有更多相處吟詠的機會，不啻值得欣喜。王氏〈拱五舅父遷家來舍次韻喜詠〉（詩，1941，頁 102）裡頭同樣表現歡喜之情，認為是「燦爛文星耀敝廬」。至於共住的 3 年裡，黃氏

〔註 48〕黃拱五《拾零集》，頁 53。
〔註 49〕黃拱五〈寄廬集自序〉，收於盧嘉興〈臺灣日據末期著刊「拾零集」的黃拱五〉，《台灣古典文學作家論集》，頁 724〜725。
〔註 50〕黃拱五《拾零集》，頁 55。

的生活則是「賦閒無事，藉詩消遣，時與杏庵和唱及與彰市梅翁暨諸吟友酬詠，抑或有感慨之作，得詩約百首」。〔註51〕

　　目前可見的黃、王二氏共居時期唱和之作，有王開運的〈崧兒完婚有作〉（詩，1941，頁 104）、〈病濁無聊再成五絕〉（詩，1941，頁 103）、〈舊九月十一日誕辰自嘲〉（詩，1942，頁98）、〈再疊舊九月十一日誕辰自嘲韻〉（詩，1942，頁 98）；以及黃拱五的〈崧嶽甥孫完婚讀杏庵有作次韻以祝並示崧孫〉〔註52〕、〈次杏庵病齒韻〉〔註53〕、〈重陽節後二日杏菴初度宴客賦詩即席次韻〉〔註54〕、〈維嶽甥孫新婚以誌喜〉〔註55〕等，《寄廬集》可能尚有兩人的唱和之作，可惜此書暫未得見。直到 1944 年，因戰事告急，臺灣遭受盟軍戰機轟炸，黃拱五乃疏開到王家位於路竹一甲的舊居，臨行前賦作〈意欲遷居村落留別寄廬〉〔註56〕，詩句有「嘯月吟風題句在，浮家泛宅感鶯遷。主翁亦有圖南志，爾後誰人憶散仙」，可知黃氏頗為留戀與外甥共居酬唱的歲月。

　　上引詩句中的「主翁亦有圖南志」，指的是 1944 年 8 月王開運將到海南島任瓊崖銀行總經理之事（見第五章）。對於此行，王氏既不情願又無法抗拒，黃氏當然無能為力，畢竟就連自己的三子黃振鐸也被徵調前往南洋〔註57〕，故只好以正面思考做為安慰。以下再看黃拱五的兩首詩：

　　　　篋策文章本故家，寧容遯世種桑麻。高翔靈鷲征南壯，回顧晴雲向北斜。握算才能傳海外，資生計得有津涯。莫辭草創艱難甚，定見人言處處嘉。

　　　　時艱萬事亂麻同，待理資源自化融。風氣如花開意外，物情成竹在胸中。劫餘海島殘灰白，戰後江山染血紅。故里需才還孔急，功成

〔註51〕黃拱五〈寄廬集自序〉，收於盧嘉興〈臺灣日據末期著刊「拾零集」的黃拱五〉，《台灣古典文學作家論集》，頁 724～725。

〔註52〕黃拱五《拾零集》，頁 56。

〔註53〕《興南新聞》「心聲」欄，1941 年 11 月 31 日。

〔註54〕《興南新聞》「興南詩苑」欄，1942 年 10 月 31 日。

〔註55〕此詩收於《興南新聞》「興南詩苑」欄，1943 年 10 月 9 日。又載盧嘉興〈臺灣日據末期著刊「拾零集」的黃拱五〉，《台灣古典文學作家論集》，頁 736；盧嘉興有註：「維嶽係其甥王開運之三子。」

〔註56〕盧嘉興〈臺灣日據末期著刊「拾零集」的黃拱五〉，《台灣古典文學作家論集》，頁 740。

〔註57〕盧嘉興〈臺灣日據末期著刊「拾零集」的黃拱五〉，《台灣古典文學作家論集》，頁 722。

經濟早旋篷。

此行亦可作清游，離思離情莫說愁。往昔樓臺移近水，重新風物供明眸。壽蘇題句光遺德，易地觀花憶舊儔。一醉定遵今日約，早謀佳釀待添籌。(〈杏庵應海南島瓊崖銀行之聘就總經理席不日將駕飛機發程在南諸友爲開擊缽吟會藉作送行席上出示留別詩三章因次原韻壯其行色〉)

跋浪男兒志，才高禮遇隆。深山知玉蘊，春雨化金融。驚下波光鑠，風前海氣濛。南方資殖產，經濟戰功同。(〈跨海〉〔註58〕)

詩句極力藉由知識份子該當「經世濟民」的觀點來激勵外甥，強調其長才即在金融經濟，故值戰亂時局，有待其出爲主持大局，留下千古功績，且海南島著實特別，風光迥異於臺灣，還有宋代蘇東坡的足跡，更不妨將此行看成是另一番出遊。如此語氣，不同於對三子黃振鐸的不捨與再三叮嚀〔註59〕，原因應該是商務與軍事之別。當然，從「故里需才還孔急，功成經濟早旋篷」、「一醉定遵今日約，早謀佳釀待添籌」來看，能早去早回，恐怕才是黃氏真正想對外甥與兒子訴說的，這便沒有分別。待王開運至海南島後，家書寄回臺灣，黃拱五有〈喜杏庵書至率成一律以代覆答〉〔註60〕，詩句「雁鴻喜報平安訊，鷗鷺同盟種類親」裡的「鷗鷺同盟」，是引退之喻，也指詩賦吟詠上的交遊，可知王氏或許在海南島已另有唱和文友，而「歲晚客心懷故舊，天涯秋水望伊人」、「寄語惟先囑珍重，洗塵有日滿堂春」仍是充滿對外甥的掛

〔註58〕 盧嘉興〈臺灣日據末期著刊「拾零集」的黃拱五〉，《台灣古典文學作家論集》，頁740；又，〈跨海〉一題下方有作者註：「爲杏庵將赴海南島擊缽吟會席上之作，限東韻，不拘體。」

〔註59〕 黃拱五〈振鐸將遠行賦示〉：「戎馬滿天下，胡爲爾遠行。見機知進退，臨事要精明。春樹南山望，鯤洋巨浪平。從心期兩載，歸日酒同傾。」以及〈振鐸將遠行曾賦五律示之餘意未盡臨行時再賦絕句藉以戒勉〉：「男兒壯志感良箴，快走輕舟碧海深。萬事無他惟謹慎，少年行旅應關心。」「必須交友識情真，異地民風別樣新。慎重起居宜記取，平安兩字慰雙親。」「話別何曾得夜眠，弟兄離緒兩悠然。天涯遙冀頻來雁，莫使家人望眼穿。」「行裝檢點別鄉關，未息干戈孰濟艱。能否成名猶小事，浪平南海早歸還。」參見盧嘉興〈臺灣日據末期著刊「拾零集」的黃拱五〉，《台灣古典文學作家論集》，頁739～740。

〔註60〕 盧嘉興〈臺灣日據末期著刊「拾零集」的黃拱五〉，《台灣古典文學作家論集》，頁741。

念。

　　戰後，王開運的歸鄉路途一波三折，所幸終究能和親友重聚，黃拱五有
詩紀之：

> 重逢情緒憶交游，幾十年間轉瞬周。慷慨高談滄海變，飢寒終爲弟
> 兄憂。劫餘親友欣仍健，宇內風雲幸已收。杯酒莫辭今夜醉，暫拋
> 世事放眉頭。（〈杏庵宴黃朝琴與蘇鴻飛二君於招仙閣即席次杏庵鴻
> 飛聯吟原韻〉〔註61〕）

對於恍如隔世的重聚、外甥在海南島協助臺灣人返鄉之事跡，以及脫離被殖
民境遇而改隸中國，莫不感到欣慰、驕傲，也就值得連連稱觴，醉忘一切。
然而，最欲忘懷的，或許是三子振鐸徵調不返的悲傷。〔註62〕

　　總之，黃拱五與王開運的舅甥關係，還有在傳統文學上的共同喜好與付
出，使得唱和頻繁，彼此的關切也相當深刻；若說如同霧峰林癡仙、林幼春
叔姪那般的「親如兄弟」，雖不中，亦不遠矣。此外，黃氏好作豔麗詩賦，涉
足風月場所，而王開運自稱「少則有好色之疾」（〈靜室小言〉，文，1935，頁
402），又爲《三六九小報》創作大量的「花叢小記」，或者兩人在風月韻事上
也有往來關聯，惜缺乏資料佐證，暫置不論。

二、王亞南（1881～1932）

　　王亞南，中國江蘇江陰人，幼喜書畫，先後師事趙之謙、陳白陽等畫壇
前輩，精通南宗畫風工法，以花卉見長，筆力大膽有新味，兼能作詩，曾任
北京各國立大學教授、北京美術專科學校教授，爲當時北京三巨匠之一；在
日本有不少畫友，並得日本大正天皇青睞，尊爲貴賓。〔註63〕由於喜好旅行，
王亞南曾有多次壯遊，藉以觀摩各地美術風格，甚至遠赴蘇聯莫斯科。〔註64〕

〔註61〕盧嘉興〈臺灣日據末期著刊「拾零集」的黃拱五〉，《台灣古典文學作家論集》，
　　　　頁 728。

〔註62〕盧嘉興〈臺灣日據末期著刊「拾零集」的黃拱五〉，《台灣古典文學作家論集》，
　　　　頁 730。

〔註63〕文化部，「國家文化資料庫」網站（http://nrch.cca.gov.tw/ccahome/index.jsp）。
　　　　〈王亞南先生略歷〉，張振樑編《江陰王亞南先生詩畫集》（臺南：張振樑，
　　　　1978）。〈王亞南畫伯花卉〉，《臺灣日日新報》，1927 年 11 月 25 日，4 版。〈王
　　　　亞南氏の新南畫本社に開き人氣を呼ぶ〉，《臺灣日日新報》夕刊，1927 年 12
　　　　月 16 日，2 版。

〔註64〕〈王亞南氏個人展〉，《臺灣日日新報》，1927 年 12 月 13 日。朱烈〈序〉，王
　　　　亞南《遊臺吟稿》（臺北：文海出版社，1973）。

1927 年秋，遊歷東亞之後，暫返北平，日本友人推薦王亞南可來臺避寒賞遊，駐中國的日本大使館亦代為安排手續，是以來臺過程相當順利，在臺行蹤也成為當時新聞。〔註65〕同年 10 月，自基隆登岸後，每到一處，不少當地士紳文人更盛情接待，並協助王亞南在臺北、臺中、嘉義、臺南、屏東等地開辦畫展〔註66〕，故首度來臺的 6 個月時間，不僅臺灣西部由北至南已大致走踏一回，還結交不少文友，王開運與之相識，正是在此時。

　　1927 年，王亞南仍留在臺灣北部之時，結識連雅堂，對連氏的才華甚為欣賞，連氏也把自己的學生張振樑介紹給王亞南認識，王開運則透過張氏而與王亞南結交，此即二王相識之由來。〔註67〕1928 年起，王亞南開始由臺中南移，3 月初旬至臺南；而王亞南的記述裡提到「三月初旬，乘車抵台南，先有友人為紹介于台紳張、王兩君。張君振樑迓予於車站，英爽把人，攜手至本島旅舍，傾談相得，親如昆弟，王君開運亦意氣相投」〔註68〕，正說明了張振樑、王刊運二人乃先於其他臺南文友認識王亞南，且 3 人一見如故。嗣後醉仙閣的歡迎會裡，王亞南以〈臺南各界歡迎會即席〉〔註69〕答謝文友盛情：

　　　　每思海上問芝田，身到瀛南俗慮蠲。畫意詩情活潑地，城埋石化奈
　　　　何天。嘯吟有侶蒙投轄，山水無聲合鼓絃。多謝東君親密甚，陶然

〔註65〕王亞南〈游臺小記〉，《遊臺吟稿》。又，查漢珍「臺灣日日新報資料庫」，王亞南 3 次來臺的諸報導裡，以首次來臺的數量最多。

〔註66〕相關報導例如《臺灣日日新報》：〈王亞南畫伯花卉〉，1927 年 11 月 25 日，4 版、〈王亞南氏個人展〉，1927 年 12 月 13 日，7 版、〈王亞南氏個人展六日から博物館で〉，1928 年 1 月 6 日，3 版、〈王亞南氏畫展六日起至十日再開於博物館〉，1928 年 1 月 6 日，4 版、〈王亞南氏畫展次日大盛況韋許氏等買占〉，1928 年 1 月 8 日，4 版、〈王亞南氏畫展再展限二日間〉，1928 年 1 月 10 日，4 版、〈王亞南氏畫展〉，1928 年 2 月 12 日，4 版、〈地方たより嘉義〉，1928 年 2 月 29 日，6 版。
《臺灣日日新報》夕刊：〈十五十六兩日在本社三階【王亞南氏個人展畫松】〉，1927 年 12 月 15 日，4 版、〈王亞南畫伯開個人展十五十六兩日間在本社三階〉，1927 年 12 月 15 日，4 版、〈王亞南氏の新南畫本社に開き人氣を呼ぶ〉，1927 年 12 月 16 日，2 版、〈王氏畫展至本十一日告終〉，1928 年 1 月 11 日，4 版、〈支那畫家王亞南氏〉，1928 年 2 月 10 日，4 版、〈王亞南氏畫展開于屏東〉，1928 年 2 月 25 日，4 版。

〔註67〕王亞南〈贈連雅堂先生〉、〈讀連雅堂先生臺灣通史有感〉，《游臺吟稿》，頁 2～3。張振樑〈序〉、王開運〈序王亞南詩畫集〉，《江陰王亞南先生詩畫集》。

〔註68〕王亞南〈游臺小記〉，《遊臺吟稿》。

〔註69〕王亞南《游臺吟稿》，頁 21。

許列醉中仙。

「芝田」是仙人種植靈芝之處，爲「仙境」之喻，欲尋仙境，實道出了面對世間紛亂局勢，致使身心無法安頓的處境。當時的中國，正有軍閥割據、國民革命軍北伐與國共分裂的情況，戰火正熾；又王亞南先前至莫斯科，還遭受到政府監視，行動不甚自由〔註70〕，故渴望覓得可資適性安頓之處。臺灣雖然處於殖民統治，不見得比較安定，不過來到古都氣息尚濃的臺南，有文友盛情款待，又能交流詩畫，自然提供王亞南一個蠲除煩慮的所在。

對此，王開運賦寫兩首次韻詩作回應，其中如「羞同沮溺學耕田，海外清遊萬慮蠲」（〈歡迎席上次亞南宗兄韻〉，詩，1928，頁 19），消解了王亞南的感嘆，認爲其出遊，即有不願效法古代隱士遁世的意義，是積極的表現，因此只要能出遊，自當萬慮盡消，又何必執著尋找仙境？而「乘槎我欲從君去，五岳逍遙作散仙」（〈再次亞南宗兄瑤韻〉，詩，1928，頁 19），表示願同王亞南四處遨遊；這般徒羨之語，反倒隱含了王開運對於自己成爲殖民地子民的無奈。

王亞南在臺南期間的生活相當熱鬧快意，其〈台南旅舍雜詠〉〔註71〕「瀛州南去紀班荊，不作尋常世俗情。柱杖遍看花一日，彈琴每到月三更。疏狂士豈修邊幅，雅謔詩催比課程。略分應疏賓主禮，過從無送亦無迎」，並於第二、六句自註「臺南諸吟侶，都瀟灑脫俗」、「每夜必以打油詩唱和取笑」，說明了王亞南與文友往來融洽自在，聚首時常常忘懷晨昏。王開運也是會中常客，「記得同君，苴棚瓜架，閒話滄桑，曠懷吟嘯，把酒台陽，趁月明相照，醉墨琳琅，繁花富貴，共玉山頹倒，淡水流長，方壺日永，思量多少」（王亞南〈醉蓬萊簡開運宗台〉〔註72〕），正是二王交遊的美好回憶。兩人並有互相唱酬之作〔註73〕，特別是在一次大岡山之行，王開運因事未能赴約，遂以「滄洲路渺丹丘遠，負卻人間一日閒」（〈約同登山未果原韻〉，詩，1928，頁 74）之句回應，可見其深深遺憾。

不過，王亞南有自己規劃的行程，加上生長於較高緯度地區，不能忍受南

〔註70〕〈王亞南氏個人展〉，《臺灣日日新報》，1927 年 12 月 13 日，7 版。

〔註71〕王亞南《遊臺吟稿》，頁 34。

〔註72〕王亞南《游臺吟稿》，頁 27。

〔註73〕例如王亞南〈上巳酉山書畫會歡迎席上〉、〈游法華寺賦似開運宗台韻〉、〈游超峰寺賦似少雲韻〉，《游臺吟稿》，頁 22～23、28。王開運〈夜談次劍泉吟兄瑤韻即呈亞南宗兄教政〉、〈和亞南畫伯歡迎席上原韻〉、〈同亞南宗兄遊法華寺賦呈斧正〉、〈遊超峰寺擬作似少雲韻〉（以上詩，1928，頁 20、74）。

臺灣的高溫，因此在南部僅一個月左右，便於 1928 年 4 月返國〔註74〕，歸途多
有文友送別。王開運在〈懷亞南宗兄即次留別玉韻〉（詩，1928，頁 75）裡，
懷念與王亞南相處的時光，對其離臺感到不捨，並期待再相會；另有詩句「漫
把煙雲描故國，今宵且共作閒人」（〈席上呈亞南畫伯〉，詩，1928，頁 19）是
離別前夕的強作忘懷。王亞南也以「明朝買棹乘風去，又是東西南北人」（〈原
韻留別開運宗台〉〔註75〕）回應，表示告別王開運和其他文友之後，身心恐怕
又會漂泊不定。啟程前後，王亞南又有〈桃園憶故人歸舟寄台南乃武開運等諸先生〉
〔註76〕，凡此種種，皆足證明二王交誼之深切。

　　由於與臺灣文友往來良好，且臺灣氣候足資避寒養病，王亞南與文友約定，
此後將一年來臺灣一次，所以王亞南共 3 次來臺。〔註77〕第二次是在 1930 年 1
月，同行者有同樣是畫家的妻子及女兒，雖然時間稍短，同年 5 月即返國，王
亞南仍盡量遍訪文友，又將前度來臺遊歷，並和臺灣文友唱酬而產生的作品，
編次為《游臺吟稿》，廣為分贈。〔註78〕當王亞南仍寄居臺北，臺南文友即北上
力邀南下，其詩句「杖策乍思吟侶話，雨風難得故人來」，並自註「臺南友人遠
來約再南遊」（〈由臺北再至臺南雜詠十二律〉〔註79〕），即記述文友的熱情。王
開運也寄詩邀約，以「蓬島寒風威尚在，南來榾柮好同燒」（〈寄亞南宗臺代柬〉，
詩，1930，頁 21）之句，說明只要能聚首，即便僅是燒樹根取暖，也能克勝嚴
寒，是以又促成一次臺南之行。

　　這次聚首，二王與其他文友多以「蝴蝶蘭」為主題，互相唱酬，這在該年
的《臺南新報》屢屢可見。〔註80〕而王開運的「別來白髮我慚新，一見○殊夢
裡人」（〈亞南宗臺重來臺南驛前歡霧口占〉，詩，1930，頁 21），更是直述個人

〔註74〕王亞南〈游臺小記〉，《遊臺吟稿》。〈王亞南氏滯臺期訂來月中歸國〉，《臺灣
　　　　日日新報》，1928 年 3 月 20 日，4 版。
〔註75〕王亞南《遊臺吟稿》，頁 47。
〔註76〕王亞南《游臺吟稿》，頁 52。
〔註77〕張振樑〈序〉，《江陰王亞南先生詩畫集》。
〔註78〕《臺灣日日新報》夕刊：〈中華書畫家王亞南氏〉，1930 年 1 月 12 日，4 版、
　　　　〈中華畫家王亞南氏〉，1930 年 1 月 24 日，4 版、〈中華名畫家王亞南氏〉，
　　　　1930 年 5 月 28 日，4 版。朱烈〈序〉，王亞南《遊臺吟稿》。王開運〈序王亞
　　　　南先生詩畫集〉（文，頁 68～69）。
〔註79〕張振樑編《江陰王亞南先生詩畫集》，頁 33。
〔註80〕如王開運有〈題蝴蝶蘭呈王亞南畫伯〉（詩，1930，頁 22）；其他人的相關詩
　　　　作在《臺南新報》1930 年份的 5 月 7 日、5 月 9 日、5 月 13 日、5 月 18 日、
　　　　5 月 23 日、6 月 10 日的 6 版，亦可見得。

對這位遠方知交的日夜思念。宴會上，王亞南賦作〈蒙張振樑先生招飲率賦謝〉
〔註81〕二首，表示之前返居中國的愁緒，再度又因來臺與友聚會而拋卻；於此，
王鵬程與王開運分別有詩和之。王鵬程「浮家泛宅汝何傷」、「未妨王粲且他鄉」
〔註82〕之句，暗示王亞南大可遷臺長住，王開運則有「妍皮世好嗤桃梗，俗骨
人驚叱石羊」、「應物但求能戰勝，心平秦地亦仙鄉」（失題〈縱橫一室話滄桑〉，
詩，1930，頁 170）等詩句，以安慰舉世皆濁我獨清的王亞南，應勉力安頓好
自己的心情。待王亞南 5 月歸國後，9 月《三六九小報》創刊，其仍不忘遙寄
祝福，且有來稿。〔註83〕

　　王亞南第三度來臺的時間點，從各資料判斷，可能在 1931 年 9 月，然後於
同年 12 月返國。〔註84〕此行仍到臺南，由於有了《三六九小報》的發行，可以
知道此年王亞南在臺度過自己的生日，更與文友同至酒樓藝閣觀風，並多所唱
和。甚至王亞南聽人談及王開運迷戀某臺北名妓阿夏之事，乃畫作凌霄花一幅
並題詩，令文友譽為韻事一樁。〔註85〕後值中國發生九一八事變，王亞南素來
具有憂時感世情懷，「每藉詩酒之讌，以申故國之思」〔註86〕，決意年底離臺；
文友同樣開宴送行，群集在張振樑的「柳軒」。當時王開運以〈柳軒小集送王亞

〔註81〕　張振樑編《江陰王亞南先生詩畫集》，頁 58。
〔註82〕　王臥蕉〈次亞南宗先生○韻〉，《臺南新報》1930 年 5 月 23 日，6 版。
〔註83〕　王亞南〈集句寄祝臺南好友創刊三六九小報於重九日初號〉，收於《三六九小
　　　　報》創刊號，「祝詩」欄，1930 年 9 月 9 日。又，王亞南來稿另見《三六九小
　　　　報》96～98、121～124、137、139 諸號。
〔註84〕　歸國時間參見〈中國書畫家王亞南氏〉，《臺灣日日新報》，1931 年 12 月 21
　　　　日，4 版。來臺時間則據《江陰王亞南先生詩畫集》一書，第 17 幅畫落款有
　　　　「辛未秋九月上浣古暨陽王亞南寫於錫山客次西窗下」等字樣，表示 1931 年
　　　　上旬王亞南仍在江蘇錫山；《三六九小報》雖於 94、97～98 號（1931 年 7 月
　　　　29 日、8 月 3 日、8 月 6 日）已分 3 次刊載王亞南的〈五湖紀遊〉詩作，但安
　　　　排在「鴻邊鷗外」欄，表示外地寄稿。又，王開運〈序王亞南先生詩畫集〉：
　　　　「辛未秋中日戰啟，君以寄身異國，抑鬱無聊，亞東裝邂逢」，這裡的中日之
　　　　戰，即 1931 年的九一八事變，意指事變發生之前，王亞南已在臺灣。故綜理
　　　　上述資料，王亞南很可能是在該年 9 月事變發生前來臺，且並未馬上返國。
〔註85〕　王亞南〈五十自壽十二首〉、花頭陀〈花叢小記〉、王亞南〈黃君茂笙招飲賦
　　　　似主人次石衡韻〉、黃石衡〈寶美樓席上賦似茂笙并呈王亞南畫伯〉，《三六九
　　　　小報》122～124、135～137 號。
〔註86〕　張振樑〈敬啟〉，《江陰王亞南先生詩畫集》。又，王亞南二度來臺時，曾談論
　　　　當時中國蔣介石與閻錫山合作下的時局問題，可知其對國事確有所關注，
　　　　見〈蔣閻合作難望持久　中華藝術依然振興　南畫家名於時者大有人在　中華名
　　　　畫家王亞南氏談〉，《臺灣日日新報》夕刊，1930 年 1 月 29 日，4 版。

南先生歸國〉(詩，1931，頁43)詩作贈之：

> 萬柳堂中載送君，元龍意氣欲凌雲。高談捫蝨懷王猛，晦跡吹簫笑伍
> 員。交到立形情欲摯，氣相連處別難分。重來莫問遲和早，且盡今宵
> 一醉醺。

詩句減卻了幾分離別依依的情思，其中「元龍意氣欲凌雲」和透過中國史上
有名的政治家王猛、伍員來比喻王亞南，乃是欽讚王亞南奔赴國難的行為。
在這樣的稱許下，似乎何日再見也就毋庸強求了，對王亞南知心諒解之情，
躍然紙上。

　　王亞南返回中國後，於1932年冬遽然逝世，此事驚動臺灣文友，不僅在嘉
義諸峰醫院、臺南彌陀寺為其籌辦追悼會，《詩報》、《三六九小報》也刊載追悼
詩作。〔註87〕張振樑、王開運乃王亞南的至交，尤其王亞南生前多番致贈自己
的書畫作品給張氏，故由張氏向其遺孀蒐羅手澤，加上自己身邊的遺墨，整理
為《江陰王亞南先生詩畫集》一冊。王開運的序文亦在其中，極力推崇王亞南
的詩書成就，認為其畫作「雖寸縑尺素，莫不不翼而飛」，其詩賦則「情如摩詰，
詩中有畫，情境具到，自非同獺祭為工者可比。昕夕諷詠，儼然置身畫圖中行
自覺興味津津而不倦焉」。最後，王開運撰詩5首以表服膺之意，詩句「一卷遺
編燈下讀，詩壇千古有先生」(〈序王亞南詩畫集〉，文，頁68～69)，能見其對
王亞南的緬懷追念，而二王友誼，自當是王開運生命中最深刻的回憶。

三、陳逢源（1893～1982）

　　陳逢源，筆名芳園、南都，臺南市人，古典詩人，同時是日治時期的經
濟學論者、民族運動家，以及戰後銀行家、臨時省議員。1911 年畢業於臺灣
總督府國語學校國語部，初任職於三井物產株式會社臺南出張所；後入大東
信託任調查課長，因操作股票失誤，使大東信託股東損失，乃辭職；旋入臺
灣新民報社任經濟部長。1944 年任臺灣信託株式會社的經理。戰後於銀行界
工作，並曾任兩屆臨時省議會議員。陳氏除了生計多與經濟、金融有關之外，
並參與殖民地臺灣人的文化、政治活動（偏向右派），是臺灣議會設置請願團
的成員，也是 1923 年治警事件的入獄者之一。文學活動方面，加入臺南市南

〔註87〕 〈會事嘉義鴉社〉，《臺灣日日新報》夕刊，1933 年 1 月 24 日，4 版。《詩報》
53 期、《三六九小報》252、257～259 號。張振樑〈序〉，《江陰王亞南先生詩
畫集》。

社、春鶯吟社、臺北的臺灣詩壇雜誌社等團體，畢生創作漢詩不輟。著有《新臺灣經濟論》、《臺灣農業經濟論》、《溪山煙雨樓詩存》等。〔註 88〕對陳氏生平研究相當深入的謝國興，以「亦儒亦商亦風流」一語，點出其對民族運動的關懷、對經濟金融的知見，以及創作上的投入。

　　就現有資料來說，王開運與陳逢源的互動乃進入 1930 年代之後比較顯著，其實兩人相當早就有著斷斷續續的關係。其一，在國語學校時期，兩人是上下屆的學長、學弟。其二，兩人畢業之後，陳氏一直生活在臺南祝三多街（屬東區），直到 1926 年入大東信託才遷居臺中，王氏則於 1915 年至臺南發展，卜居於東、西區之交的柱仔行街，地緣相近。其三，陳氏為南社、春鶯吟社成員，王開運雖未曾加入詩社，但有共同友人，如謝國文家族、趙雲石父子、黃欣、連雅堂等，且王氏舅父黃拱五亦為南社成員，透過人際網絡，足可拉近兩者距離。其四，二人皆在大東信託任職。故由上述跡象來看，王、陳相識的時間可能甚早，只是未必如後來那麼密切。

　　對於這位文友，王開運的評述如下：

> 予同硯友芳園，博聞強識，於吾臺經濟事情，造詣猶深。其為人倜儻不群，所作詩，亦風流蘊藉，嘗作稻江竹枝詞四首，及鳳英曲，纏綿綺旎，頗為時人愛誦。每步行衢市，或至妓館，必矯首微吟，構思不輟，大有前清樊榭之風。（〈靜室小言〉，文，1935，頁 405）

之所以對陳逢源在經濟金融、詩酒風流方面如此大力稱譽，乃緣於二人皆雅好傳統文學，經常流連秦樓楚館，工作領域也都與經濟市況、金融發展相關，加上陳氏本身擅長撰寫經濟評論，詩作亦豐，在在是彼此交集之處，因之得到王氏的欣賞。之後王氏另有〈贈南都〉（詩，1942，頁 93），同樣如此推崇。

　　1926 年後，陳逢源因為工作而遷居臺中、臺北，致使和王開運分隔兩地，但是二人仍會聚首讌飲，此時大概都少不了藝旦作陪或風月話題；而共享風月的韻事趣聞亦被記載下來，有助吾人深入體會二人交遊的實際情形。〔註 89〕其中藝旦鳳英是陳氏在家庭生活以外的親蜜伴侶之一，陳氏效

〔註 88〕「線上臺灣歷史辭典」網站。陳逢源傳記可參見謝國興《亦儒亦商亦風流：陳逢源（1893～1982）》。

〔註 89〕例如王開運方面，有〈花叢小記〉（文，1935，頁 302～303、305～306）；〈靜

仿唐代白居易〈琵琶行〉的手法，爲之賦作長詩〈鳳英曲〉〔註90〕相贈，
交代自己初見鳳英、之後時常流連往來的情景，以及對鳳英淪落風塵、自
身青衫憔悴的感傷；王開運也相當欣賞鳳英，指其「賦性閒雅，解吟哦，
善酬應，其與芳園，蓋情侶而兼膩友也。暇時除彈琴誦詩而外，凡國語舞
踊歌曲等藝，無不肆志學習。其精勵勤勉處，諸姊妹輩，莫不咋舌嘆服席
間」（〈花叢小記〉，文，1935，頁302）。是以，不僅〈鳳英曲〉被視爲是備
受傳誦的佳什，詩中的主角——陳逢源與鳳英——更具才子佳人形象，王
氏遂以「鳳英綺曲傳佳話」（〈贈南都〉，詩，1942，頁93）一語誦之，並另
有詩作呈贈對方：

> 廢吟香豔已多年，強向芳園一拂箋。舊夢迷離鶯侶渺，新歌宛轉鳳
> 情牽。煙花不遣隨春散，裙屐何妨笑我顛。浪跡稻江歸思懶，同君
> 且作醉中仙。（〈花叢小記〉，文，1935，頁302）

詩中說明王氏自身久無香豔詩作，但特爲陳氏破例，原因即在〈鳳英曲〉以
及才子佳人的形象，促使其重操吟詠，欽羨心情相當明顯。最後，則表示自
己相當留戀與陳氏歡聚的時光，捨不得曲終人散。而陳逢源在1930年代賦作
〈歸南有感〉〔註91〕，裡頭寫到「醉仙寶美各翻新，零落當年舊酒人。剩有
杏庵長不老，看花已過廿年春」，並於一、四句自註「醉仙閣寶美樓均舊酒家」、
「王杏庵風流不減」，相當懷念過去飲酒尋歡，這自然包含與王氏共處風月的
情形。

　　除了歡場往來之外，王開運和陳逢源尚有多篇詩作酬贈彼此，特別是日治
時期的創作，更有面對局勢的共鳴與相互安慰，可知二人的交遊情誼並非泛
泛。隨著中日戰事發生，進而膠著，臺灣被納入戰爭體制，遭遇到皇民化運動、
軍事動員與物資配給管制等戰時政策，臺灣知識份子、地方領導人甚至必須「協

室小言〉（文，1935，頁404～406、409～410）：〈和南都聽寶蓮唱回想韻〉（詩，
1941，頁105）、〈次南都贈秋霞韻〉（詩，1941，頁106）、〈南都遊飲曲樓席
上率成一律呈夢周暨在座諸君子郢政〉（詩，1941，頁111）、〈吟贈白雪即用
芳園韻〉（詩，1955，頁135）等。陳逢源方面，有〈阿治粧樓聽曲和杏庵韻〉、
〈同杏庵飲月英粧樓〉、〈端節後聽白雪女史清唱〉，《溪山煙雨樓詩存》（臺北：
龍文出版社，1992），頁23～24、79；以及〈聽寶蓮唱回想〉（《臺灣新民報》
「心聲」欄，1941年1月27日）、〈贈秋霞兼示杏庵〉（《興南新聞》「興南詩
苑」欄，19412年3月28日）等。

〔註90〕《三六九小報》434（1935年4月6日）。

〔註91〕陳逢源《溪山煙雨樓詩存》，頁26～27。

助」日本當局推展各式各樣的方針，故王、陳二氏也有著「皇民奉公」的紀錄，但其身心實在是備受煎熬的。因此，在面對戰火頻仍，以及思想、生活、行動都受干預的窘困下，陳逢源的詩作時時表達出其內心的不滿以及無奈，部份內容也得到王開運的回應。如陳氏〈即事〉（七絕四首）〔註92〕：

> 春深梅蕊已紛披，底事依然冷北枝。終日書空唯咄咄，吾徒休更費言辭。
>
> 節食纔知米似珠，不如勸稼重犁鋤。限田種蔗原非策，作俑何人負責無。
>
> 莫笑東施巧效顰，舊人難辨姓名新。脫胎換骨真無謂，成佛應求在即身。
>
> 老為消閒日抱孫，時時舐犢覺情溫。書城坐擁心常樂，不厭紛譁隱市門。

詩作的譏刺勁道相當有力，「節食」指物資管制，為米珠薪桂的近因，但陳逢源更兼指從 1920 年代開始的「米糖相剋」問題，則是造成米食不足的遠因，而兩者皆是殖民者的統治手段所造成。並透過「修佛才能真正的『脫胎換骨』，而不會流於『東施效顰』」這樣的看法，來譏刺改姓名之無謂。然而，陳氏知道再怎麼譏諷，終究不過是書咄空空而已，最後還是將眼光轉向家庭與讀書生活，避開心中煩亂。

對此，王開運以〈讀南都言懷詩用其原韻率成四絕卻寄〉（詩，1941，頁109）和之：

> 崎嶇世道更紛披，幾許鶺鴒失一枝。談虎未經先色變，金人緘口慎浮辭。
>
> 敢詡豪奢耀蠙珠，倪寬只好帶經鋤。征苗不到客惝懶，把卷渾忘儋石無。
>
> 誰從舊學惜儒珍，舉世滔滔盡賞新。秦士賤拘原宿命，平心且寄苦吟身。
>
> 有時滄海怨王孫，那及閒居笑語溫。掙得一生花裡活，禮疏端怕過朱門。

寫出戰事方張，言論亦當小心，宜效金人三緘其口；因物資管制而家計沉重，

〔註92〕陳逢源《溪山煙雨樓詩存》，頁40～41。

仍欲師法中國漢代倪寬兼顧耕讀，並藉讀書忘卻俗慮；又自認如元代鄧弼那般有志難伸，只好珍視閒居生活，將身心寄託風月吟詠，不隨意與人打交道。以上是個人心聲，也與陳氏產生共鳴。

其他如陳氏的〈即事〉（七律一首）、〈曉寒枕上口占〉、〈寄懷王杏庵〉、〈晴園賞梅同杏庵春潮鷺村夢周仰山賦贈主人〉、〈晚秋北投天狗庵作〉〔註93〕、〈酬杏庵席上見贈大作〉〔註94〕等，皆是抒發對時局變動的無奈，且不得不強作內心安頓。王氏則有〈次南都即事韻〉（詩，1940，頁 97）、〈遣懷疊用芳園即事瑤韻〉（詩，1940，頁 97）、〈和南都寒曉枕上口占韻〉（詩，1941，頁 105）、〈次南都見寄瑤韻〉（詩，1941，頁 107）、〈和南都秋晚北投天狗庵佳作韻〉〔註95〕、〈北投天狗庵再和南都韻〉〔註96〕、〈南都邀飲曲樓席上率成一律呈夢周暨在座諸君子郢政〉（詩，1941，頁 111）、〈春日遣懷寄呈南都〉（詩，1941，頁 105）、〈夏日遣懷寄南都詞兄二首〉（詩，1942，頁 109）等作品，或是應和陳氏上述詩作，或是另外呈贈。整體來看，這些自我慰藉並且坦誠互訴苦悶之作，其中的真摯情感流露無遺。

戰後，陳逢源於 1949 年在陽明山購築溪山煙雨樓，實現了平素嚮往的棲居山林的詩人生活，更成為文友聚首的新場所〔註97〕；王開運也於 1950 年代遷居北上，且二人更同時當選臨時省議員，並先後入《臺灣詩壇》雜誌社，同任副社長，故能再續交誼。當王氏造訪溪山煙雨樓，以〈陽明山訪溪山煙雨樓贈南都主人〉（詩，1953，頁 128）、〈春日宿溪山煙雨樓再贈主人〉（詩，1953，頁 128）等詩作相贈，指出眼中的主人生活如此閒雲野鶴、淡然自得，乃是上蒼賜與清福之故，欣羨之情不言而喻。相對的，雖然王開運未有私人別業做為清幽居處，但仍會在家舉行「杏庵小集」，此時陳逢源亦是座上賓客之一。且看王氏詩作〈杏庵春夜小集賦呈于右老賈煜老張魯老梁默老並似文訪南都夢周鈞亭今可景南同社〉（詩，1956，頁 139）：

> 春宵一刻酒盈杯，鬥句端教逸興催。白髮婆婆諸老健，紅燈搖曳綺筵開。尋香有美休辭醉，隨意吟詩獨愧才。漫笑詩魔驅未了，每逢鷗侶喜追陪。

〔註93〕 以上所列 5 詩，見陳逢源《溪山煙雨樓詩存》頁 38～39、44～45、49～50。
〔註94〕《興南新聞》「興南詩苑」欄，1941 年 12 月 14 日。
〔註95〕《興南新聞》「興南詩苑」欄，1943 年 11 月 8 日。
〔註96〕《興南新聞》「興南詩苑」欄，1943 年 11 月 12 日。
〔註97〕 謝國興《亦儒亦商亦風流：陳逢源（1893～1982）》，頁 296～302。

可知年近古稀的王氏，詩興未泯（但數量較少），依舊願意與文友同為吟壇鷗侶，時相唱和，就中與陳逢源的情誼更是跨越時代，一生相隨。

1969 年初，王開運逝世，陳逢源有詩句「杏庵作古成長嘆，蓮社於今剩幾人」（〈己酉初春接嘯鯤訃音繼而杏庵長逝感傷賦此〉〔註98〕）；此一訃聞觸動了陳氏對於歲月無情的感嗟，也道出痛惜文友長逝的心聲，因而內心更加孤寂。又，關於陳逢源悼念文友的作品，謝國興指出「詩友遍及台灣南北，但陳逢源以輓詩悼亡的詩友並不算太多」〔註 99〕，如此說來，王開運個人對陳逢源極為欣賞，將之視做至交，而王氏能在被緬懷之列，同樣說明了陳逢源重視這位文友，這段友情在兩人心裡都是深刻的。

四、王鵬程（1891～？）

王鵬程，臺南市人，原名盤爐，自號臥蕉，1934 年改名鵬程，另有銘新、礪鋒、贅仙等名號。曾任職《臺南新報》漢文部，1934 年前後漸與《臺南新報》疏遠；且 1933 年已受神戶怡利公司聘司案牘之職，1936 年離職，於神戶自組三元公司。另經營「養和園酒煙草雜貨商號」，時常於臺灣、神戶兩地奔走。在文化活動上，王鵬程為王則修弟子，1920 年代已是南社成員，投入社務頗多，且積極創作傳統詩文，舉凡《臺灣時報》、《臺灣日日新報》、《臺南新報》、《臺灣文藝叢誌》、《詩報》、《三六九小報》、《風月報》……等報刊雜誌，皆可發現其作品；臺南市當局更看重其深厚的漢學修養，派任為實業補習學校夜學部的漢文教師。地方活動上，則與王開運、王汝禎成立王姓宗親會，並協助黃欣組織「臺陽中學創設運動」籌備後援會。戰後，曾任兩屆臺南市中區副區長（1946～1950）、臺南市第一屆市議會議員（1950～1953）；1951 年延平詩社成立，南社併入其中，王鵬程持續參與，同年《臺灣詩壇》創刊，亦為該雜誌社社務委員、該社臺南辦事處的成員，且時有作品發表於該刊，創作能量寶刀未老。著有「建齋詩鈔」、「建齋文摘」，惜未得見。〔註100〕

〔註98〕陳逢源《溪山煙雨樓詩存》頁 117。

〔註99〕謝國興《亦儒亦商亦風流：陳逢源（1893～1982）》，頁 332。

〔註100〕王鵬程生平依據下列資料撰成：《瀛海詩集》，頁 318。《重修臺灣省通志‧卷十‧藝文志著述篇》（南投：臺灣省文獻委員會，1993），頁 786。《臺灣府城議壇風雲：臺灣與臺南市地方自治發展史料特展專輯》（臺南：臺南市歷屆市議員協進會，2007），頁 36。《臺灣詩壇》1：5（1951 年 10 月）。「台灣好！台灣文學網」網站的「台灣漢詩資料庫」、「台灣文藝叢誌資料庫」。漢珍「臺灣人物誌」資料庫。「台南市中西區公所」網站（http://www.tnwcdo.gov.tw/

　　王開運與王鵬程在 1920 年代之前即已認識，原因在於黃拱五、王鵬程同為《臺南新報》、南社成員，以及二王於王亞南首度來臺時，同為陪客，後來亦共同加入臺南王姓宗親會，這些關係使得彼此相識甚早。1930 年，王開運擔任安平築港運動的請願代表，赴日宣傳臺南商民的訴求，途中將書信、詩作寄到《臺南新報》，即是由王鵬程處理；王鵬程並在刊載之前提筆略為說明：

> 昨日過午，接王開運氏自去二十三日投瑞穗丸汽船傳下鸞箋，藉悉其海中平健，又讀夾示佳什，放浪高吟，情景真摯，有如唱大江東去之慨。昔東坡舟中夜起詩有「夜深人物不相管，我獨形影相嬉娛」句，開運夜聞濤聲詩云「一波未退一波生，角逐終宵萬馬鳴」，一動一靜，其景其時各異，而神情之妙處，似同一揆焉。
>
> 氏此行為港灣大會，負安平築港問題重任，其前程於全市民有所繫念，爰將來函報知諸摯友。〔註 101〕

日治時期具有漢學素養的報刊編輯者，時常在投稿詩作的前後處題上簡短評語或註解，不過像王鵬程那般長如序文的說明，則較少見到，這一方面說明了王開運此行確實是重責大任，一方面也見到王鵬程個人對王開運詩藝的欣賞，將之與宋代蘇東坡的豪放情懷並置一處，可謂推崇備至。之後《三六九小報》創刊，在幾無稿費的情況下，王鵬程仍舊以「贅仙」為筆名，創作大

default.asp）。

《臺灣日日新報》：〈赤崁特訊〉，1922 年 10 月 20 日，6 版、〈赤崁特訊吟會續報〉，1922 年 10 月 23 日，6 版、〈南社擊鉢例會〉，1924 年 7 月 16 日，4 版、〈赤崁南報近狀〉，1926 年 9 月 19 日，4 版、〈臺南社長後任〉，1936 年 5 月 9 日，8 版、〈追悼連雅堂氏〉，1936 年 9 月 2 日，8 版。

《臺灣日日新報》夕刊：〈翰墨因緣〉，1927 年 1 月 7 日，4 版、〈精神界雜誌內容充實〉，1927 年 1 月 25 日，4 版、〈王姓宗親會〉，1928 年 4 月 7 日，4 版、〈赤崁王姓宗會〉，1928 年 5 月 22 日，4 版、〈臺陽中學設後援會〉，1928 年 11 月 4 日，4 版、〈翰墨因緣〉，1929 年 3 月 14 日，4 版、〈全島聯吟大會續報午前二時始散〉，1930 年 2 月 11 日，4 版、〈墨翰因緣〉，1930 年 4 月 3 日，4 版、〈臺南新報記者王銘新氏〉，1930 年 7 月 2 日，4 版、〈臺南南社友王銘新氏〉，1933 年 5 月 9 日，4 版、〈南報記者王銘新氏〉，1934 年 11 月 6 日，4 版、〈臺南金塊密輸事件証人取財恐喝幫助王氏無罪釋出〉，1935 年 4 月 24 日，4 版。

〔註 101〕　〈餘墨〉，《臺南新報》，1930 年 5 月 29 日，6 版。文中所指的詩作即為王開運〈船上觀潮〉（詩，1930，頁 22）、〈夜聞濤聲〉（詩，1930，頁 23）和〈旅中瑞穗丸舟中作〉（詩，1930，頁 23），書信內容則是王氏交代上船前已向總督府方面先行陳情，以及舟行大海時的沉思，參見第三章第一節。

量詩文，這固然投其所好，毋寧也是對該刊物最務實的一種支持方式，緣此，二王交誼自當更加密切。王開運對王鵬程的人格與學養相當敬重，乃以「為人惇謹，博學強記」（〈靜室小言〉，文，1935，頁 414）贈之。此外，戰後二氏也是《臺灣詩壇》的同人。

1930 年代中期，王鵬程開始投身商業，需要往返臺灣、神戶，時與妻兒親友分離，詩作裡不免多番吐露無奈。其〈神戶旅次寄懷臺灣諸友〉、〈別家吟〉、〈遣興〉〔註102〕頗能說明當時心情，「金線年年壓，苦換日三餐」、「第一人間苦，悠悠生別離。我非遭世亂，亦效樂昌悲。稚子牽衣問，纔歸又孰之」、「我本有家歸未得，每逢明月便思鄉」，即是為了家計不得不奔波經商，卻又必須強忍天倫難聚、鄉愁折磨的心情寫照，故只得將「海內馳驅如走馬」聊以自慰地視為「只爭享受箇人權」，並藉由「新詩一卷吟終夜」、「但作無聊語，縅情付小詩」，以透解惱人思緒。這其中，不論王鵬程歸鄉與友相聚，或是身居海外而藉由報端和文友互動，皆少不了與王開運的聯繫酬唱。

先看王鵬程回應王開運詩作的情形。如王開運於〈庚辰元旦〉（詩，1940，頁 78）裡感嘆光陰遞變，世事如夢似幻，今生難以遂行情志，惟書香家風仍存，勉可自我安慰；王鵬程則以「盡道求安並求飽，誰言憂道不憂貧」、「天地循環原一理，何須問卜與祈神」（〈和杏菴庚辰元旦書懷韻〉〔註103〕）等詩句，表示順其自然不須強求，處世無愧於心即可。又如王開運在〈鵬程賜昭和詩文集卻寄道謝〉（詩，1943，頁 102）裡，感謝時常收到對方的慰問、詩文，還告知自身近況，而王鵬程的看法是「學道而今須辟穀，好將時事入詩篇」、「極無聊賴獨吟詩，千里雲山兩繫思」（〈次韻卻寄〉〔註104〕），譏諷戰時物資管制程度如同古代修行節食，唯有詩文足以解憂，並表達故人之思。

至於王開運如何回應這位友人，且看王鵬程〈書懷〉〔註105〕一詩：

折腰五斗自貽嘲，勞燕歸來認故業。枝筆有心扶世道，片帆無恙報知交。哀時詞賦江關淚，華國文章閣上拋。諏訪山中思卜宅，春風秋月詠東郊。

〔註102〕《詩報》：157（1937 年 7 月），頁 2、200（1939 年 5 月），頁 4、217（1940年 2 月），頁 3。
〔註103〕《臺灣新民報》「心聲」欄，1940 年 3 月 12 日；又載《詩報》219（1940 年3 月），頁 2。
〔註104〕《詩報》303（1943 年 9 月），頁 2。
〔註105〕《詩報》226（1940 年 6 月），頁 3。

此詩作於王鵬程歸鄉之時，道出經商生活影響了原本欲匡扶世道的情志，甚至因筆下充滿哀傷情思，令人讚賞的辭采遂蕩然無存，故希望夠能過著親近山水、享受吟詠的歲月。對此，王開運採取豁達的角度勉慰文友：

> 寵辱無驚任訕嘲，棲身聊藉一枝巢。功名隨處皆新友，道義于今幾故交。學變土苴文采異，心慚君國劍書拋。遣懷不作公家語，寒瘦何妨島與郊。(〈鵬程宗兄歸自神戶以書懷詩見示即次原韻卻寄〉，詩，1940，頁100)

同樣飽讀傳統典籍，對於世道人心的沉淪失序，王開運是看不慣的，相信這也是王鵬程在經商生活裡感到不愉悅的原因之一，故中二聯說「功名隨處皆新友，道義于今幾故交」、「學變土苴文采異，心慚君國劍書拋」。但儘管有不滿之事，王開運依舊向文友勸說榮辱哀樂皆宜處之淡然，「寵辱無驚任訕嘲」，毋庸隨而起舞，畢竟只求生計得以順遂而已。最重要的是，能面對自己本初之心，和朋友坦然相處，「遣懷不作公家語」，則「寒瘦何妨島與郊」，詩作文彩腴瘦與否，實無所謂。

再如王鵬程〈暴雨〉[註106]：

> 妖氛劫火自年年，誰沃銀河洗大千。驀地風波翻黑海，幾時雷雨出青天。崖崩綠慘紅愁外，木落猿啼鳥散巔。何處更尋乾淨土，眼前世界總堪憐。

此詩雖然是從自然災害起意，實際上旨在抒發1940年代戰火頻仍、身心皆無法安頓的慨嘆，雖然期待有撥雲見日的一天，卻又懷疑能否覓得清淨之地，心緒委實矛盾難解。王開運為之唱和：

> 雄心滴碎夜如年，繫念災黎應萬千。插足苦無乾淨土，舉頭徒喚奈何天。田疇氾濫奔秋潦，樹木飄搖撼石巔。半歲劬勞歸畫餅，華堂肉食有誰憐。(〈次神戶王鵬程暴雨韻〉，詩，1941，頁105)

兩詩相較，王開運的和作比較貼近單純描寫暴雨的災況，是否暗喻時局也頗曖昧；然而，在其〈旅中瑞穗丸舟中作〉、〈山城丸中感作〉(詩，頁92)裡頭，都曾對於為著生計奔波勞碌，親眼所見又是局勢不安定的情況，寫下了「大地原無乾淨土，扁舟聊寄苦吟身」、「難尋乾淨土，暫寄苦吟身」的慨嘆，而此詩也有「插足苦無乾淨土」之句，故頻頻提出「乾淨土」，則此詩作意旨就不當止於表面，背後自然有與王鵬程所見略同之意。而如此共鳴，未嘗不是

[註106] 《興南新聞》「心聲」欄，1941年7月2日。

爲文友分擔煩憂。

其他的二王詩文唱和，尚有王開運的〈次王鵬程盛岡客次遙寄開運韻〉（詩，1941，頁101）、〈舊九月十一日誕辰自嘲〉、〈再疊舊九月十一日誕辰自嘲韻〉、〈次鵬程留別二首原玉〉（詩，1942，頁110）、〈奉和臥蕉兄中秋日見寄瑤韻〉（詩，1953，頁131）、〈再疊鵬兄中秋日佳作瑤韻寄呈〉（詩，1953，頁131）、〈乙未生日前二日適值重陽臺南諸親友假礪園爲開歡讌〉（詩，1955，頁136）；以及王鵬程的〈盛岡客次遙寄開運〉〔註107〕、〈留別諸親友〉〔註108〕、〈敬次開運宗兄五十有四壽辰述懷韻〉〔註109〕、〈答永和再用杏庵韻〉〔註110〕、〈已丑重九節後二天爲開運宗兄六十晉一壽賦祝〉（獻，頁117）、〈癸巳中秋日柬開運宗兄〉〔註111〕、〈柬開運宗兄〉〔註112〕、〈杏庵主人六七壽辰同人於重九節日設讌礪園爲祝〉〔註113〕、〈杏庵六八生日敬次原韻〉〔註114〕等詩作。向彼此互訴情衷，爲友人感到憂愁、喜樂，皆寄託於詩句，二人交誼之密切業已證明。

五、蔡朝聘（1890～1971）

蔡朝聘，臺南人，筆名兆平，日治時期任職於臺銀臺南支店，後入信用組合臺南信友會，並加入王開運等人成立的「樂天會」。戰後信友會改組成臺南第二信用合作社，蔡氏爲兼任經理，與理事主席韓石泉共事；1963年起長期擔任臺南二信理事主席，1968年任二信顧問。〔註115〕就目前所見王、蔡二人唱和贈答的情況，可知蔡朝聘留存的詩作至少有三十餘首，或者仍有未出土者，是值得進一步發掘的臺南市作家。

王、蔡二氏在1920年代即結爲文友，時日本的民本主義者、漢詩家茅

〔註107〕《興南新聞》「心聲」欄，1941年5月5日。

〔註108〕《詩報》「詩壇」欄，1942年5月20日。

〔註109〕《興南新聞》「興南詩苑」欄，1942年10月31日。

〔註110〕《詩報》303（1943年9月），頁2。

〔註111〕《臺灣詩壇》5：6（1953年12月），頁16。

〔註112〕《臺灣詩壇》6：2（1954年2月），頁12。

〔註113〕《臺灣詩壇》9：5（1955年11月），頁13。

〔註114〕《臺灣詩壇》11：6（1956年12月），頁38。

〔註115〕蔡朝聘〈我所敬愛之韓博士〉，《韓石泉先生逝世三周年紀念專輯》（臺南：韓石泉先生逝世三周年紀念專輯編印委員會，1966），頁18。「樂天會會員芳名簿」（1963），由王開運家族提供。《自立晚報》：〈南市二信改選理監〉，1968年2月7日，5版、〈台南合作界耆宿　蔡朝聘逝〉，1971年1月6日，6版。

原華山（茅原廉太郎）於 1924 年游臺，臺南方面由黃欣在固園開宴招待，出席者裡頭有王開運、蔡朝聘二人，皆曾次韻茅原氏之詩。〔註116〕1926 年，王開運與張振樑出遊中國，也有蔡氏、羅秀惠、莊仁閣、謝旭齋、黃振耀等 5 人和詩送行。〔註117〕又，唱和詩作裡，以王開運的和詩存留居多，然而唱和之間必是對共同主題各抒己意，故仍可透過單方面詩作來揣度往來情況；對此，筆者認爲，王、蔡 2 人彼此關懷互訴的層面有以下數點。

　　首先是與蔡朝聘的互動中，王開運能夠盡量道出對於現實局勢的批評與不滿。例如〈和兆平打油詩二首〉（詩，頁 142）與〈和兆平時事偶感韻〉（詩，頁 142）裡，王氏以「相鼠無皮萬事憂，紅包回扣鬧難休」、「一人僥倖題名過，雞犬飛昇派職司」、「議案通過笑口開，今人得意後人衰」等詩句，指出社會風氣變質，不但賄賂現象橫行，罔顧民意，還相當地「內舉不避親」，以致民怨沸騰。雖然自己並未同流合污，卻自嘲正是未能隨而起舞，才淪爲不識時務，並向蔡氏提出「勸君紙上莫談兵，世道崎嶇塞不行」的看法，譏諷意味相當明顯。再看〈次兆平臺南竹枝詞韻〉（詩，頁 161），提到戰後更加猖獗的神棍問題，這與王氏一向主張簡化收斂民間信仰的觀點相牴觸，故「人言不怕有分毫」一語，乃直白地批評欺神騙鬼、愚弄信徒之行爲的厚顏無恥。此般無可奈何的心情，在王開運的其他詩作亦能發現，不過採取向文友傾吐的方式終究是較少看到的，蔡朝聘倒是例外。

　　其次，是二氏對人生感悟相當頻繁地唱和。例如王開運有「一生株守難言志，三世書香不算貧」、「重重影事如雲散，回首無端欲愴神」（〈庚辰元旦〉）、「一生瀟灑不劬辛，乘醉歸來月滿身」、「有腹笥難換骨，但留道在不愁貧」（〈和兆平己亥生日原韻〉，詩，1959，頁 152）、「老懷喜逐團圓樂，新屋平添窈窕春」（〈次韻似兆平〉，詩，1959，頁 165）、「酒邊風月似雲過，七十年來幾折磨」、「留得高陽豪氣在，菀枯有命莫咨嗟」（〈和兆平遣懷二首〉，詩，1959，頁 145）、「俗累驅難盡，豪情愧自誇」、「事往休回首，眠遲爲愛花」、（〈和兆平壽杏庵古稀晉三原韻〉，詩，1961，頁 148）、「死灰落比梧桐早，亂世命同朝露危。仰首秋光無限好，消聞尚有酒盈卮」（〈和兆平暮秋感作原韻〉，詩，1966，頁 157）、「心安何必避囂塵，陋巷逍遙自拂茵」（〈朝聘兄見示夜宿陽明

〔註116〕〈赤崁特訊〉，《臺灣日日新報》，1924 年 3 月 31 日，6 版。〈次華山先生固園雅集席上瑤韻〉，《臺南新報》，1924 年 4 月 15 日，6 版。

〔註117〕〈次韻開運振樑二君〉，《臺南新報》，1926 年 8 月 31 日，6 版。

山之作次韻〉，詩，1966，頁 165）、「還鄉除夕恣清遊，了卻平生萬種愁」、（〈丙午除夕南歸口占〉，詩，1966，頁 163）、「深覺故鄉情緒好，天涯浪跡復何求」（〈陰曆除夕回南渡歲口占〉，詩，1966，頁 164）、「桑榆蔗境甘彌篤，白髮華顛一放歌」（〈和兆平七十六歲生日感作韻〉，詩，1966，頁 145）、「出岫無心天地闊，浮雲富貴儘由人」（〈和兆平可嘆原韻〉，詩，頁 145）、「人生悟徹氣豪雄，返老禪機在箇中」（〈和兆平下高雄有感韻〉，詩，頁 145）、「不堪歲月催人老，露重霜繁月色深」（〈和兆平秋宵有感韻〉，詩，頁 147）、「清癯面目愁明鏡，零亂詩書伴茗鑪」（〈和兆平春夜書懷原韻〉，詩，頁 160）……等詩句。

　　至於蔡朝聘，則有「晨昏濁酒堪行樂，富貴浮雲貴守貧」、「隨他歲序如輪轉，高臥繩床學養神」（〈元旦試筆即用杏庵原韻〉〔註118〕）、「但求寒過能安份，且惜微軀好避危」、「世事如棋渾莫定，自斟佳釀醉金卮」（〈暮秋感作〉〔註119〕）、「閒雲野鶴任優遊，老罷誰能不解愁」、「已覺春婆香夢杳，濁醪餞歲又何求」（〈杏庵除夕有詩次韻〉〔註120〕）……等詩句。

　　二人的共同體悟，大部份都出現在戰後，說明了兩人回顧一生，實是充滿感慨。箇中原因，應該是共有的被殖民經驗，以及各自遭遇使然，遂感到青壯之年無法如願昂首闊步，盡顯身手，乃是光陰虛擲，算不得功成名就。然而，面對當下的晚年情況，心緒又似有轉圜餘地，故產生閒居自足、萬事釋懷的退而求其次的老來心境。

　　第三，王、蔡二人頗為關切對方生活狀況與身體健康。除了上述王開運前往中國，蔡朝聘為之送行之外，其他時候的遠行，蔡氏也表達關切，因此王氏有「局面翻新同體制，紀行不用筆生花」（〈洗塵席上兆平以詩見贈即次瑤韻〉，詩，頁 111）、「非去中原為逐鹿，朝搜奇岳暮園亭」、「湖山意氣出南溟，兩鬢翰慚太史青」（〈次兆平送行原韻〉，詩，頁 144）等詩句和之，可以想見蔡氏原作的心意，或是冀望文友保重平安，或是恭賀對方將有一番功業，只是王開運的回應乃淡然處之，似乎無過多他想。又如人到晚年病痛增加，當王開運身體微恙，蔡朝聘賦有〈聞杏庵小疾賦此卻寄〉〔註121〕，詩句「北

〔註118〕《臺灣新民報》「心聲」欄，1940 年 1 月 28 日。
〔註119〕《自立晚報》「自立詩壇」欄，1966 年 12 月 13 日。
〔註120〕《自立晚報》「自立詩壇」欄，1966 年 3 月 27 日。
〔註121〕《自立晚報》「自立詩壇」欄，1966 年 12 月 13 日。

風瘦骨不禁寒，一空維摩夢未安」，表達了對王氏情病的關心；而蔡氏也有病痛之時，王開運亦以「兒時回首眼前事，苦樂由天且放心」（〈和兆平病中苦吟韻〉，詩，頁 146）之句，吩囑養病爲尚，不宜煩惱他事。面對不可抗拒的身體老化，王氏有詩句「鶴髮如銀誇耄耋，但驚碧眼化夷時」（〈次韻和兆平戲詠白髮〉，詩，頁 146），爲彼此嘲解齒落髮蒼的窘境。甚至可以說，上述第二點王開運、蔡朝聘在唱和中所表達的人生感悟，其實也藏寓著關慰彼此生活狀況與身體健康的情意。

王開運與蔡朝聘的唱和詩作，尚有王氏〈次秋宵有感韻〉（詩，頁 147）、〈次秋宵遣懷〉（詩，頁 148）、〈口占祝兆平壽誕〉（詩，頁 142）、〈次韻和兆平杏庵小集卻寄〉（詩，1967，頁 146）、〈和兆平秋日感作韻〉（詩，頁 143）、〈和兆平秋夜回憶一首〉（詩，頁 143）、〈集句和兆秋夜回憶一首〉（詩，頁 143）、〈和兆平贈文玲原韻〉（詩，頁 144）、〈次韻和兆平秋閨一首〉（詩，頁 146）、〈秋閨次韻〉（詩，頁 147）、〈和兆平無題韻〉（詩，頁 147）、〈再次兆平無題韻〉（詩，頁 147）、〈書悔爲兆平摯友作並自解嘲一首〉（詩，頁 160）；以及蔡氏〈丁未春夜杏庵小集呈主人兼似景南〉〔註122〕等。這些作品有很大程度是豔辭華藻，且關乎女性，或是描述伶優陪宴的情景，或是藉由以前和藝旦往來之事，與自身已年老、時過境遷的當下，做一今昔對比，亦可知在吟詠風月方面，兩人有著留連歡場的共同喜好。

1969 年，本已病重的王開運，暫且一度好轉，乃急訪友人（「訃聞內頁」，獻，頁 68～69），詩作〈賀兆平八十攬揆〉（詩，1969，頁 162）即成於此時。其內容除了恭賀蔡朝聘深得讀書安貧之道，且有各界良朋與賢慧子弟爲之祝壽以外，詩句「年高耄耋尋常事，轉瞬期頤在眼前」、「人生七十纔開始，十歲餘齡屬小仙」，乃意欲蔡氏別太在意馬齒增長，人生道路尚有待開展。而畢竟二人僅相差一歲，所以這些詩句其實也是王氏藉以自勉，展現出當時對自己病情好轉的樂觀心情。可惜王開運不久又病倒，旋於同年年初歸返道山；當其安葬處所完工時，蔡朝聘以〈杏庵先生墓園落成之日與親友同往參拜〉〔註123〕一詩悼之：

> 西風蕭瑟淡雲天，黃土斜陽已半年。衰草萋萋埋俠骨，香花供奉故
> 人前。

〔註122〕《自立晚報》「自立詩壇」欄，1967 年 4 月 9 日。
〔註123〕《自立晚報》「自立詩壇」欄，1969 年 9 月 19 日。

足見蔡氏對王開運的敬重與不捨，心中的落寞唏噓流露無遺。

　　綜上所述，王開運與蔡朝聘在現實局勢、人生感悟、生活關懷，以及風月情事等主題上互相唱和，透過詩賦吐露己意，且向對方表示共鳴、勉慰，這對於王氏與其他文友的往來情況來說，容或有相同的地方，無足爲奇；然而，從整體的唱和詩作數量來看，王、蔡二人所佔比例最多，顯然過從甚密，此爲特殊之處，若說二氏交情至死不渝，洵非誇言。

小　結

　　本章旨在進行王開運文學活動的外部考述，包含其漢學素養來源、閱讀偏好、文藝觀，以及參與《三六九小報》、《臺灣詩壇》的情況，最後是王氏與文友的互動情況；透過這些研究，再次確認了王氏所具有的文化人身份，也能知悉其文學方面的表現，與前述社會活動同樣精彩。

　　在漢學素養、閱讀偏好方面，家學對王開運的影響頗爲深遠。其父親王棟及長兄都是前清科舉士子，具備賦詩屬文的能力，曾參與後藤新平的徵詩活動；是以，父兄自然成爲王開運效習的對象。而在國語學校時期，王開運已有詩作，說明漢學傳承在王氏身上有著一定的效果。再者，王開運對於漢學教育的看法，也體現出家庭教養的影響；其認爲漢學的維繫不能只依靠學校體系，學子更應該善用課外時間習得漢學，打好識字的紮實基礎，家長也要從旁督促，提高學子自學動力，實是反映過去的學習經驗。

　　另外，家庭教養還形塑了王開運的讀書傾向。就藏書清單來看，漢文古籍佔大宗，其中更有成套的「國譯漢文大成」，可見王氏不僅直接讀漢文，也透過日文來汲取漢學知識，甚至旅行日本，都特地前往東京知名的漢文書店「求文堂」參觀；這些皆是王氏的漢學自修途徑。接著，筆者進一步挑選王開運的數本藏書，與其刊在《三六九小報》的雜文相對照，發現不少地方正是王氏的讀書摘錄，在在可見其勤於閱讀，並樂於與讀者分享讀書心得。

　　王開運的文藝觀，關乎日治時期的作詩風氣。當時詩社聚會、徵詩訊息與詩會活動相當頻繁，有助於培養作詩能力，卻也淪入恃才競勝、討好權勢者，或是被活動附帶福利所吸引；因此，有識之士如連雅堂、陳逢源、黃洪炎等人，便屢屢抨擊詩社活動之無謂。對王開運來說，與連、陳、黃 3 人結爲文友，既認同文友們所揭舉的詩會弊端，自身亦曾撰文抨擊；具體行動則

是幾乎不參加詩社，少有擊缽吟與徵詩作品，著重創作閒詠詩。而這樣的堅
持，也延續到戰後，王氏之所以加入《臺灣詩壇》，原因之一即在於該刊物側
重個人閒詠。進一步說，其文藝觀重視「詩言志」傳統，對於浮泛的作詩風
氣，有著自覺與反省。

　　文學社團方面，王開運主要加入的是《三六九小報》與《臺灣詩壇》，且
前者積極，後者姿態較爲疲軟。《小報》是日治時期的漢文文藝雜誌，在大眾
化、消閒、諧謔等特色的背後，肩負著維繫漢文於不墜的使命；王開運則是
創辦人之一、核心成員，這可以從《小報》的同人名單來觀察，也可以對比
《小報》成員與「臺南商工業協會」成員的重疊程度，來得到印證，而後者
是過去研究較少注意到的。此外，爲了捍衛《小報》，王開運曾與《臺南新報》
或其他反對者進行辯論筆戰；《小報》在施乾的「臺北愛愛寮」設置取次所，
向北部市場推廣，也是因爲王開運身兼「臺南愛護會」副會長，在社會事業
上與施乾產生交集，二人結爲朋友的緣故。創作數量上，王開運的〈釋三六
九小報〉是《小報》創刊時唯二的宣言，具有代表性，並且王氏有大量雜文
作品刊登在《小報》，與同人、客員共同解決稿荒危機，可見王開運對《小報》
的熱情付出。值得一提的是，學界對於《小報》最後究竟是什麼因素停刊？
停刊時間點爲何？目前所見的第 479 號是不是最後一期？……等問題，尙在
推估階段，筆者偶然發現相關報導，乃藉此順帶說明；簡言之，《小報》確實
是因爲經費虧損而無法生存，最後一期是 480 期，恰好滿五週年，該期上頭
應該會有「廢刊消息」之類的宣文，惜目前該期仍未得見。

　　到了戰後，遲至 1955 年，王開運才與陳逢源、林熊祥共同擔任《臺灣詩
壇》的副社長。相較於同時期的其他詩刊，王氏的確以《臺灣詩壇》做爲主
要刊登詩作的園地；然而，就個人的創作情況來看，戰後的詩作數量反倒不
如戰前，究其原因，則與年華老去、二二八事件帶來的陰影，以及文藝資源
分配不均等，都有關係，也呼應其所採取的「中隱」姿態。但無論如何，《臺
灣詩壇》有側重個人閒詠的特色，加上文友力邀，就不免吸引王開運加入其
中；此後，直到 1968 年，也就是王氏逝世的前一年，都名列在該團體的成員
名單之中。

　　文友往來方面，筆者依據王開運詩作反映出來的酬贈、唱和情況，舉出
黃拱五、王亞南、陳逢源、王鵬程、蔡朝聘等 5 人爲觀察對象，欲探析王氏
與文友的互動情況。個別來說，黃拱五與王開運是舅甥關係，但年紀差距僅

十餘歲，可說是情同兄弟；黃氏相當關愛自己的外甥，二人也曾經共住一段時間，因此自然是王開運的文友裡頭，往來最親密者。而王亞南是中國遊臺的畫家，由於連雅堂與張振樑的關係，王開運與之結爲至交，王亞南來臺 3 次，遂與王開運聚首 3 次；二王時常交談當時的中國情勢，並勾起王開運的故國情懷，與身爲殖民地人民的身世之慨，且王亞南也相當感念王開運的盛情，故離別時多有不捨。陳逢源則在居住地、就讀學校、工作領域、工作地點、社會活動等項，與王開運有著不少交集，兩人一同感嘆時局，相互慰勉；且陳逢源面對文友逝世，甚少有悼念作品，王開運的逝世是少數例外，表現出陳氏對之相當珍視。

至於王鵬程，曾在《臺南新報》任職，後棄筆從商，常需要日本、臺灣兩地跑，對局勢之感嘆，以及鄉愁之濃烈，便表現在詩作裡頭；而王開運同樣與之唱和奉酬，彼此解憂勉慰，不因距離的遙遠便疏離友情。蔡朝聘可能是 5 位文友中，最能夠與王開運談心者，二人不僅互訴人生感悟、對於時勢的不滿，還關慰對方的生活狀況與身體健康。1969 年，王開運的病情一度好轉，乃急訪友人，並有詩贈予蔡朝聘；同年王氏逝世，蔡朝聘則前往墓園致哀，流露出落寞唏噓，可見二氏交情深厚。最後，整體來說，這 5 位文友，除了王亞南來自中國且早逝之外，其餘 4 人皆與王開運有地緣關係，間接證明王氏在臺南的活動委實最爲活躍；而王開運則與這些文友情繫一生，不論戰前戰後，都保持著聯繫。

第七章　王開運詩文作品析探

　　古人有「頌其詩，讀其書，不知其人，可乎？」(《孟子‧萬章》) 的觀念，以求能夠全面瞭解人事物；反之，只知其人，未讀其文字，同樣不完整。經由對王開運生平進行一番研究，筆者再回頭閱讀其詩文，略有不同感受，遂繼第六章對王氏的文學活動進行考察之後，又闢本章析探其作品。而由於王開運的漢詩與雜文之內容、特性差異頗大，並為了行文簡便，盡量將此二種文體分開處理。本章第一節論其漢詩作品，先從「愁緒」特質來通論其詩歌，指出此一特質的歷時性變異，進而探究其他可能被忽略的詩歌主題。第二節論其雜文作品，包含文字裡頭的各種關懷面向，以及作者性格、思想。簡言之，藉由析探作品，既見王開運個人文學生命的特殊風貌，也俾補本論文對王開運生平、社會活動考述之不足。

第一節　漢詩作品的主題

一、詩作概況

　　目前王開運的漢詩數量，《王開運全集‧詩詞卷》收有詩作約 495 首，由筆者另行發掘補遺者，尚有 25 首，所以總數可觀。然而，《王開運全集‧詩詞卷》可商榷之處也不少，例如誤收了陸游〈醉題〉與黃拱五〈辛巳春初生日述懷〉，且王開運的〈壬寅春節錄舊作〉，其實就是〈讀南都言懷詩用其原韻率成四絕却寄〉其四，似可不用重覆收錄。再如同時代詩人王席珍，一名王傳池，為臺南有名的漢文教師，詩作頗多，戰後加入延平詩社 [註1]，其筆

[註1] 施懿琳〈臺南府城古典文學的發展、研究與展望〉，中正大學臺灣文學史料編

[註1] 施懿琳〈臺南府城古典文學的發展、研究與展望〉，中正大學臺灣文學史料編

名也使用「棄人」，致使該氏〈腹稿〉一詩被誤以爲是王開運作品，而其他署名「棄人」、「王棄人」的作品，則缺乏相關資料，更不易明確分辯究竟是何人的創作。又如〈月圓花好〉、〈刀圭術〉、〈福星〉等詩作，署名「花道人」，這些題目卻是戰後臺中的芸香吟社、富春吟社的課題；而使用「花道人」爲筆名者，未必只有王開運，且由第六章考述可知，王氏甚少參與詩會活動，這些作品是否爲其創作，亦宜存疑。總之，對於這些難以確知是否爲王開運作品的部份，筆者將之麇集一處，暫置不論，以減少誤讀的可能，並期待日後臺南地區的古典文學得到進一步整理，始有更充份的資料以供考訂。

如此一來，扣除誤收、重覆與暫置不論的部份之後，王開運的漢詩仍有477首（含補遺）可資探討，而年代不詳者有60首，其他4百餘首漢詩則能依據原刊處或詩作內容來判定年代。茲將詩作刊登年代、類型整理如下（另可參照附錄七）：

表 7-1-1【王開運詩作分類統計】

類型 / 年代	贈答	綺豔	感懷	記遊	民謠仿作	詠物	敘事	寫景	詠史	總和
1910's	7	1	3	7	0	0	0	1	0	19
1920's	17	4	1	1	0	0	0	0	0	23
1930's	17	98	6	1	13	1	1	0	1	138
1940～45	52	5	21	13	0	3	0	1	0	95
日治	6	0	6	0	0	0	0	0	0	12
1945～49	9	2	4	0	0	0	0	0	0	15
1950's	42	5	24	1	0	0	1	0	0	73
1960's	10	0	12	1	0	1	0	0	0	24
戰後	8	0	2	0	0	0	4	0	0	14
不詳	27	6	12	11	0	4	1	1	2	64
總和	195	121	91	35	13	9	7	3	3	477

按，「日治」、「戰後」處的詩作，指的是只能判定哪個歷史時期，但暫難推知詳細年代者。

纂研討會。王傳池詩作可檢索「台灣好！台灣文學網」中的「台灣漢詩資料庫」。

從詩作類型來說，「贈答詩」蔚爲大宗，就中包含與友唱和、與人應酬者。數量次多者是描寫歡場情愛、婦女儀容的「綺豔詩」，且不少是贈予藝旦之作，亦兼具應酬功能；另一方面，綺豔詩作常是伴隨「花叢小記」而出現，花叢類文章則長期刊於《三六九小報》，故反映出作者個人風流不羈的特質、傳統文士雅好醇酒美人的生活美學觀點，以及花叢類文章可做爲吸引《小報》讀者的現實經營考量。要之，「贈答」、「綺豔」這兩類詩作在一定程度上呼應了王開運的社會活動，其角色多元，跨足的領域甚廣，爲一活躍人物，連帶交際應酬、賦詩唱和的機會自然也就增多；加上文士風雅傳統少不了美人侑酒，和《小報》經營考量，勢必影響贈答、綺豔兩類詩作的數量。

接著，數量名列第三的是「感懷詩」，直抒興發感動之情，從中可見王開運濃烈的愁緒；但在「贈答詩」與數量名列第四的「記遊詩」裡頭，也有不少是與文友交流心聲，或是由景入情之作，同樣有助於深入認識王開運的詩作情志。至於民謠仿作，頗爲特殊，指的是刊登在《小報》的〈旅館女侍〉、〈腳屑查某〉、〈司籌女〉、〈毛斷女〉……等少數作品，用字遣詞與其他詩作風格殊異；這些作品與王氏雜文裡若干考據臺語用字的隨筆，是一體兩面，反映著王開運與同時代文人對於漢學隳墮、臺語衰微的擔憂，並和臺灣話文運動產生共鳴。

就刊登年代言，1930 年代王開運賦詩最盛，卻是綺豔詩佔大宗，這正是當時王氏與文友創辦了《三六九小報》的緣故。此刊物以消閒、諧謔的遊戲文字爲主要特色，遂由王開運長期負責「花叢小記」，報導風月場所之事（許多時候也等於是自己流連該場合），並在文末賦詩詠嘆，甚至用以致贈藝旦；當然，王開運承認自少就性好風流，也是綺豔詩如此多的原因，而其他時候偶有綺豔詩，可是數量較少。再看贈答、感懷兩類詩作，皆在 1940 年至 1945 年，以及 1950 年代這兩個時間點上數量激增，與局勢不無關係。中日戰爭期間，王開運有支持皇民化之舉，繼而被安排至廣東慰問皇軍、加入「皇民奉公會」，還遠赴海南島主持瓊崖銀行；戰後則奔波協助留瓊臺灣人返鄉，又因二二八事件繫獄，然後加入「臺灣省地方自治研究會」，並擔任第一屆臨時省議員……等等，這些個人經歷都是接二連三來臨。同時，外界局勢也是如此，中日戰爭後有國共內戰，內戰後有政府遷臺、共軍逼進臺灣的危機。是以，不論王氏自願與否，都必須與外界應酬，必須忍見時代滄桑，感嘆久積不散，遂在這兩個時間點上各有大量的贈答詩、感懷詩。此外，這兩類詩作其實也

持續出現在王開運生命裡的其他階段。

那麼，該用何種角度來探析王開運的漢詩作品呢？一般談論詩人的角度，大抵是依照「題材類型」（例如抒情、敘事、寫景、擊缽吟等）或「內容主題」（如人生觀、故國情懷、入世或歸隱等），先讓詩作各有所歸，然後逐一說明，並兼及詩人的寫作風格。從前面表格來看，王開運的詩作是贈答、綺豔多於感懷，予人一種「社交活動相當精彩」的印象；然而，在贈答詩裡頭可見王氏與友人聲氣互通，記遊詩裡頭亦有觸景抒情之時，且傳統漢詩講求溫柔敦厚，常寓情於事物，故儘管詩作類型有差異，卻可能都有背後意涵，足可與感懷詩作相互聯繫、發明闡釋，若依照「題材類型」來析探，恐將詩作零碎化，或是有顧此失彼的問題。

是以，筆者傾向從「內容主題」來考述王開運詩作。同時，本論文對於王開運成長歷程、社會與文學活動、作品版本（包含刊登年代、補遺）等方面的考述，都有不少突破，有助於理解其作品，故適合採用歷時演變的角度加以析探，即依王氏生平發展順序來解說其詩作主題。至於內容主題的觀察與區分，筆者著重在王氏心事重重，須臾不得解脫的一面，並參考施懿琳、陳曉怡的觀點（見第一章），以「愁緒」為中心，但又分為「對於功成名就的繫懷」、「對於時局、生命的憂思」、「島外旅途所感」、「用世與歸隱的選擇」等項，期能觀照到詩作與個人社會活動的相互關係，還有作者心靈。以下逐項說明。

二、對於功成名就的繫懷

王開運最早發表的詩作，是刊在《臺灣總督府國語學校校友會雜誌》上的〈遊圓山公園〉以及〈遊苗圃偶詠〉，發表時間為 1910 年，都以寫景為主，展現了青年王開運及友人縱情於圓山公園、臺北苗圃景致之時所具有的天真爛漫。尤其在〈遊苗圃偶詠〉裡，更能夠看出對於畢業後的前程，王氏是抱有期待的：

> 彳亍遊苗圃，行回望轉迷。花香嬌欲語，鳥倦寂無啼。徑窈遊方暢，
> 山嵐日已低。揚鑣分道返，馥氣擁輕衼。

遊賞之後以「揚鑣分道返，馥氣擁輕衼」做為結束，表面上是盡興而歸，且身上猶帶花草餘香，說明此行難忘；不過，若注意到此刻王氏正在就讀國語學校四年級，而人生的下一步即將進入社會謀職，便可思及「分道揚鑣」除

了指在具體的交通道路上各自回家，亦藉以比喻人生未來，祝願自己與朋友今後都能夠各奔前程、鵬程萬里的用意實蘊藏其中。另如王開運的同學曹賜瑩，在其〈寄懷鳳山開運芸兄〉〔註2〕裡，則回憶兩人在校之時，總是「把臂評新法，披襟詠古詩。慇慰相勸勉，慷慨共箴規」，同樣呈顯了王氏意欲施展才能，見用於世的一面。而王開運之所以如此意氣風發，來自於傳統教育希望知識份子能夠經國濟世，以及國語學校畢業生無疑是日治時期的新興精英階層之一，況且王氏年齡方才二十出頭，青春正盛，自然醞釀了遠大志向。這種期待，往往也是具有理想抱負的知識份子的自我期許。

　　「公學校訓導」是王開運從學校畢業後的第一份工作，可惜面臨了師生倫理動搖、臺籍教師薪資苛刻等工作挫折，以及父親王棟建議遷居臺南以利發展，使得王氏任教 5 年後隨即離職。執教期間，王開運從「揚鑣分道返，馥氣擁輕祝」的樂觀開朗，轉變成灰心氣餒，致使感慨「人情世味總淡，苜蓿縱甘何良。果否為人為己，奚堪多惱多忙」（〈將辭職偶作〉，詩，1914，頁 4）、「識淺終羞範，德薄愧言師。倦鳥返舊林，擬逐閒鶴馳」（〈寄同硯友蘇某〉〔註3〕），遑論欲一展長才。而除了工作挫折之外，加上與友人成就相比較，自身感到愧不如人，就難免為這位社會上的初生之犢帶來不少震憾。在〈寄懷李讚生君〉（詩，1914，頁 7）的後 3 首裡頭，有相應的心情寫照：

> 誰言宦海泳游難，歲未三週得兩官。家學淵源誠有自，願張六翮奮鵬摶。
>
> 愧予稽懶與靈癡，不為闇修適俗宜。閱破人情悲又喜，閉門且獨醉瓊卮。
>
> 我自慚愚君儁奇，表微風度繫吾思。英年遙想高標日，得意玉人笑緯帷。

此詩共 5 首，前 2 首乃懷念兩人同校共學的光陰，後 3 首則藉由李讚生的前途扶搖直上，映襯出王開運當時謀職不順心的失落感。李讚生是王氏的學長，1908 年畢業於國語學校國語部，先任教職，再赴京都帝國大學深造，返臺後成為日治時期少數具有高等官位的臺灣人之一〔註4〕；從王氏「誰言宦海泳游

〔註2〕此詩收於《漢文臺灣日日新報》，1911 年 6 月 6 日，1 版，又載《臺灣日日新報》，1911 年 6 月 6 日，3 版。

〔註3〕此詩收於《臺灣愛國婦人》77（1915 年 3 月 25 日）。

〔註4〕漢珍「臺灣人物誌」資料庫、「臺灣當代人物誌」資料庫（http://tbmc.infolinker.

難，歲未三週得兩官」之句，以及該句自註「君○昇訓導，今又得教諭故云」來看，李讚生到日本深造之前，教職表現也是相當積極的。相對的，王開運當時卻還不能在職業上謀得安定，「愧予稽懶與靈癡」、「我自慚愚君儁奇」，固然是工作受挫之餘，無奈地自嘲在教職上的表現是慵懶、愚癡，甚至不懂得自我砥礪，以求適應環境，但其實也是王氏看見李讚生工作順利，自己力有未逮，又有所不甘的寫照。這種思緒到了「閱破人情悲又喜，閉門且獨醉瓊卮」、「英年遙想高標日，得意玉人笑緯帷」等詩句就更加清楚了，李、王二人初出社會的工作成就一經比較，高下立判，使得王開運自嘆不如，只能祝福李讚生高標得意，自己卻意志消極，閉門獨醉，逃避現實。

這般失落心情，同樣表現在〈陳君培煥相問近況因成一律以寄〉（詩，1915，頁8）之中：

> 魚雁欣傳寄舊知，舊情新思兩如絲。遞年浪跡依然我，每事蹉跎自得師。玉不燒同君立志，珠多曲愧我無脂。北瀛師友如相問，半似靈癡半未癡。

陳培煥是王開運在國語學校時期的同班同學，畢業後擔任艋舺附屬公學校訓導，但比王氏還要早離開教職，並轉入臺灣銀行工作。〔註5〕對於一時難以走出挫折感的王開運來說，陳培煥慰問近況，無疑是股溫暖的力量，故此詩首聯除了表達欣喜，還可想見王氏既緬懷過去兩人的情誼，也想交代近況，因而「舊情新思兩如絲」，思緒紛雜，如絲綿長而糾纏；不過，整首詩還是以述說王氏去職前後的心情為主。接著，從頷聯來看，陳培煥在臺銀的工作似乎頗為穩定順遂，而王開運此時才要離開教職，重新出發，故產生了浪跡無成，每有蹉跎始得教訓的慨嘆。至於頸聯，脫胎自白居易「試玉要燒三日滿，辨材須待七年期」（〈放言〉五首之三）的詩句，以及孔子智穿九曲珠的傳說，意指陳氏乃美玉良材，王氏自身卻無明智可言；這種感觸與〈寄懷李讚生君〉相同，都是因為彼此成就落差而引發。值得注意的是，〈陳君培煥相問近況因成一律以寄〉

---

com.tw.ezproxy.lib.ncku.edu.tw:2048/whoscapp/start.htm）、國史館臺灣文獻館「典藏日據時期與光復初期檔案查詢」及「日治時期與戰後史料整合查詢」（http://ds2.th.gov.tw/ds3/）。另，其家族資料可見楊蓮福《重回秀才厝－蘆洲李聲元李讚生家族資料彙編》（臺北：博揚文化出版社，2009）。

〔註5〕〈卒業證書授與式（國語學校）〉，臺灣總督府《府報》第2922號，頁87，1910年3月30日。《臺灣日日新報》：〈訓導辭職〉，1913年12月1日，4版、〈南船北馬〉，1916年3月18日，6版、〈南船北馬〉，1916年8月9日，6版、〈南船北馬〉，1916年9月26日，6版。

原載於報刊，當時報上有評語曰「中二聯是經驗語，是憤慨語，卻恰到好處」
〔註6〕，指出王開運在不影響詩作美感的情況下，其失落情緒感動了報社編輯，
亦即這般心情是深刻而不矯揉造作。最後從尾聯可知，對於師友關慰生活近
況、教職順逆與否等事，王開運頗感無奈，故決定一律以「半似靈癡半未癡」
做為回覆，也就是性格不合、能力不足，才使得其工作無法順利；當然，這只
是一種便利的回答方式，可以確定的是，王氏不會再留戀教職。

　　王開運灰心喪志，緣於教職帶來的挫折，以及自己尚未功成名就所致，
約莫同時又遭遇到父親王棟過世（1914），自身也經歷了一場疾病，從其「累
日橫床上，呻吟歲月窮」、「肌寒頭怪濕，股栗耳偏紅」（〈病耳〉，詩，1915，
頁6）等詩句來看，可知病情嚴重。這些際遇恰巧都發生在離開教職的前後，
或多或少累積了王氏的負面情緒，無怪乎相關詩作裡所傳達的失落感，是那
麼地積重難返。

　　不過，王開運只是顧影自憐，自怨自艾，從未想要解脫嗎？又或者，有
何化解之法？對此，施懿琳與陳曉怡指出，旅行是王開運抒解憂愁的方法之
一，而王氏在從事教職期間，已有多次出外遊歷的經驗，例如觀覽日本的舊
天皇居所，寫下了「四顧紅樓紫殿好，陽春戴勝快遊遨」（〈宮城春望〉，詩，
1914，頁4）；又如至高雄大崗山超峰寺，有「盡日逍遙過，澹然慮不生」（〈遊
崗山超峰寺詠〉，詩，1914，頁5）、「路繞曇花堪玩賞，堂參貝葉自忘情」（〈偕
友人遊崗山超峰寺〉，詩，1915，頁7）等句。若觀照當時王氏在生活上、教
職上遇到的挫折感，則能體會出旅行之於王氏的解憂，是相當重要的，詩句
中「快遊遨」、「自忘情」、「慮不生」等語，並非寫作時單純套用熟語而已，
乃是實有所指，欲忘卻拋棄的，是工作、生活、心情等方面的困頓。

　　從後續發展而論，王開運終究還是走出了初出社會的挫折低潮。1915年，
「阿公店青年會」成立，其目的在啟發民智、加強國語學習〔註7〕，由於岡山
北鄰就是路竹，具地利之便，王開運或許因而與此團體產生聯繫，有〈阿公
店青年會即詠〉（詩，1915，頁9）一詩留存：

　　　濟濟青年集，民風感慨陳。崇文兼勵治，警眾並修身。晤對無城府，
　　　歡談迭主賓。熙朝多盛會，雅化啟梁津。

此詩旨在祝賀阿公店青年會的成立，發表日期與上述王開運遭遇困頓的時間

〔註6〕《臺灣日日新報》「南瀛詞壇」欄，1915年3月26日。
〔註7〕〈青年會盛況〉，《臺灣日日新報》，1915年6月30日，6版。

點相當接近，說明了王氏雖然失落無主，但沒有退縮太久，很快便「晤對無城府，歡談迭主賓」，與青年會成員相處融洽；在期望青年會能「雅化啓梁津」，扮演教育民眾之橋樑的同時，自我期許亦寓藏其中。畢竟王氏既然在意自己和友人於社會上的發展情況、工作上成就高低，即代表其仍有競爭意志，仍有見用於世、一展鴻圖的盼望。另外，在同一年，臺灣總督府舉辦了「饗老典」、「養老典」兩活動，以慰問全臺各地 80 歲以上的耆老，王開運與趙鍾麒、謝石秋、林珠浦、連雅堂等臺南文人，皆賦詩祝賀此一活動，並收錄於隔年（1916）由鷹取田一郎所編輯《壽星集》〔註8〕之中。王氏詩題爲〈慶養老典〉（詩，1915，頁 9），使用典故甚多，免不了對於殖民當局的優待耆老之舉有著應酬歌頌，但與〈阿公店青年會即詠〉相同，皆可見其已逐漸走出挫折的陰霾，頗積極地參與社交活動。

離開教職之後，王開運展開了長達三十餘年在臺南定居、生根、發展的歲月。其中 1915 年以迄 1927 年是事業的奠基時期，王氏趁此建立人脈網絡，並參與地方活動；且誠如前述，此時期王氏大多在臺銀臺南支店任職，工作勤勉認眞，得到上司欣賞，人事關係也能和樂融融，這些多多少少都反映在如〈送岡戶諭介先生〉（詩，1920，頁 10）、〈贈富田義範〉（詩，頁 16）、〈喜臺銀日高友衛君榮任臺南支店長〉（詩，1943，頁 10）等詩作之中。職是之故，若與之前公學校訓導時期相較，會發現王開運詩作裡原本帶有的前途擔憂、失落感，甚至是因爲成就不如友人而產生的消沉，幾乎一掃而空，取而代之的是自信與得意。且看〈呈松本學士〉（詩，1922，頁 14）：

> 落魄風塵只有憐，不燒美玉志同堅。業成雁塔題名日，芳範居然燦竹編。

這位日本友人該當遇到了困頓，所以王開運用將來必成大器的安慰口吻，賦詩贈之。此詩篇幅簡短，且「不燒美玉志同堅」同樣有脫胎自「試玉要燒三日滿，辨材須待七年期」的痕跡，但整首詩的語氣已不同於之前王氏在〈陳君培煥相問近況因成一律以寄〉裡頭的失落心情，反而充滿鼓勵祝福，指出松本氏乃美玉良材，禁得起考驗的。

再如〈觀崔金花演劇寄楊李二君〉（詩，1922，頁 13）一詩，是王開運與楊、李二位友人至嘉義觀賞京劇之後的詩作，原本刊於《臺南新報》，題爲〈戲呈迷花生一粲〉，並以筆名「走卒」發表。其內容除了描摹京劇名伶崔金花的

〔註 8〕鷹取田一郎編《壽星集》（臺北：臺灣總督府官房文書課，1916），頁 182～197。

風姿綽約，也開玩笑地消遣二位友人，指二人迷戀崔氏，卻苦於不通北京話，難以進一步與之接觸，只好「雙睛灼灼似偷兒」，同時暗示優伶與戲迷之間的情誼不易厚實，「昵人最是佯歡處，馬馬糊糊道幾聲」；而整首詩作更傳達出王開運相當開朗自信的口吻。

當時三屋清陰恰好任職於《臺南新報》，便針對王氏描寫崔金花魅力的部份，有了「信筆揮洒泛言非多情人，不能做此語，走卒亦多情人哉」〔註9〕這樣的評語。為此，王開運有〈讀清陰先生高評即寄〉〔註10〕以做回應：

> 予友迷花生高雄人也，英年倜儻，視凡色如糞土，而獨傾倒於某女優，幾乎相倒石榴裙下，予因以詩謔之。乃承先生評閱，且以多情相許，怩怩之餘，復成一絕呈正。

> 酬應隨心愧不文，多情兩字敢輕云。老來子野狂猶昨，不免風騷帶幾分。

王氏在回應之作裡謙稱不過是戲謔詩作，豈能得此佳評？既而，以宋代詞人張子野自喻，謂仍帶幾分輕狂與風騷。接著，三屋清陰又對王開運的回應詩作評曰：

> 余未識走卒君半面，亦佳章不知為其謔作。只因綺語曲盡，以為其語必出乎天性。遽加妄評，輕云之罪，曷有所逭？因亦知不免幾分多情也。〔註11〕

之後，王開運陸續發表了〈眼兒媚茗與客會飲于西薈芳旗亭桂寶校書索詩以此贈之〉、〈十五夜攜妓泛舟〉、〈和閑人往羅山車中所見原韻〉、〈閨怨〉〔註12〕等詩詞作品，三屋清陰亦逐一評定，但回應之間，王氏都以筆名「走卒」行之，使得三屋氏頗有霧裡看花之感。事實上，王氏在國語學校就讀時，三屋氏是該校教授，故二人具師生關係。最後，在王開運清楚二人關係，三屋清陰卻不明就裡的情況下，以〈呈清陰先生〉（詩，頁15）加以暗示：

> 漫言謀面緣慳甚，鹿洞清規記昔從。有日祛衣重請益，杏壇好扣紀陽鐘。

〔註9〕　《臺南新報》，1922 年 8 月 2 日，5 版。

〔註10〕　《臺南新報》，1922 年 8 月 17 日，5 版。

〔註11〕　《臺南新報》，1922 年 8 月 17 日，5 版。

〔註12〕　以上所列作品分別收於《臺南新報》1922 年的 9 月 14 日、10 月 15 日與 20日。

說是緣慳一面，實有授業之緣。所謂「紀陽鐘」即「黃鐘」，是一種古代音律，特點為莊嚴和諧，藉此稱譽三屋氏，足見猶感念師生情份，期盼再見以往老師的諄諄教誨。

　　除此之外，社會交際在王開運的生活裡漸趨重要，從此時期的詩作亦可見得。例如 1924 年，由黃欣兄弟當東道主，邀集日本民本主義者茅原華山，以及諸多地方文人至自家的「固園」聯吟酬唱，王開運名列其中，有〈次華山先生固園雅集席上瑤韻〉（詩，1924，頁 18）一詩和之，說明王氏與黃家這個在地望族的社交圈產生了交集。而〈敬和梅樵叔瑤韻〉（詩，1926，頁 18）、〈送林茂生先生遊歐即步星樓韻〉（詩，1927，頁 101），則可見王開運的交際範疇還包括了謝國文、林燕臣（其子即林茂生）等家族，以及「一世文人」施梅樵，這自然是緣於舅父黃拱五與施氏乃文友至交，以及王氏曾經擔任謝國文之叔群我的區役場書記，並向林茂生學習英文之故。再如 1926 年，時年 37 歲的王開運與友人張振樑即將前往中國上海，王氏以〈將遊大陸留別諸君子〉（詩，1926，頁 18）一詩與友人贈別，至少就有蕉麓（羅秀惠）、仁閣、兆平（蔡朝聘）、旭齋、黃振耀等 5 人和詩回應〔註13〕；之後王氏另有〈將之申江車中感作〉（詩，1926，頁 100），詩云「往來獨自羞張子，臨別爭傳致重聲」，可見不少友人對王氏此行頗為關切，這說明王氏交遊廣泛，漸能自成一中心，登高一呼，文友即往來相應。

　　總的來說，對於自我人生懷有期望的王開運，一度因為在教職上不如意，事業成就比不上友人，加上父親過世、自身病痛的打擊，故心情低落；直到遷居臺南、轉換職業，並擴大社交圈，方才一掃陰霾，展現自信。如此情緒起伏所散發出來的愁思，主要是擔憂個人前途所致，環境順遂與否是關鍵所在，因此與後來的憂愁相較，有著層次上的不同。王開運的早期詩作，其實透露出其也曾經年輕、也曾經血氣方剛又患得患失的一面。

三、對於時局、生命的憂思

（一）日治時期

　　1927 年，王開運膺任臺南商協會長，開始另一個人生階段，時 38 歲，也將邁向不惑之年。在社會活動上，王氏以臺南商協為起點，涉足商業、政治、地方建設、社會事業、文學活動、民族運動等領域，是臺南地方上一位知名

〔註13〕《臺南新報》，1926 年 8 月 31 日，6 版。

士紳；個人事業上，經歷臺銀、大東信託，轉而投資經營南郡運輸、永森記木材行等事業，亦成爲地方上重要商人。不過，就在事業得意之餘，時局變化、社會變遷、島外旅行見聞、對於自身年歲增長與病痛的敏感，以及事業經營過程中必然會遇到的盈虧風險等生活經驗，也在此刻交互影響著王開運，使其內心思潮起伏，以致怨懟有之，批評有之，只是不易從外在事業成就與名銜來觀察得悉，唯有透過作品方能一窺究竟。連帶的，王開運的詩境亦因生命歷鍊而更加開闊，既能呈顯出同時代有識之士的共同心聲，又展現個人特殊情感，不再像早先的詩作那般，只是較單純地表明個人前途的擔憂，或是事業有成的得意而已。

舉例而言，1930 年，爲了爭取建設安平港口，不讓高雄港獨攬南部海運利益，王開運以臺南商協會長身份，與市內日人官紳聯袂前往日本的全國港灣大會，欲爭取內地商人支持。身爲臺南市民的請願代表之一，這已是意義重大而備感光榮，若果眞能取得港灣大會的支持，則王氏在臺南的聲望將更上一層樓（之後確實也說服成功）；然而，此行王開運賦詩 3 首，除了「形影誰言多涉險，乘風我喜不沾埃」（〈船上觀潮〉，詩，1930，頁 22）這樣的詩句，能看到欲爭取築港的雄圖壯志，在〈夜聞濤聲〉（詩，1930，頁 23）裡，卻反倒從海浪的上下翻騰，聯想到「好似操戈同一室，爭權奪利鬥難平」。儘管語意含蓄，以致此詩句產生歧義，難以確知到底是因爲築港運動的不盡如意而感發興嘆？還是泛指當時中日兩國時常交惡、臺灣人受殖民的苦悶、王氏個人活動所受到的某些挫折？或者，甚至是感慨古今中外人們往往追名求利而相互戕害？無論如何，這恰是王氏擴張眼界與詩境的明顯發端。

再看第三首詩作〈旅中瑞穗丸舟中作〉（詩，1930，頁 23）：

偷得餘閒好養眞，胸懷開豁絕纖塵。滔天白浪翻紅日，駭目銀濤躍錦鱗。大地原無乾淨土，扁舟聊寄苦吟身。夜來人靜風恬處，燈下殘編倍覺親。

王開運在出發途中，將上述的〈船上觀潮〉、〈夜聞濤聲〉、〈旅中瑞穗丸舟中作〉等，連同一封書信寄給任職於《臺南新報》的王鵬程。信中謂「現身行大海中，水煙渺茫，一望無際，船中○客甚少，弟○占一房，鎮日兀然，若加以青螯紅魚，儼然一入定之僧矣。夜來無事，搜索枯腸，因得什句數期，錄呈一粲」〔註 14〕，正呼應著〈旅中瑞穗丸舟中作〉的首聯「偷得餘閒好養

〔註 14〕 〈餘墨〉，《臺南新報》，1930 年 5 月 29 日，6 版。

真，胸懷開豁絕纖塵」，是心情無聊的寫照，並藉著空間（船中、海上）的隔離，以暫時拋棄俗務雜事，尋求本我。可惜定性未足，由此再度開展了對於世事的思索，故次聯既描寫實景，卻無疑有比喻人事傾軋之意；三聯直抒悲憤，而悲憤之因，小可涉及個人事業成敗，大可擴張到對於臺灣經濟不況、民族與社會運動屢受壓制且漸次噤聲、社會風氣與文化議題堪憂，甚至是東亞局勢不穩（例如中國長年陷入軍閥、北伐、內戰等戰亂之中）……等等現象的關切，故激越地稱說「大地原無乾淨土，扁舟聊寄苦吟身」，從根本上判定世間毫無樂土存在，唯有暫藉舟車遠走，才能安頓這份「苦吟」的詩人情懷。末聯，則是鑒於無法力挽狂瀾，王氏自知徒勞煩惱，遂透過閱讀書籍，為現實裡疲憊無奈的身心，提供一個喘息透放的時機。

此後，感慨世局變異與人生滄桑的愁緒，就成為王開運詩作的基調。筆者認為，施懿琳、陳曉怡二人所觀察到的王氏的濃厚憂愁，正是從 1930 年代左右才明顯出現，而且有更加深刻的傾向。於〈柏園以詩索和倏忽數日茲值小報有停刊之議乃率成三絕聊以塞責〉（詩，1932，頁 57）裡頭，王氏欲抒發、安置憂愁的思潮，變得頗為複雜：

> 狂狷羞同跅弛身，蹉跎半世一酸辛。繩章墨守嗤迂拙，清濁難分妄作真。
>
> 索居籬下欲忘年，歲月徒教物外遷。煩慮已蠲妄念盡，猶憐精衛海空填。
>
> 年來恥學杞人愁，消盡英雄壯士憂。到處已成歌舞地，陸沉誰唱古涼州。

此詩是應和許伯元〈感懷三首寄杏庵少雲〉〔註 15〕之作。生命苦短虛妄、人性貪婪的感悟，以及當時東亞局勢不定——例如 1931 年有九一八事變，隔年日本在中國東北成立滿洲國——，皆在心中交相擾攘，使得許伯元有感而發，吟出「河山處處易生愁，豈信輪迴不用憂。前路那堪聞玉碎，傷心有客望東州」這般無力感的詩句。對於許伯元的想法，王開運自然有所共鳴，故此和詩的第一首，「狂狷羞同跅弛身」乃是安慰許伯元，認為許氏是擁有高遠志向且能拘謹自守的狂狷之人，這並不等於放蕩不拘的跅弛心態；然而「繩章墨守嗤迂拙，清濁難分妄作真」，世間真假已無人能區分，能信守規範者之人，

〔註 15〕此詩收於《三六九小報》238（1932 年 11 月 26 日）。

反倒要招惹嘲笑，這即是王開運認爲的，讓許氏感到蹉跎無成、奔波徒然的真正原因。當然，第一首詩除了用以回應許伯元之外，也可能指涉王氏自己的心境。

到了第二首，王開運稱說自己內心頗有掙扎，雖然寧願孤身獨居，摒除雜慮，任憑年華流逝，只可惜「猶憐精衛海空填」。精衛鳥銜石填海固然徒勞，不過此句開頭用了「猶憐」，即感到憐惜，實帶有共鳴、肯定精衛鳥的語氣；簡言之，精衛填海的功效不大，王氏卻依舊肯定這股不屈不撓的精神。那麼，「精衛填海」象喻著什麼事呢？誠如王開運的詩題所言，此詩一來用於回應許伯元，二來也是因爲《三六九小報》停刊危機而感嘆之，因此不論「精衛填海」一語可指涉者是多麼的廣泛，能夠確信的是，其中必有指向經營報刊之事。換句話說，《三六九小報》是王開運與同人們爲了持護漢文而創辦，才經過 2 年多的時間便遇上停刊危機（1932 年 12 月第一次停刊），這或許正是讓王開運「索居籬下欲忘年」，灰心不問世事的一個緣故，只是業已付出心力，全然忘卻又談何容易？於是乎再度想起的時候，便自嘲辦報如同精衛填海那樣地堅毅無悔。

至於第三首，王開運的心情是不欲杞人憂天，曾有的壯志也已消解殆盡，其原因可能是前述種種的混亂局勢，或自身挫折所造成，更是因爲「到處已成歌舞地，陸沉誰唱古涼州」，使得王氏變得相當消極。「陸沉」指國土淪喪，「古涼州」則可聯想到唐代王之渙的〈涼州詞〉，這是一首描寫邊塞風光雄壯又淒清的詩作；可是，必定要有國土可守，方能有〈涼州詞〉此類詩作產生。也就是說，面對著國土淪陷，仍有部份的人們不理世局，尋歡作樂，爲此王開運提問了「誰唱古涼州」，可見其內心感到相當悲憤。而這也不是無的放矢，當時世界性的殖民主義擴張，自然會造成「陸沉」，曾經是「祖國」的中國屢受「母國」日本侵擾，也是一種「陸沉」，甚至臺灣早在 1895 年之時，被迫改隸於日本，更是臺灣人切膚之痛的「陸沉」。由是，再回頭看「年來恥學杞人愁」，王開運的心情就不會只是單純笑稱自己多慮，反而是無法力挽狂瀾，又不忍視聽之下，竟將關心世事的熱忱也一併自嘲杞人憂天，哀傷之情莫過於此。

1940 年前後，由於中日戰爭已爆發，臺灣進入戰時體制，隨之也被捲入太平洋戰爭，所以王開運的詩作又多了一項元素，亦即頻繁地反映出對於自身年歲、時節的敏感與警覺；特別是重要節日或生日，王氏不免要賦詩感嘆

時光匆促、一生無成、榮利終是空虛，抑或是時局變幻莫測的無奈。先看〈庚辰元旦〉（詩，1940，頁78）：

> 過客光陰太迫人，嬉春又見去來頻。一生株守難言志，三世書香不算貧。閨閣已無前旖旎，風懷未減舊清新。重重影事如雲散，回首無端欲愴神。

此詩首聯以「光陰易逝」做為開頭，這是人類的千古難題，中國漢代〈古詩十九首〉即有「人生寄一世，奄忽若飆塵」（〈今日良宴會〉）、「人生非金石、豈能長壽考」（〈迴車駕言邁〉）這樣的哀嘆；而〈庚辰元旦〉寫於戰爭期間，戰爭曝露了生命的脆弱，更容易產生危疑且不確定之感。接著，首聯次句「嬉春又見去來頻」，表示四季時序又過了一輪，呼應光陰迫人，加重突顯時間飛逝的真實感；儘管「嬉春」是「游樂於春光」之意，傳統文士也有在春天時節聚集歡飲的慣例，但是在此，經由光陰「迫人」、「去來頻」等特性的對比，「嬉春」反倒像是例行事務，歡樂氣氛已然不存，甚至「嬉」字也只剩鑲嵌補足詩句字數的作用而已。如此慨嘆之下，王開運進一步在二、三聯處表達了一則以喜，一則以憂的情緒起伏，其擁有的，是外人看來頗為順遂的事業成就與地位，卻無法符合自身情志，故稱「一生株守難言志」，可藉以安慰的，是代代相傳的書香風氣尚能保存。「閨閣已無前旖旎」，說的是無法再像年輕時候那樣大肆投入風流韻事，與諸多藝旦往來歡聚，所幸「風懷未減舊清新」，自己依然風流倜儻。這些感受都是因時光流逝、年紀老大使然；不過，書香、風懷只能暫時平息心中的懣悶，當思及盛年不重來，往事如雲影，王氏的心中又是「回首無端欲愴神」，茫然若失、悲愴不已。

像〈庚辰元旦〉這類因自身年歲或時節而有所感懷的詩作，尚有〈失題（清談煮酒過匆匆）〉（詩，1939，頁 172），謂「清談煮酒過匆匆，知命年華瞬息中。萬事如棋同記取，一生植福不成空。」隨著光陰如川流不捨晝夜，王開運的年歲也已達到知命之年（50歲），且時逢戰爭，乃認為若領悟世事如棋，局勢變幻莫測的道理，並以「清談煮酒過匆匆」的淡然姿態來應世，則猶可保有些微福份。〈辛巳元旦書懷〉（詩，1941，頁78），有「一年容易又春嬉，老大頭顱兩鬢絲。亦喜亦悲餘日短，呼牛呼馬半生癡」之句，新年新氣象與戰爭造成的不安全感形成強烈衝突，王開運既深恐餘日無多，又因苟活度日、身不由己而感到哀傷，再加上全體臺灣人被迫配合皇民化運動，王氏自身也有家庭必須撐持，在在無法從容以待，故自言「呼牛呼馬半生癡」。而

這裡的「半生癡」已與年輕時「半似靈癡半未癡」(〈陳君培煥相問近況因成
一律以寄〉)不同,後者有著對於個人生命、一生成就的擔憂,也連結到整體
時代背景,是許多人的共同感受。

〈中秋觀月〉(詩,1941,頁108)則以星體恆常運轉,來對比生命的短
暫:

> 皎皎中秋月,此夜復見之。輪轉萬斯年,未改嫦娥姿。
>
> 人生嘆須臾,前蹶後繼起。今古幾英雄,淘盡清光裡。
>
> 蕭齋我獨坐,忽雨暗銷魂。深閨愁野戍,花裡醉王孫。
>
> 玩賞情難同,寄慨則不一。何如悟無生,隨遇得安逸。

面對月亮固定輪轉,個別生命確實是興衰一瞬間,不停地「前蹶後繼起」,隨
時間的浪濤逝去,一旦思及自身也將如此,豈能不感到悲傷?當獨坐蕭齋,
窗外卻有一陣風雨,打亂心神,不但無法藉著獨處來覓得心中的寧靜,反倒
是更加黯然銷魂。事實上,「深閨愁野戍」一句,「深閨」是處於家中,「野戍」
則是外頭世界,正道出了王氏一方面感嘆生命須臾,一方面仍舊牽掛局勢變
化,惜一木難支,唯有「花裡醉王孫」,買醉澆愁。最後,王開運終於悟得「無
生」才是能夠隨遇而安的良方;「無生」來自佛教的觀念,指「不生不滅」,
但想在心態上達到這番境界,又是多麼地困難,故提問了「何如悟無生」,雖
然明白了悟無生便能隨遇而安的道理,卻不知該如何著手,還需要頻頻追尋。

1943年,王開運賦作〈遣懷五古一首〉(詩,1943,頁108),詩句滿是
悲懷,與個人看似得意的地方聲望相比,形成強烈反差:

> 百事不一成,營為何所得。五十五年中,殘喘延一息。無故獲微名,
>
> 翻悔累贅極。辭飲每遣童,登壇要文飾。驅車忘疲勞,卸裝先問食。
>
> 舉世盡刀兵,觸目弓蛇惑。易若學逃禪,補求憔悴色。吟朋時過從,
>
> 無孤應有德。或誦少陵詩,或瀟淋漓墨。萬算總輸天,弭禍慎緘默。
>
> 聖戰今方酣,國民宜守職。衰病似老夫,自愧難致力。一懶又新添,
>
> 煎心殊抑抑。花樣日翻新,駑鈍何憑式。深願作棄人,莫戀雞中肋。

此詩共30句,可分為3部份。第一部份為首句至第十句,感嘆一事無成,所
汲汲營營者,竟也漫無目標,故當下對於生命的意義,便認定是苟延殘喘。
接著,說自己「無故獲微名」,這是指王開運在1920、1930年代漸次建立的
聲望,在戰爭裡竟然成了「兩面刃」,被迫支持殖民者所發動的戰爭,甚至擔

任了「皇民奉公會」幹部，無怪乎會感到「翻悔累贅極」。在左右爲難的情況下，王氏選擇「辭飲每遣童」，低調行事，深居簡出，否則便得面對情非得已的「登壇要文飾」；「登壇」指出現在公眾場合，「文飾」爲修飾之意，或指儀式禮儀，即說明了一旦在公開場合，便須擺出支持戰爭的姿態（至少不能反對），這卻違背心意。至於「驅車忘疲勞，卸裝先問食」，則指出物資因戰火而缺乏，又受管控，生活的需求層次也就回到了維持生命機能的狀態，「維生」變成是主要事務。

第二部份爲第 11 句至第 18 句，「舉世盡刀兵，觸目弓蛇惑」，直言戰火令人杯弓蛇影，心情不得鎮定；也正是戰爭使然，才令王開運不得不「辭飲每遣童」、「卸裝先問食」，並感到「翻悔累贅極」，最後竟以「殘喘延一息」評定生命的意義。那麼，王氏又將如何擺脫或改善這樣的境遇呢？遁世參禪，可以充實內在，忘卻物資困乏；與文友往來，驅走寂寞，是戰火下支撐心靈的力量。於是，王開運又「或誦少陵詩，或灑淋漓墨」，杜甫的詩歌往往關慰世情，爲人所重，在此時讀杜詩，似乎暗示了即便淡然處世，還是忍不住要關懷現實局勢，內心矛盾不已，遂將悲痛大肆縱橫於書墨上。

第三部份是第十九句至第三十句，王開運的思緒回到現實，表示不論再怎麼努力安頓心靈，都無法避免戰爭的影響，故開始出現看似支持戰爭，卻又以老病來解釋自身無法全力配合的詩句；不過，言下之意仍是反對戰爭，其煎心難熬的，是看不到戰事何時休止的無奈，畢竟「聖戰今方酣」，而之所以駑鈍，是厭戰的刻意表現。到了結尾處「深願作棄人，莫戀雞中肋」，寧可被世間遺棄，也不留戀世間名利，呼應前頭的「五十五年中，殘喘延一息」。綜觀整首詩，呈顯出王開運內心糾纏，欲隱遁又牽掛世事，欲關切局勢又感到獨木難支，尚且還逃不開戰爭的影響，是以思緒經過一番起伏之後，又回到消極悲傷的原點。

如此消極而悲憤的情緒，當王開運身受疾病困擾，或與友人唱和之時，也會因而引發聯想，然後藉著詩句透放心聲，茲再舉數例以說明。如〈病齒〉（詩，1941，頁 103）：

> 盡日支頤負老饕，身閒差喜免形勞。羹湯調製煩諸婦，飲啄維艱念濁醪。遊興闌珊懷抑鬱，債逋重疊氣難豪。而今市井多塵冗，正好逍遙把病逃。
>
> 老來事事百無聊，獨把秋光病裡消。浮世有何堪喜怒，陶情不復覓

笙簫。昔時猶記誇編貝，此日無端學細腰。傴臥自憐還自笑，蟲聲
明月度中宵。

嚴重的牙痛使得王氏食欲頓減、遊興闌珊，卻因此「身閒差喜免形勞」；其可
暫置不理的，是事業、家庭俗務、社會活動，且「而今市井多塵冗」，自然也
包含瀰漫全臺的皇民化運動，以及王氏涉身其中的皇民奉公會，都在「正好
逍遙把病逃」之列。至於「浮世有何堪喜怒，陶情不復覓笙簫」，表面上是因
爲牙痛以致無法隨意言笑，更無心陶情，涉足風月調情之事；但從詩句歧義
性來看，不免也是緣於局勢混濁莫測，心中失落茫然，故無由笑怒，而陶情
另有「陶冶性情」之意，當身逢戰火，年歲又老大，遂不再享受笙簫聲色，
只願專注陶冶內心。「昔時猶記誇編貝，此日無端學細腰」一語，指出過去牙
齒堪稱強健整齊，如今卻牙痛得食不下嚥，宛如古代臣民爲迎合楚王喜好細
腰之癖，寧可挨餓瘦身；看似幽默自嘲的背後，蘊藏著年老力衰、難逃病痛
與時局困頓的哀傷，在無力抗衡的情況下，只能自憐自笑，傴臥以保持生命
力，隱忍度過黑夜，度過難熬的戰爭。

接著，王開運續作〈病齒無聊再成五絕〉（詩，1941，頁103），依然由牙
痛窘況連結到人生感悟：

東西禍水正橫流，秩序紛爭萬火牛。自合養生勤服息，愧無長策爲
人謀。（其二）

終日埋頭不出門，閒來始信布衣尊。隔鄰鐃吹時充耳，不是秋閨也
斷魂。（其四）

不言飢飽若爲情，煮石難尋白石生。親友如逢相問訊，看花到老眼
猶明。（其五）

王氏的內心不得平靜也不能平靜，在養病情況下，尚思及「愧無長策爲人謀」，
浮現出無法有所作爲而不安的情緒。且「隔鄰鐃吹時充耳，不是秋閨也斷魂」，
前一句中的「鐃吹」是軍歌，後一句用了唐代喬知之〈從軍行〉（又名〈秋閨〉）
的典故，此聯意指王開運雖非喬知之詩中的「思妾」，卻也由於協力「聖戰」
的鼓吹聲響時時充聞耳際，因而哀傷不已。至於「不言飢飽若爲情」，王氏既
是牙痛難以進食，亦緣於戰時物資管制以致飢飽不定，故嘆問「若爲情」，亦
即是多麼不堪的苦情；「煮石難尋白石生」乃運用中國古代傳說，表面上可理
解爲意欲燒煮白石作糧，卻難以覓得白石生這樣的仙人，但「煮石」、「白石
生」皆屬無稽之談，所以此句用意仍在迂迴地諷指物資不足之事，「煮石」更

是用以形容情狀慘澹，民眾生活幾乎被迫煮石療飢。這一切，自然都要歸因於「東西禍水正橫流，秩序紛爭萬火牛」所致。

再如〈次南都即事韻〉（詩，1940，頁97）：

> 天荒地老未堪憂，大海回瀾孰挽流。一飯難期漂母惠，中原怕見楚江秋。連橫樞軸誇良策，攘奪資源競遠謀。滿地瘡痍仍在目，櫌槍何日始全收。

此詩乃王開運用來回應陳逢源〈即事〉〔註16〕一作。陳氏在〈即事〉裡頭感嘆著，儘管慣看滄海桑田，不再憂懼戰時物資不足、生活顛沛，但由於感受到季節變換與年歲增長，難免還是有矛盾，時而興起「楊朱泣歧」的無望悲觀，時而又期待有能力者來拯救世局，在兩者之間擺蕩下，更顯茫然；最後以嘲諷口吻，指責藉著節食省用以供應戰事的荒謬現象。對此，王開運〈次南都即事韻〉更顯哀傷，相較於陳氏「無酒無肴未足憂」的豁達，王氏則是「未堪憂」，已不能承受憂困；「大海回瀾孰挽流」，也進一步質疑是否真的有人能夠力挽狂瀾，與陳逢源「蒼生端賴謝公謀」的期待之情不同，竟是相當悲觀。次聯「一飯難期漂母惠，中原怕見楚江秋」，前句採用了漢代韓信曾受老嫗一飯之恩的典故，但只是借用表面，意在指出戰爭陰霾下，臺灣被迫施行食糧與物資的配給，人民生活窘困，即使是漂母再世，又豈有餘裕幫助他人？後句則使用了中國古典文學「悲秋」傳統，指出戰爭本是悽愴，一旦秋天來臨，就只有更加感覺哀愁。

而如此危勢是什麼原因造成的呢？在王開運眼裡，「連橫樞軸誇良策，攘奪資源競遠謀」，正是權力欲望使得世界強國競相張揚威勢，以致戰亂不停，這是陳逢源詩作中未談及的，有補充作用。末了以疑問之句「滿地瘡痍仍在目，櫌槍何日始全收」做為結束，呼應陳氏茫然無望之感。而約一個月後，王開運又寫了另一篇同韻之作〈遣懷疊用芳園即事瑤韻〉（詩，1940，頁97），也訴說著對於戰時民生困頓、世事堪虞的無奈，結尾處「矯首風雲多變態，無言靜看夕陽收」，以一動一靜的情態對比，無法決定戰況何時平息，唯有靜觀其變，隨波逐流，王氏在此遣用了「靜」與「夕陽」等字詞，呈現死寂了

〔註16〕陳逢源〈即事〉，「無酒無肴未足憂，曾經滄海看橫流。書城南面焉知老，詩社西風易感秋。歧路漫興楊子嘆，蒼生端賴謝公謀。而今節食成佳話，晚稻無如亦減收。」首句並自註「豚肉告缺」。此詩收於陳逢源《溪山煙雨樓詩存》，頁38。

無生氣的氛圍。

（二）戰後

上引諸多詩作，是王開運鑒於時局變化、年歲增長、身感病痛，或者是事業挫折而感發興嘆，其中最大的影響因素是中日戰爭。之後戰爭結束，臺灣內有另一波威權統治，外值國共內戰、全球冷戰，且王氏自身也經歷了不少臺灣戰後重大事件，像是協助旅瓊臺灣人返鄉、受二二八事件牽連、參與地方自治奠基工程、擔任第一屆臨時省議員……等，這些遭遇其實是艱苦、不如意多於順遂得志，加上年歲衰老，故其詩作中憂愁從未銷盡，不同的只是感嘆對象與原因。

留滯海南島期間，面對數萬名留瓊臺灣人「千里伏屍魂未返」（〈失題（相爭蠻觸可憐蟲）〉，詩，1945，頁 170）之困境，政府卻是行動緩慢，不能助其早日返鄉，王開運也就只能「難得高樓侍綺筵，且將塵事付雲煙」（〈蔡公勁軍邀飲席上賦呈粲政並誌謝悃〉，詩，1945，頁 114）；但也只是暫時放下俗務，一旦筵席結束，還是要「為籲秦庭萬里分，敢將排梗擬浮生」（〈將別海口賦呈蔡公勁軍〉，詩，1946，頁 114），設法幫助留瓊者回臺。王氏不能也不忍心只顧自身安危，因此心中自有憂愁，「出門學送紅箋刺，入室難忘碧澗蓀」、「莫問花遲與柳困，且隨彩燕付顛狂」（〈丙戌元旦口占〉，詩，1946，頁 117），是其勉力滯瓊又思鄉不已的寫照。「眼睛妙喻無高下，箕豆同根詎迫煎」（〈將別海口賦蔡公勁軍〉），是嘆問留瓊者何以如此悲苦，竟須面臨政府漠視、海南島人欺壓。

回到臺灣，眼見社會蕭條景象，王開運有「頹垣敗瓦人何在，覆雨翻雲道式微。喜逐飛鴻共北歸，江山失色景全非」（〈失題（入門總覺團圓好）〉，詩，頁 175）、「勸君紙上莫談兵，世道崎嶇塞不行」、「時務未諳唯我輩，尤人怨命復何成」、「相鼠無皮萬事憂，紅包回扣鬧難休」（〈和兆平打油詩二首〉，詩，頁 142）等詩句，可知王氏內心甚感沉痛。特別是受到二二八事件牽連，更言「埋冤自古說臺灣，天理循環好往還」（〈詩贈帥雲風兄燦政〉，詩，頁 118），指稱因事繫獄，乃蒙受不白之冤。在〈戊子元旦試筆二首〉（詩，1948，頁 118）裡，「浪跡塵寰六十年，迎春餞歲笑隨緣」，王開運已無力肯定自己過去的作為；「春風一室憑吾管，白雪盈頭祇自憐」、「椒頌早虛人已渺，蘭房依舊玉成煙」，是自嘆一生蹉跎又必須忍受滄桑的悲懷；到了「國歌且聽三民唱，留得浮生寄一塵」，則是不因臺灣再度改朝換代而感到欣喜，

對晚年生活也不抱太多期盼，可見其心情是如何的黯淡失色。

1949 年，王開運被召集參與「臺灣省地方自治研究會」，與其他專家、學者、民代及官員等，共同研議地方自治如何落實。不過，當局者的任用並未使王氏內心有「苦盡甘來」之感，反倒時值中華民國政府即將遷都臺灣，且中共也有大軍壓境之勢（後因韓戰而中止），故心懷沉重有加。思及自己竟然就這麼在臺灣既被殖民又戰事連連的時代下度過大半生，遂於此存亡危急之際，寫下了〈己丑九月十一日為予六一誕辰回思往事無任感慨因成紀事詩一首錄呈諸親友鈄政並乞賜和〉（詩，1949，頁 120），期盼能得到友人的安慰與共鳴：

> 九月涼颷動，炎陽亦愛人。一陽將來復，先報庭梅春。值我誕辰日，
> 寒酸氣為伸。行年六十一，故我葛天民。昔日青雙鬢，今朝白髮銀。
> 懸弧空矢志，傲骨合清貧。賀壽來親友，群兒集迎賓。登門各喜健，
> 無欲幸存神。回首卅年前，壯懷鬱不申。擊壺時縱飲，沔酒或佯瞋。
> 議會曾爭鬥，辭嚴氣益振。倭夷籠絡善，待我以儒紳。盛氣參文化，
> 膽嘗更臥薪。婆娑春夢醒，掩淚暗牽巾。由是學韜晦，樂天寄此身。
> 當時誇盛會，轉眼忽成塵。啟釁蘆溝畔，翻成大戰因。癃夫難避免，
> 遠謫海之濱。一旦逢光復，廬山面目眞。三民崇主義，德澤遍遐均。
> 何圖赤焰起，江山又委淪。風雲幻萬態，世事轉如輪。囑語兒曹輩，
> 安心力處仁。胡為徒感嘆，戚戚自悲辛。座上賓朋滿，靄然笑語親。
> 傳杯宜盡醉，不厭酒千巡。脆龥聊吟詠，撚鬚老興新。酣歌當自祝，
> 率爾直敷陳。

此詩共 56 句，可分做 3 個部份。第一部份由第一至十六句組成，說明九月涼暖適中，氣候宜人，又值誕辰日，恰可趁此大宴賓客，一伸寒酸氣息；而寒酸的，除了平日生活之外，恐怕還有內心的孤寂。接著，王開運自述年歲已長，宛若葛天之民，足以安享晚年，雖然這能讓筵席更加名正言順，但與其心境相比，仍是「名不副實」，因為王氏心裡並不眞的快樂。「昔日青雙鬢，今朝白髮銀」，是人事已非的感觸，縱使「賀壽來親友，群兒集迎賓」，讓這位壽星備感熱鬧，王氏卻還是留心「登門各喜健，無欲幸存神」，在意著親友是否健康長壽，一如杜甫「訪舊半為鬼」（〈贈衛八處士〉）這樣的唏噓，就不在話下了。至於「懸弧空矢志，傲骨合清貧」，乃是可惜情志落空，惟自認做到了貧而無怨，猶有一身傲骨，堪以慰藉心靈。

　　第二部份爲第十七至三十六句，王開運先勾勒出日治時期的活動，要強調的是長期「壯懷鬱不申」，因此「娑娑春夢醒，掩淚暗牽巾」，遂選擇了韜光養晦的姿態，「樂天寄此身」。其中「樂天」指的是「樂天會」，成立於 1933 年，爲王開運、李兆墉、洪坤益等 20 人所組成的私人聚會，與《三六九小報》同人、客員多有重疊，旨在友人之間敦睦懇親，以樂天安命相期，每逢會員生日，則開祝賀會。〔註17〕不過，世事總是多變難掌握，不出數年，便有中日戰爭，爾後改朝換代，又發生二二八事件，臺灣確實是長時間動亂難安；這也使得王開運無法安然韜光養晦，「樂天會」亦在這過程中風流雲散〔註18〕。甚至王氏「癯夫難避免，遠謫海之濱」，被迫配合戰爭而至海南島主持瓊崖銀行，戰後則備嘗艱辛始得返臺，受二二八事件牽連，皆是在生死交關處走了幾回。如此歷盡滄桑，走過時代，自然容易產生人生虛幻、繁華如夢之感，「當時誇盛會，轉眼忽成塵」，不僅是王開運懷想與樂天會友人歡聚一堂的種種，對之解散感到惋惜，也代表了王氏認定「議會曾爭鬥，辭嚴氣益振」、「盛氣參文化，膽嘗更臥薪」等值得稱譽的作爲，都終究要化做塵埃，遑論在詩句中正面肯定自我成就。

　　第三部份爲第三十七至五十六句，王開運隱去了自身二二八的經歷，又稱頌政府「三民崇主義，德澤遍遐均」。但「風雲幻萬態，世事轉如輪」，延續了第二部份「人生如夢」之感嘆，也是王氏以大半生經歷換取而來的感受。「何圖赤焰起，江山又委淪」，當時國軍屢戰屢敗，疆土漸爲中國共產黨取得，距離二戰結束、臺灣歸入中華民國版圖的時間也不過 4 年，局勢變化之速，更加強了這種感受，才是重點所在。職是之故，「囑語兒曹輩，安心力處仁」，致力於處仁遷義，是王氏交付自己、交付後輩的因應世事多變之道。可是，知易行難，王開運最後還是忍不住「胡爲徒感嘆，戚戚自悲辛」，遂隨友強歡、藉酒澆愁；「硊硊聊吟詠，撚鬚老興新」，既然戰後局勢依舊動搖不安，王氏內心也就持續有著危疑、不安定感，乾脆還是把諸多慨嘆寄託給未止息的詩興，而賦詩態度爲「率爾直敷陳」，是直率無拘束，也是由於心緒煩亂，無法沉澱，便直白道出煩亂心聲。

〔註17〕庸〈樂天會序〉，《三六九小報》274（1933 年 3 月 26 日）。

〔註18〕王開運〈己丑九月十一日爲予六一誕辰回思往事無任感慨因成紀事詩一首錄呈諸親友郢政並乞賜和〉裡，詩句「樂天寄此身」處自註：「諸友好共組一生日會彥曰：樂天，每值誕辰，相與歡飲達旦，亙十餘年始風流雲散。」

　　王開運此後又於 1951 年擔任第一屆臨時省議員，直至 1954 年卸下職務，專致於第一銀行業務，才比較像是過著閒雲野鶴的生活，時 66 歲。但王氏從 1949 年 61 歲起，以迄 1969 年逝世享年 81 歲為止，20 年左右的時間，並未因外在事務遞減，以致詩作裡的愁思也隨之減少，反而持續在詩句中提及年紀。茲將王氏晚年寓藏悲懷的詩句摘錄如下：

六二年華如夢過，今朝不惜酒行頻。
變色河川憑客弔，離奇世相與誰論。

　　　　　　　　　　　（〈六二誕辰感賦〉，詩，1950，頁 122）

剛過花甲又三年，私祝餘生未了緣。
世道艱難人易老，門楣清白家猶貧。

　　　　　　　　　（〈重陽後二日六三誕辰偶詠〉，詩，1951，頁 125）

浮生若夢鬚眉白，一事無成徑菊荒。

　　　　　　　（〈中秋前偶患盲腸病後感賦〉，詩，1953，頁 130）

新愁舊恨翻多事，處世忘情有杜康。

　　　　　　（〈再疊鵬兄中秋日佳作瑤韻寄呈〉，詩，1953，頁 131）

原知自古癡難賣，更覺多情感易牽。

　　　　　　　　　　　　（〈甲午除夕〉，詩，1954，頁 133）

遊戲人間六六年，興亡過眼等雲煙。

　　　　　　　　　（〈重陽後二日生辰感賦〉，詩，1955，頁 132）

萬象更新一不新，如棋世事局仍陳。
懸羊自古期豐產，夢鹿于今寄此身。

　　　　　　　　　　　　（〈乙未元旦〉，詩，1955，頁 133）

浪跡塵寰近古稀，年華逝水願多違。
事有難言偏易誤，居能徇俗未全非。

　　　　　　　　　　　　（〈乙未生日〉，詩，1955，頁 136）

晷移星換又新年，世事如棋物外邊。

　　　　　　　　　　（〈丙申元旦試筆〉，詩，1956，頁 137）

無情歲月暗中移，六八年華兩鬢絲。
壯志磨穿千古恨，護花寧諱一生癡。

　　　　　　　　　　（〈丙申六八生日〉，詩，1956，頁 139）

融風烈日共傾罇，急景催人歲月奔。

半紀淪胥佳節在，一生浪跡布衣尊。

（〈丙申冬日雅集〉，詩，1956，頁 139）

混跡人間瞬古稀，早年知命久忘機。

（〈丁酉生日〉，詩，1957，頁 140）

白髮增千丈，黃粱夢一場。

（〈丁酉中秋〉，詩，1957，頁 141）

平生得失如煙散，回首前塵事總非。

七十星霜似夢過，三朝歷劫幾風波。

（〈戊戌生日感詠〉，詩，1958，頁 149）

酒邊風月似雲過，七十年來幾折磨。

（〈和兆平遣懷二首〉，詩，1959，頁 145）

瞬息古稀又五年，前塵回首似雲煙。

母難今朝重記憶，悲增風樹恨綿綿。

（〈七十五歲生日偶成二首〉，詩，1963，頁 159）

隨人草草迓新年，天地無情世事遷。

（〈甲辰元旦口占〉，詩，1964，頁 160）

自笑人生駒過隙，也知歲序鳥思時。

死灰落比梧桐早，亂世命同朝露危。

（〈和兆平暮秋感作原韻〉，詩，1966，頁 157）

登樓已覺吾身老，訪勝方知景物遷。

（〈偶感二首〉，詩，1967，頁 166）

可見王氏終生創作漢詩，卻也讓悲懷伴隨終生。

　　之所以如此，是由於王開運晚年至少還有鄉愁、維繫家庭生計等問題的困擾。且看〈陰曆除夕回南渡歲口占〉（詩，1966，頁 164）：

　　南旋過節恣清遊，十七年來往事悠。滿眼兒孫欣抱膝，一庭花木笑盈眸。親朋得訊爭來問，鄰舍無心亦獻酬。深覺故鄉情緒好，天涯浪跡復何求。

王氏於戰後進入第一銀行高層，又參與臺灣省地方自治研究會、擔任省議員，

這些事務的活動地點都在臺北，南北奔波勢必不便，故遲至 1949 年前後，業已遷居北上，留在發跡地臺南與故鄉路竹的時間漸少。同時，詩作亦反映出鄉愁，如〈大社國校五十週年紀念會詠〉（詩，1950，頁 121），詩云「稻黃阡陌搖鄉夢，會聚師生暖玉杯」，即是思念長居數十年的南臺灣。又如〈黃議長歡宴河田全權及各代表一行席上口占〉（詩，1952，頁 123），云「塵世紛紛百不堪，漫嗟吾道未能南」，後一句改自「吾道東矣」的典故（《後漢書·鄭玄傳》），但只是表面擬仿，欲說的實是自己無法回到南方。1966 年，王開運已是 17 年未定著故鄉了，故曰「十七年來往事悠」，而此次返鄉，尚是一身病苦，「老來臥病日偏多，無耐長親藥鼎何」（〈丙午除夕南歸又戲一律〉，詩，1966，頁 164），正道出不耐煩的心情；但不論是什麼樣的困擾，一切都「深覺故鄉情緒好，天涯浪跡復何求」，隨著返鄉得到暫時平息。這說明了高齡 77 歲的王開運，仍然是「原鄉人的血，必須流返原鄉，才會停止沸騰」（鍾理和〈原鄉人〉），深戀故鄉，無法隨遇而安；當時節一過又須北上，詩作也將充斥著悲懷。

接著看〈感懷五首〉（詩，1961，頁 158）：

空負嚴君種福田，育英事業孰為先。愧予七秩同牛馬，南陌耕完又北阡。

歲月蹉跎愧古稀，舌耕糊口僅醫饑。育英儘說有三樂，祇恐餘生似夕暉。

養子原稀代老年，豈知仍是壓雙肩。倘能卸卻家庭累，願隱深山證佛禪。

一身雖不負奇才，日本神州跑幾回。債重難償千古恨，凌雲大志永沉埋。

因思龍女最鍾情，欲傚靈均了此生。舉世幾人能識我，五洋四海任縱橫。

此詩前 3 首盡是王開運有感於年屆古稀，卻還要擔憂家計的無奈。第一首裡頭，王氏擺盪於歸隱或作育英才之間，卻兩者皆失，反倒回到最基本的家計問題上；第二首，王開運勉強接受了擔負家計之責，卻發現心力操勞一番，結果竟是僅得溫飽，遑論等到有朝一日終得作育英才的時候，恐怕自己生命也所剩無幾。在第三首，王氏揭露了不得安享晚年的原因，亦即兒子們無法符合父親期待，以致仍需奔走家計，且是到了不耐煩而想遁入空門的程度。

　　此般煩憂之下，王開運不免又要回想一生經歷，其往來中國、日本多次，且以日治時期為最，這確實是一般人少能體驗的壯遊，故第四首寫下「一身雖不負奇才，日本神州跑幾回」，想來也頗感得意；但當繁華落盡，不變的仍是「債重難償千古恨」，此即指家計問題，使得情志不得順遂，遺憾終生。第五首解讀的空間頗大，筆者認為，「龍女」指龍女祠，人民祈之以求風調雨順〔註19〕，故「因思龍女最鍾情」，既鍾情於龍女（祠），該當寓有王氏關切國事民生之意。然而，種種原因使得這份用世情志難能實現，遂欲效法屈原投江；而屈原投江一為殉志，二是死諫，則王氏的用世熱情可見一斑。只是，為什麼王開運會有如此激昂悲壯的姿態？「舉世幾人能識我，五洋四海任縱橫」，是王氏自豪之語，也是怨嗟之語，有志卻無人能懂能用，是以寧可效仿屈原。又，這首詩是〈感懷五首〉的一部份，似乎也暗示最根本的困擾因素還是在於家計。總之，家計問題一直困擾著王開運，至晚年依舊無法解脫，這恰是為何王氏只能在詩作中徒呼負負，卻無法正式告老還鄉、遺世歸隱，或實現用世酬志的一個背景。

　　綜上所述，王開運常感悲懷，特別是從1940年代起，便在詩作中加入其對於自身年歲、時節的敏感與警覺之元素。這固然是因為前述的外部局勢、個人經歷使然；可是王氏為何不乾脆隨波逐流，庸俗度日，卻要自尋煩惱呢？筆者認為，這或許關聯著王開運對於生命階段應該如何安排的堅持。在傳統教育裡，人生階段的理想安排是「十有五而志于學，三十而立，四十而不惑，五十而知天命，六十而耳順，七十而從心所欲，不踰矩」（《論語‧為政》），其中「不惑」是遇事能明辨；「知天命」是懂得事物變化都由天命決定；「耳順」是聞言知微旨；至於七十古稀之齡，則能達到隨心所欲而行，卻不會超越法度的境地。試看王開運，除了果真有三十而立之外，其40歲之後的生命階段，臺灣若非依舊處於殖民地狀態，不然就是遇上新政權失政委靡，而王氏或是感受到殖民差別待遇，或逢戰事，或奔波海外，或身繫囹圄，個人經歷結合外在時局，在在無法從容地使各個人生階段臻至理想，致使詩作中的心靈苦悶異常。甚至，如果說王氏更是因而質疑、哀傷著自己註定無能力，

〔註19〕例如中國唐代岑參有〈龍女祠〉：「龍女何處來，來時乘風雨。祠堂青林下，宛宛如相語。蜀人竟祈恩，捧酒仍擊鼓。」宋代梅堯臣有〈龍女祠祈順風〉：「龍母龍相依，風雲隨所變。舟人請予往，出廟旗腳轉。旗指西南歸，飛帆疾流電。」皆言向祠祈求風調雨順。

或無機會到達各人生階段，也並非過份推論。

四、島外旅途所感：以中國經歷爲例

前述提及，王開運在〈感懷五首〉其四「一身雖不負奇才，日本神州跑幾回」，表示能夠擁有中國、日本的壯遊經歷，是感到得意的。確實，王氏有多次旅外紀錄，原因或爲地方建設，或爲商工考察，或受人安排前往，而這也是一般人少能體驗。茲將其畢生旅外經歷整理如下：

表 7-1-2【王開運島外行旅紀錄與詩文】

年代	地點	目的	相關詩文
1914	日本東京	不詳	〈宮城春望〉
1926	中國上海	不詳	〈將遊大陸留別諸君子〉、〈將之申江車中感作〉
1930	日本	推動安平築港	〈旅中瑞穗丸舟中作〉、〈夜聞濤聲〉、〈船上觀潮〉
1933	日本神戶大阪	商工考察	〈瓊華女士送行〉、〈夜來不寐偶成一律〉、〈不寐〉、〈口占一絕戲示西畑君及美玉校書兩君〉、〈舟行速瀧峽二妓索詩率成一絕贈之〉、〈別府海地獄前撮影紀念〉、〈東游日記〉
1936 〔註20〕	日本	商工考察	不詳
1939	中國廣東	慰勞皇軍	〈羊城雜詠〉、〈赴佛山車中口占〉、〈詠羅村〉、〈席上贈瀨戶君〉、〈贈若林從軍記者〉、〈席上贈南園女招待阿卿〉、〈贈共榮會主事井上正男先生〉、〈冒雨赴治安維持委員會樓上觀古物展覽會獲一新硯喜而有作〉、〈南園席上呈赤崁諸鄉友〉、〈舟次汕頭二首〉、〈詠西京丸煙筒〉、〈夜登甲板〉、〈船抵廣城〉、〈席上呈古賀大佐〉、〈席上贈某君〉、〈舟下江門〉、〈瘦菊舅父以詩見示謹次其原韻〉、〈九日率演藝團一行將赴粵慰軍爲風雨所阻無聊中戲成兩絕視寺島團長暨諸同人〉
1940	滿洲國、朝鮮	不詳	〈將遊東北朝鮮留別樂天會諸君子即用劍泉瑤韻〉、〈中秋日西安丸船中作〉、〈船中贈某小差〉、〈大連所見〉、〈吳君邀飲大連祇園女招待曉鈴知燕索詩戲成一絕〉、〈詠鴉〉、〈登爾靈山〉、〈遊覽露人墓地〉、〈謁瀋陽北陵〉、〈登牡丹臺〉、〈周君炳銘邀飲京食

〔註20〕 〈人事〉，《臺灣日日新報》夕刊，1936 年 4 月 25 日，4 版。

			道園席上有花蘭月仙二妓生勸飲醉餘口占四絕紀之〉、〈小酌哈市松江春有春梅香賓鮮花三妓侑酒戲成一絕〉、〈題車氏墨蘭畫扇〉、〈船中贈安達中尉〉
1940	日本	不詳	〈秋日重渡扶桑有感〉、〈九月十一京阪道中值予生辰有作〉、〈味仙訪蔡君培火〉、〈瀨戶內海舟中曉望〉
1941	不詳	不詳	〈陰曆九月十一誕辰旅中感賦〉
1944～46	中國海南島	主持瓊崖銀行	〈不日將乘飛機詣海南島別在南諸友〉、〈失題（范子扁舟迴不同）〉、〈跨海〉、〈次子敏詞兄瑤韻〉、〈蔡公勁軍邀飲席上賦呈粲政並致謝悃〉、〈丙戌元旦口占〉、〈將別海口賦呈蔡公勁軍〉
日治時期	中國	不詳	〈船入黃海〉、〈別滬江寄懷諸友〉、〈山城丸中感作〉
1959	日本	商工考察	〈岐阜觀鵜飼口占〉、〈日本千代菊校書索句歸後戲贈〉

按：年代裡的「日治時期」，是指確定是在戰前，卻暫難推知詳細年代。

由此表可見，王開運的旅外經驗是以日治時期為主，並與時代變化、個人活動有著密切關係。在戰前，日本勢力範圍廣大，臺灣為其殖民地，中國則多處遭佔領、進駐，因此王氏所到之處，皆在日本勢力範圍之內，或者至少存在著日本的影響力（如上海的公共租界即有日本勢力）；而當時王氏的社會活動也較為活躍，故先後前往日本爭取安平築港、商工考察，又被安排至中國慰勞皇軍、主持銀行。戰後，日本、臺灣分屬兩國，且臺灣、中國呈對立關係，往來自然不方便，加上王氏業已年老，旅外機會更加減少。

歷次旅途裡，王開運多能賦詩記下當時心情，且隨著前往目的、時勢、個人經歷、年歲的差異並交互影響，各個旅次中詩作反映出來的心境就略有不同。例如王開運年少時期在教職上受到挫折，一旦前往日本東京，眼見二重橋、上野公園及其他美麗景色，便感到「四顧紅樓紫殿好，陽春載勝快遊遨」（〈宮城春望〉），煩憂暫因美景而解除，欣喜之情躍然紙上。1930 年前往日本途中，眼見海潮洶湧澎湃，王氏一方面聯想到「形影誰言多涉險，乘風我喜不沾埃」（〈船上觀潮〉），認為爭取安平築港的意義重大，也是個人的雄圖壯志，故不畏困難；一方面卻又思及「好似操戈同一室，爭權奪利鬥難平」（〈夜聞濤聲〉）、「大地原無乾淨土，扁舟聊寄苦吟身」（〈旅中瑞穗丸舟中作〉，詩，1930，頁 23），感嘆波浪起伏一如世間人事傾軋、局勢倏忽多變。1933

年的日本商工考察一行，王氏更將之撰成〈東遊日記〉，刊於《三六九小報》，讓讀者詳知其每日見聞，也因爲目的在於考察，對臺灣、日本有多處比較。

就王開運整體的島外行旅與詩文來說，前往中國，或許還是屬於比較特殊的經歷。畢竟「中國」是漢文化的發源地，也曾是臺灣的「祖國」，王氏出生爲清國人，7歲（1895）始遇改隸，又接受過傳統漢學，因此對中國實有一份故國情懷；且王氏至少有3次的中國之行（含滿洲國）是在中日戰爭期間，甚至前往廣東、海南島之時，等同置身戰場，使得其詩作不但有意譴責戰爭，也感受到世事無常，因此值得加以考述。至於王開運旅行於日本的詩作，也反映其心境，惟旅中所感大多與王氏的憂思、用世、歸隱等情愫雷同，且若干詩作已在本論文別處引用、論述，故可省略少論。以下專談王氏的中國旅次所感。

1926年，王開運和張振樑有一趟上海之行，啓程前曾與友人賦詩餞別，其中王氏詩作如下：

> 破浪乘風學遠行，暫拋作嫁覺身輕。遊蹤到處留鴻爪，有句愧無擲
> 地聲。（〈將遊大陸留別諸君子〉）

> 卅七年革學遠行，暫拋嫁務便身輕。往來獨自羞張子，臨別爭傳致
> 重聲。（〈將之申江車中感作〉）

此二詩爲王氏至中國旅行的較早的相關紀錄，從「卅七年革學遠行」來看，可能是首度前往中國，而「暫拋作嫁覺身輕」，說明其不是身負重任，比較像是純爲旅遊，能爲平日工作與俗務覓得一抒解抑鬱的出口。觀看整體詩作的語氣，王開運此行是輕鬆且有期待的，至於「遊蹤到處留鴻爪，有句愧無擲地聲」，可想見行程安排充實，有撰寫記遊詩作的準備，並盼望詩作價值擲地有聲，可惜後續不詳，無法得知王氏當時所見所聞。而自此之後，王開運乃保持著3～4年一次島外旅行的規律，但連續3回是前往日本，說明商務上其與日本的關係較爲緊密；當中日戰爭爆發，王氏才又有中國之行。

戰爭期間，日軍於1938年攻佔廣東，到了1939年，王開運成爲臺南市南支皇軍慰問團代表之一；此行單單是啓程便一波三折，原本預計該年春天出發，後因故遷延至同年10月始成行。〔註21〕爲此，舅父黃拱五曾連續賦作了〈杏庵甥爲南支派遣軍慰問使之一人將赴粵時因來告行賦此送之〉、〈杏庵

〔註21〕〈臺南慰問團出帆〉，《臺灣日日新報》，1939年10月13日，5版。

赴粵延期又依前韻再賦一律〉、〈杏庵本擬春間赴粵慰軍嗣而延期遂經夏而秋今將就道乃賦一律以壯其行〉等 3 首詩〔註22〕；且鑒於戰火現實，黃氏並不看好此次慰問任務，因此語帶悲觀，疼惜外甥。王開運抵達廣東之後，活動範圍涉足廣州、佛山、羅村、汕頭、江門等地，看似能充實眼界，卻是觸目皆有感傷，相關詩作則刊於隔年（1940）的《臺灣新民報》，後又將部份詩作重刊於 1942 年的《興南新聞》。

由於王開運的廣東之行帶有半官方性質，行程可說是盡隨日人安排，不免存在著應酬詩句，例如「建得東洋新秩序，凌煙高閣好留勳」（〈席上呈古賀大佐〉，詩，1939，頁 83）、「醉來忘卻賓和主，一例歡談笑語傾」（〈席上贈某君〉，詩，1939，頁 154）、「東粵更生剛一載，治安指導建殊勳」（〈席上贈瀨戶君〉，詩，1939，頁 85）、「報國文章筆一枝，縱橫戰壘任驅馳」（〈贈若林從軍記者〉，詩，1939，頁 85）、「何時重剪燭，相語話窗前」（〈贈共榮會主事井上正男先生〉，詩，1939，頁 86）……等等。然而，就中依舊有抒發直觀心聲的詩作，像是〈船抵廣城〉（詩，1939，頁 82）：

> 劫後江山一望收，兩堤紅柿豁吟眸。大王屋上懸招貼，鬼子樓前颺日旒。擊碎紅窗留半壁，叢生白露冷三秋。蛋家不管興亡事，盡日江頭盪小舟。

兩組截然不同的景象映入眼簾，一是歷經烽火後的殘垣敗瓦，偌大的古建築群「大王屋」（位於今中國廣東興寧市）被貼滿日軍的戰事宣傳，且當地西洋建築也飄揚著日本國旗；另一景象則恆常不變，柿子因應時節告熟，秋天因霜氣漸重而露水增多，至於以船為家，靠舟運、捕魚或採珠為生的「蛋戶」，也還是一如往常地盪舟索求生計，皆不受戰事影響。兩種景象同時呈顯在「劫後江山一望收」的視野之中，一變一常訴說的是「萬物有常，世事多變」的道理，惟變化的動力卻是因為人世間交相侵伐；如此的衝擊，無疑隱藏於詩句背後。對此，或許王開運也在尋找自適之道，思索如何釋懷，雖不明言於詩中，反倒讓詩作散發出悲愴無言的氛圍。

這樣「一變一常」的對比，是此行王開運賦詩抒懷的基本手法與特色；因見聞而興發的同情、哀傷、無奈、茫然，以及世事無常、不易掌握變數等悲懷，不難從詩句裡推敲出來。例如〈舟次汕頭二首〉（詩，1939，頁 82）以「風和浪靜水如油，八月平原雲氣秋」對比「卻忘戎馬幾時休」，從中可知王

〔註22〕皆見黃拱五《拾零集》，頁 47。

氏的厭戰心情。〈舟下江門〉（詩，1939，頁 82）裡，以「輕舟一葉片帆斜，激灩波光映晚霞」對比「可憐黎庶已無家」，悲憫情懷寓於其中；此外，此詩尚言「夾岸群岡成險陣，擺風叢竹亂如麻」，自然風景雖然恆久不變，竟也會有受人利用，淪入戰火的時候，使得王氏更確信世事無常。而「長期抗戰痴人夢，午夜驚傳隴上笳」一聯，反映出當時若干人士認為的抗戰無望、和平救國之論調，也是因為王氏不能反對戰爭，更不便明說罷喙，以致方寸慌亂無定，有此無力感嘆；其中「驚」字傳達了廣東人民在烽火下不得安定的困頓，亦想見王氏對於戰事猶感驚心。

而〈赴佛山車中口占〉（詩，1939，頁 86），是王開運比較露骨地抒發戰事感受的作品：

> 青秧綠水望無涯，北馬南船自古誇。童子不知陵谷變，依然牛背學吹笳。
>
> 滄海揚塵已有年，哀鴻遍地淚潸然。功成一將悲枯骨，淒絕無辜盡塹填。
>
> 禹域沉沉烽火頻，與誰忍淚話艱辛。試看水秀山明裡，儘有山村少見人。

「童子不知陵谷變，依然牛背學吹笳」與前述〈船抵廣城〉的「蛋家不管興亡事，盡日江頭盪小舟」，其句構都帶有唐代詩人杜牧〈泊秦淮〉「商女不知亡國恨，隔江猶唱後庭花」的神韻，看似承平的背後，其實是局勢詭詭。再配合「哀鴻遍地淚潸然」、「功成一將悲枯骨」來看，王開運既向戰火下犧牲的生命一掬同情之淚，又對於以性命為代價而建立的戰功感到不值得，可知面對中日戰爭，王氏確實感到不滿，只是「與誰忍淚話艱辛」，無法立即遠離戰爭現場，又無法大力反戰，更不知向誰傾吐悲憫情懷。這種困境，恰如舅父黃拱五為王氏餞別時所預示的，「到處忍看戎馬跡，艱辛遠戍最關情」（〈杏庵本擬春間赴粵慰軍嗣而延期逐經夏而秋今將就道乃賦一律以壯其行〉），屆時豈能不動心感傷？

王開運此行還賦作了〈羊城雜詠〉（詩，1939，頁 83～85），「羊城」是廣州市的別稱。此詩一共 10 首，是相關詩作裡篇幅最長者，就中也夾雜著應酬詩句；日後，黃洪炎為編輯《瀛海詩集》而廣徵詩作，王開運卻剔除〈羊城雜詠〉裡的應酬、觀風之作，只選出 4 首描寫「景色依舊，世事多變」的部份來投稿，可見所挑選的正是王氏的深刻心聲，也受其珍視。茲引收錄於《瀛

海詩集》者如下：

> 中山高塔喜登臨，遺訓碑前野色侵。滿眼蒼茫秋雁咽，白雲山上紫煙深。
>
> 第宅誰家畫掩門，寂然無語過黃昏。堂前燕子如歸去，爲報東翁斷石存。
>
> 斷梁殘瓦亂成堆，玉石無分付劫灰。一樹黃花依舊豔，傷心不識爲誰開。
>
> 梨園絃管五音紛，臺上清歌響入雲。轉眼興亡猶短夢，前朝盛事不堪問。

若再加上王氏未選的另外 2 首，則其情懷更能完整呈現：

> 羊城客裡過重陽，獨對孤燈月色涼。窗下瓶花憔悴甚，殘紅端下傲清霜。
>
> 海珠橋下水長流，百丈清泉莫洗愁。橋畔災民相擁語，嶺南容易又深秋。

此 6 首詩同樣擺盪於一變一常之間。變者，是因爲戰爭而造成「第宅誰家畫掩門」、「斷梁殘瓦亂成堆」、「玉石無分付劫灰」、「轉眼興亡猶短夢」、「橋畔災民相擁語」；常者，是飛羽、山峰、雲煙、花草、流水、天候，於是只有問天，只是無言，欲譴責戰爭的用意無庸置疑。

　　那麼，王開運該如何排解憂愁呢？所謂「他鄉遇故知」，能在異地與同鄉相聚是最令人寬慰之事，例如〈南園席上呈赤崁諸鄉友〉（詩，1939，頁 88），「海外相逢盡弟兄，何緣杯酒話平生。鄉歌互答忘爲客，侍女傳觴更有情」，相較於隨日人安排而應酬，與臺南同鄉的情感更見眞誠可貴。只是，一旦曲終人散，回復孤身一人之時，王氏的寂寞、不安、憤懣等負面情緒，又將何去何從？這可由〈冒雨赴治安維持委員會樓上觀古物展覽會獲一新硯喜而有作〉（詩，1939，頁 86）一詩尋得透放之法：

> 四壁光陸離，五彩雲生席。訪古不辭勞，敢惜泥沾屐。俯仰細參詳，心與神俱適。瀏覽希代珍，復辨周秦跡。翠石爛紅光，新硯吾喜獲。
>
> 好尚自不同，嗜痂原非癖。珍重劫火餘，幸遇青眼客。

展覽會裡，思古幽情隨著欣賞文物而產生，王氏「心與神俱適」，暫時將心神抽離異鄉，抽離戰爭現場，進入適然境地，實不失爲一忘憂之方。不過，

最為歡喜的還是因為自己獲得了一方硯台，雖非古物，但是其質地「翠石爛紅光」，仍受王氏珍愛，畢竟每個人的品味傾向「好尚自不同」；更重要的是，此方新硯在烽火中與王氏這位「青眼客」遇合，物我相得之喜躍然紙上。筆者認為，此詩既有詠物，也是自況，即便王開運因年歲、局勢與親身經歷等緣故，而對人生感到虛幻、無望，但當其注意到自己實有才華與作為（一如硯台本身質地精美），或能夠遇到知己（一如硯台「幸遇青眼客」），則剎那即永恆，此生並不虛枉；這正是王氏的透放之法，是人生觀趨向樂觀、積極的轉捩點，可惜出現的時候甚少，詩作裡的心靈仍然黯淡居多。值得一提的是，此詩也是王氏得意之作，除了刊於 1940 年的《臺灣新民報》之外，1942年重刊於《興南新聞》，戰後又刊於《自立晚報》兩次。

　　從廣東賦歸後，約在 1940 年，王開運另有一趟滿洲國、朝鮮之旅，遊過大連、哈爾濱、牡丹臺、爾靈山、瀋陽等地。此行目的難以確知，不過從其〈周君炳銘邀飲京食道園席上有花蘭月仙二妓生勸飲醉餘口占四絕紀之〉（詩，1940，頁 88）一詩來推敲，同行者尚有周炳銘，而周氏乃材木商「淡水施合發商會」的幹部〔註23〕，且王氏的事業版圖也有「材木」一項，是以，此行或許有商工考察的成份存在。

　　出發前夕，王開運與友人仍以詩作唱和贈別：

> 折柳情深鷗鷺班，清談惜酒不為慳。崁城策蠻殘棋外，上國循規新
> 火頌。無恙江山秋黯澹，共和民族語綿蠻。何當浮海蓬瀛去，終老
> 方壺海上山。（〈將遊東北朝鮮留別樂天會諸君子即用劍泉瑤韻〉，
> 詩，1940，頁 89）

滿鮮之旅依舊是在戰爭期間，王開運身心不得真正安頓，故詩句也充滿矛盾掙扎。當時臺灣雖非正面涉入中日戰爭（例如不是中日兩軍交鋒之地），但仍受戰爭影響，臺灣人必須支持戰爭，大力奉公，因此是「崁城策蠻殘棋外」。而「上國」是位在北方、臺灣上方的國度，即滿洲國、朝鮮，前者於 1930 年代成立，後者也久為日本殖民地，不再如清代盛世那樣，或是隸屬中土，或是向中原稱臣，兩地反倒都要被迫支持戰爭，故言「上國循規新火頌」；其中「新火頌」有時節改易之意。「無恙江山秋黯澹」一語，指出臺灣與滿洲國、朝鮮，皆在日本帝國勢力範圍內，都不是直接的戰場，外表無恙，但戰爭卻

〔註23〕 參見「八庄大道公」網站的「八庄名人」（http://www.918.org.tw/temple5/
　　　　 default.asp）。2012 年 5 月 31 日閱。

是從思想、生活、物資等方面來產生影響,使得王開運內心仍是不平靜。「共
和民族語綿蠻」則是表面上寫日本帝國內部民族眾多,語言多元,如同鳥兒
啼聲綿蠻,卻不無寓藏局勢混亂之意。職是之故,在出發之前,「折柳情深鷗
鷺班,清談惜酒不爲慳」,王氏要與友人互訴情衷,寄託情懷於詩酒,最後以
「何當浮海蓬瀛去,終老方壺海上山」做爲暫時領悟。

只是,家鄉臺灣的情況不忍觸目,那麼目的地滿洲國、朝鮮,就眞能視
做海上仙山嗎?且看〈詠鴉〉(詩,1939,頁97):

> 田疇千里少行蹤,刻骨寒威不稍鬆。南去群鴉知遠避,靈禽畢竟勝
> 阿儂。

此詩與王開運前往滿、鮮的相關詩作,同時刊於1940年11月份的《臺灣新民
報》,應當也是旅中作品。詩句表面上提問,飛鳥尚且知道因應天候而南遷避
寒,怎麼人們就不知道趨吉避凶呢?但實際情況是,人民受戰火羈絆,根本
無可奈何,這才是王氏的暗示。因此,儘管王開運願意將旅行視做一種解脫,
卻恐怕還將再生出另一番無奈愁苦。

此行王開運曾遊覽多處名勝古蹟,懷古之餘,再度產生「萬物有常,世
事多變」的感受,就中更夾藏著故國情懷;事實上,這般情懷一直潛藏在王
氏心中。例如1927年至1931年期間,中國畫家王亞南3度來臺,王開運皆
得以與之聚首,並聞知中國局勢;而談及此話題,王亞南總是滿懷悲傷,因
此「每思海上問芝田」,頻頻追求安頓身心的天地,又對於臺灣的印象頗佳,
遂感到「身到瀛南俗慮蠲」(〈臺南各界歡迎會即席〉〔註24〕)。爲此,王開運
雖然和詩安慰對方,但其終究接受過漢文教育,加上臺灣的祖國曾是中國,
又日治時期的民族差別待遇甚爲明顯,在與王亞南互動之下,潛藏在其內心
的「故國情懷」也就被喚醒。且看〈再次亞南宗兄瑤韻〉(詩,1928,頁19):

> 誰識前朝舊井田,滄桑轉瞬恨難蠲。荒村弔古城南路,野廟尋詩海
> 外天。鴻爪惟存摩詰畫,琴心空負伯牙絃。乘槎我欲從君去,五岳
> 逍遙作散仙。

此詩是1928年王亞南南下,王開運與之同遊法華寺後所作。法華寺是明鄭時
期李茂春的歸隱參禪之處,名「夢蝶園」,後一度改名「準提庵」,至清代始
名「法華寺」,爲臺南府城名勝之一。〔註25〕當時遊寺,王亞南亦曾吟詠「青

〔註24〕王亞南《游臺吟稿》,頁21。
〔註25〕王浩一《在廟口說書》,頁123～126。

青池畔草，零落不勝愁」，並自註「園前原有荷池，今惟見池塘青草」（〈游法
華寺賦似開運宗臺韻〉）；如此滄海桑田，人事無法恆常的景況，最容易引發
詩人牢騷，故原本欲藉遊臺忘憂的王亞南，遂另生一番憂愁。後王開運以「省
識三摩地，能消萬斛愁」（〈同亞南宗兄遊法華寺賦呈斧正〉，詩，1928，頁 20）
和之，表示若能懂得佛家的止息雜念之道，使心神平靜，看清世間一切的要
領、真諦，則憂愁盡銷。

　　只是，愁緒豈是幾句應答便足以消解的？就在談天之際，王開運的故國
情懷反倒被勾連出來。在〈再次亞南宗兄瑤韻〉裡頭，「誰識前朝舊井田，滄
桑轉瞬恨難蠲」，可見王開運也有感嘆，嘆的是古寺仍存，若干景物依舊，臺
灣卻因三十餘年前一場甲午戰爭，而被迫淪為殖民地，結束了兩百餘年的清
領時期，這樣的突兀變異，事關王開運自身處境，就不得不感到「恨難蠲」。
因此，到城南法華寺弔古，成為一個不堪忍受殖民現實，有意尋找不再觸景
傷情之處的象徵，無怪乎王氏要說「乘槎我欲從君去，五岳逍遙作散仙」。

　　再在〈夜談次劍泉吟兄瑤韻即呈亞南宗兄教政〉（詩，1928，頁 20）裡，
王開運的故國情懷亦無所避諱：

> 竟夕話胸襟，中原悲陸沉。忽驚飛羽急，更惜落花深。談虎情猶昨，
> 攀龍志到今。紅梅留數點，晤對證同心。

原本王開運希望王亞南在臺能忘懷時局，不料文友相聚，話題仍舊圍繞在中
國。從「竟夕話胸襟」來看，敞開胸襟不止是王亞南，還有王開運、趙雅福
（劍泉），彼此齊同「中原悲陸沉」，為遲遲無法消弭動亂的中國感到哀傷。「晤
對證同心」，可見王開運、趙雅福不僅同情王亞南的憂愁，更感到思想認知一
致，這當是故國情懷所致。另外，在之後的 1942 年，「上海恆產株式會社」
社長陳紹嬌來臺〔註 26〕，王開運與之聚會，贈詩雖有應酬成份，卻也透露出
幾分真情：

> 同種同文共此生，支分派別若為情。鶯花爛漫憐兒女，風雨飄搖感
> 弟兄。遍地哀鴻猶待救，徹天烽火未收兵。前途珍重風濤惡，增飯
> 加餐莫放輕。（〈華中經濟代表陳紹嬌先生歡迎席上賦呈二首〉其二，
> 詩，1942，頁 87）

昔日同是一朝臣民，今日成了異國兄弟，尚且因為戰爭以致於臺、中之間呈

〔註 26〕〈陳紹嬌氏（上海恆產株式會社長）〉，《臺灣日日新報》夕刊，1942 年 8 月
14 日，1 版。

對立關係，故「前途珍重風濤惡，增飯加餐莫放輕」，是王氏對友人的疼惜；「若爲情」更有道不盡的悲楚，故國情懷自然包含其中。

　　回頭來談王開運的滿鮮之旅。既然王氏的故國情懷曾因爲與友歡聚而被喚起，如今踏上前清的發源地「滿洲」，其情懷豈能不更加深刻糾結？先看〈謁瀋陽北陵〉（詩，1940，頁 91）：

> 侈說皇陵舊北園，銷沉王氣野花繁。我來欲問前朝事，石馬銅駝兩
> 不言。

北陵（即昭陵）是清代開國者清太宗皇太極及孝端文皇后的陵寢。王氏藉著遊陵與人縱論史事，卻只能空談，畢竟盛世不再，僅有舊物留存不語、野花持續生長，沉默中帶有無限滄桑。下面 4 首詩亦復如此：

> 關東面目已全非，依舊霜嚴雪逞威。塞北風雲橫掃盡，怪他婦女尚
> 紅衣。（〈大連所見〉，詩，1940，頁 90）

> 爾靈山上拜忠靈，黃海望中一抹青。彈指滄桑成戰跡，當年草木有
> 餘腥。（〈登爾靈山〉，詩，1940，頁 90）

> 燈光如豆映西旛，十字高碑永載冤。此日墳前求乞者，尚多白露舊
> 王孫。（〈遊覽露人墓地〉，詩，1940，頁 90）

> 得勝臺高號牡丹，金湯空說守三韓。星移物換山河在，如鯽遊人各
> 倚欄。（〈登牡丹臺〉，詩，1940，頁 89）

「關東」指「山海關」以東，即今中國東北地區；「爾靈山」是「203 高地」的諧音，位於中國遼寧省大連市旅順口區，曾爲日俄戰爭戰場；「牡丹臺」位於今北韓平壤，正是昔日甲午戰爭的戰場。在這些地方，大自然的山河恆常少變，花草兀自生長，天候依舊嚴寒，大大小小的人世紛擾卻業已出現又消逝；儘管舊物古蹟足以做爲歷史的見證，只是「如鯽遊人各倚欄」、「怪他婦女尚紅衣」，人們不一定全然在意，未必能夠逐一誠心瞻仰、回思往事，故相較之下，王氏就顯得獨特又異常敏感。

　　從北陵處，王開運思及自皇太極開國奠基以後，清人逐漸取代明朝，攻克明鄭，開展兩百餘年的帝國命脈，臺灣亦曾隸屬清國版圖，而今王氣安在？從大連、爾靈山、露人（即俄人）墓地等處，王氏思及自日俄戰爭起始，東

北局勢是如此地倏忽多變，中國既無力處理東北地區長年受俄、日覬覦的困擾，還面臨了日本關東軍進駐國境、製造九一八事變、成立滿洲國等情事，故言「塞北風雲橫掃盡」；而俄國則在日俄戰爭失利之後，國內動盪難安，最後甚至國體一變，由帝國轉為共產國家「蘇聯」，無怪乎王氏會道出「尚多白露舊王孫」。

然則，或許讓王開運最為惆悵的，是觀覽牡丹臺的心情。甲午戰爭由朝鮮問題而起，清、日兩軍曾在平壤（含牡丹臺）交戰，也緣於清軍最後戰敗，衍生馬關條約，臺灣被迫淪為殖民地，王氏自身才成為殖民地人民。如今回到歷史變化的「原點」，寫下「金湯空說守三韓」、「星移物換山河在」這樣的詩句，可以想見其內心蘊藏了多少說不出的憾恨。

王開運連續於 1939 年、1940 年前往中國的見聞，都使其感到世事無常，特別在滿洲國、朝鮮的懷古遊覽，更觸及身世處境，故國情懷油然而生。筆者認為，王氏之所以那麼強調「無常」，實有自覺與不自覺的因素存在。自覺者，是王開運反對戰爭，卻不容明言，故以恆常、變易相對，只消加以推敲，便知曉情意所趨。不自覺者，乃因歷史是一連串的變化過程，當下時局變動不易掌握，且王開運處身亂世，感受深刻，無形中遂強化了對於人生虛幻無力之感；是以，這也是為什麼兩次中國行旅，王氏會頻頻於相關詩作裡提及恆常、變易的緣故。此外，兩次中國旅行的詩作也能夠補充說明，在同時期看似有著諸多支持皇民化運動的舉止背後，王開運的心境是苦悶、無奈的，絕非樂意為之。

1944 年，王開運被迫配合戰爭，遠赴海南島主持瓊崖銀行，這是最後一次前往中國，也是最艱苦漫長的一次海外經歷。出發前夕，王氏的餞別詩作已透露出不樂意此行的心聲；而在海南島的生活情況、不得返鄉的情緒、對於人生與局勢的感受，以及協助留瓊臺灣人返鄉的過程，可詳見本論文第四章，茲不再贅述。

五、用世與歸隱的選擇

經世濟民，本是傳統教育對知識份子的期待，往往也是具有理想抱負的知識份子的自我期許；然而，知遇或不知遇，得志與不得志，沒有定數，因此產生了「窮則獨善其身，達則兼善天下」（《孟子·盡心》）這樣的安頓心靈之方。只是，要如何的挫折才算是「窮阨」？要怎樣的際遇才可說是「達順」？

隨著每個人性格、認知看法、實際處境的不同，標準也就不同，故而有著「用世」與「歸隱」之間做出選擇的難題。

在探究王開運於 1930 年代開始產生的對時局、生命的憂思之後，也有必要觀察其如何選擇「用世」與「歸隱」。王氏詩作，除了滿腔悲憤以外，其實還訴說著壯志未酬，歸隱不成的心情，這是怎麼樣的一個內心掙扎？又是什麼原因造成如此情況？欲探析這些問題，且先論及王氏的「用世情志」：

> 漁父心情亦可哀，空懷壯志上章臺。此心應似西窗燭，淚不乾時志不灰。

> 幾箇使徒矜意氣，偏多豎子早成名。勸君莫學巢由輩，濁水橫流久未清。（〈失題（大屯一夕小勾留）其三、四〉，詩，頁 174）

這是王氏與友人同遊大屯山的詩作，一共 4 首，第一、二首寫遊山之樂，接著其心情由愉悅轉為亢奮，成就了第三、四首。在上引詩句中，王開運勉人亦勵己，對於古代巢父、許由、漁父等人的逃避世事、一心歸隱的想法不以為然，遂透過阮籍那種「時無英雄，使豎子成名」（《晉書·阮籍傳》）的感慨，表明應該要滿懷壯志以用世，實踐態度更要像蠟燭燃燒殆盡一般。筆者暫時無法判定此詩的寫作或發表年代，卻不妨礙解讀。若此詩寫於王氏青年時期，恰可再次呼應其於國語學校畢業之時，原本便期待能夠鵬程萬里，在社會上有一番作為；若是寫於其他階段，則能夠說明王氏畢生都存在著經世濟民的情志，比如到了晚年，猶言「自笑匡時好才調，被天強派作詩人」（〈小眠齋裡苦吟身〉，詩，1957，頁 168）、「濟世匡時待乘機，雄圖偏與寸心違」（〈偶感二首〉）、「胞與關心老長在，深期破敵早收京」（〈戊申詩人節書懷〉，詩，1968，頁 167），只是緣於種種原因，致使壯志未酬。總之，可以先行確定的是，王開運曾經擁有過見用於世的雄心。

回顧本論文對王開運生命經歷的考述，其表現確實致力於經世濟民。像是擔任臺南商協會長，帶領市內臺籍商人共創利潤；擔任市協議員、市議員、路竹庄長，謀求臺南市內發展，並解決派系爭執；參與民族運動，於啟迪民智、追求地方自治上盡一份心力；與文友創辦《三六九小報》，在日語漸佔優勢的日治時期，維繫傳統漢文一線生機；成立「臺南愛護會」，改善了市內乞丐收容問題；到了戰後，則奔走協助留瓊臺灣人返鄉，並參與落實地方自治的奠基工程，而擔任臨時省議員期間，亦多所建言。這些作為的功效、重要性有的影響有限，有的立竿見影，但不以成敗論英雄，皆是可圈可點；而王

氏也曾提到自己「議會曾爭鬥，辭嚴氣益振」、「盛氣參文化，膽嘗更臥薪」（〈己丑九月十一日為予六一誕辰回思往事無任感慨因成紀事詩一首錄呈諸親友郢政並乞賜和〉）、「任性昔曾詡熱腸，灑將熱血為人忙」（〈中秋前偶患盲腸病後感賦〉），可見其知悉這些作為的意義，且或多或少感到得意。

　　不過，更多的時候，王開運卻往往自我否定。例如在戰前，「一生株守難言志，三世書香不算貧」（〈庚辰元旦〉），王氏不但壯志未酬，尚且「亦喜亦悲餘日短，呼牛呼馬半生癡」（〈辛巳元旦書懷〉），認為自己大半輩子都為人做嫁，不得自在。再看以下兩首：

> 淨拂蓬窗不染埃，清風時逗暗香來。陰陽橐籥涼颸動，富貴浮雲笑口開。盛世懷才猶顧命，衰年避債尚無臺。半生甘苦從頭數，功過同歸一劫灰。（〈梅樵翁以秋日書懷詩索和即次瑤韻四首〉其一，詩，1942，頁99）

> 營營卒感恥群愚，遊戲人間認故吾。衫履不齊求適意，蕾藗耐食惜微驅。奉公守分擔時局，選豔徵歌笑老奴。一事無成還自慰，吟情聞寄足歡娛。（〈偶感二首〉其二，詩，1942，頁79）

當時戰爭正進行著，故第一首詩的首聯裡，天清風和所帶來的閑適，便顯得彌足珍貴。次聯，王開運從陰陽變化形成涼風流動的現象中，聯想、領略到了富貴如浮雲的道理，因為這也須端看造化，眾生無法全盤掌握貧富際遇，自然要淡然以待；這種感受，同時說明了王氏不願執著於曾有的個人事跡。而三、四聯則是今昔對比，道出自己精力正盛之時，尚且顧慮生活問題，現下年歲增長，又逢戰事，就更難迴避生計，遑論留有心思實踐情志，或回顧個人成就；因此，儘管王氏淡然看待過往，卻有一種時勢所逼，迫不得已的意味，並非坦蕩超脫。第二首裡頭，王開運「營營卒感恥群愚」，不願自己像其他人那樣汲汲營營，只求衣暖食足的基本層次能夠得到滿足，所以「遊戲人間認故吾」，要尋回本我，也藉此因應戰時物資缺乏的困境。可惜名利累身，王氏尚須「安守本份」地參與皇民奉公會活動，遂朝向花叢風月排遣無奈；不過，沉醉溫柔鄉仍非良方，最終能夠「一事無成還自慰」者，仍是吟詩寄情，而欲寄託的，是一波又一波因局勢、個人、生活而感發不息的憂思，循環往復，不勝澆愁。

　　戰後，隨著年紀老大，閱世積深，王開運更加認定自己是壯志未酬。例

如「老懷鬱勃情依舊，天步艱難意坦真」（〈六二誕辰感賦〉），道出在局勢艱難之下，其老年情懷同樣鬱結壅塞，詩句中的「情」、「意」二字，既指王氏的人生虛幻之感，也是一路上未能得遂的情志。再如「逃禪每藉花叢地，作嫁羞言翊贊功」（〈榮鐘以歲暮書感詩見示即次原韻〉，詩，1958，頁 119），為著自己消極度日，為著自己總是替別人操勞忙碌，難言經世濟民之事而哀嘆。又如〈和兆平壽杏庵古稀晉三原韻〉（詩，1961，頁 148）其二：

> 感謝親朋意，爭邀上酒家。登山雙腳健，豪飲一生誇。事往休回首，
> 眠遲為愛花。畏言糊口計，惆悵天之涯。

在祝賀場合裡，王開運有著過於喧囂的孤獨，其真正心聲是「事往休回首，眠遲為愛花」，表示無法正面肯定過去，壯志也從未實現。接著，王氏稱說自己寧願晚睡也要與花為伴，為的是什麼？一者，「花」可泛指所有花草樹木，則為的是感受物我之間的和諧寧靜，此乃紛擾人世中相當難得的。二者，「花」也可專指菊花，象徵歸隱，則為的是日常生活中能夠偶嘗歸隱滋味，畢竟其也歸隱不成。而「畏言糊口計」，指出了家中經濟的考量，正是王開運用世、歸隱皆失的原因之一，當時王氏已是古稀之齡，卻「養子原稀代老年，豈知仍是壓雙肩」（〈感懷五首〉）、「持家有子不求賢」（〈七十五歲生日偶成二首〉），可見對子期待落空，自己仍須操勞生計；就連到了 1964 年，擔任第一銀行顧問，也還要要常川駐行辦公，在外人看來，這或許是值得欣羨的高層地位，但在王氏眼裡，明顯是不以為然的。是以，思前想後，不免「惆悵天之涯」。

　　王開運自感生命虛幻，一生無成又家計纏身，確然也就有了「歸隱」念頭。那麼，王氏是何時開始意欲歸隱？又期待怎麼樣的歸隱生活呢？早在青年時期，王開運就已為提出歸隱圖象，而日後憂思生命與時局的同時，其經世情志與歸隱意念也交相出現。且看〈農夫〉（詩，1914，頁 5）一詩：

> 社公雨歇夜漫漫，叱犢郊中曉月殘。繫念西疇侵早起，警心北陌肯
> 偷安。日攜撥襪何辭苦，年執鋤犁亦自歡。作息意閒歌隴上，村前
> 村後水雲寬。

此詩一來是詠人，描寫農人不畏辛勞，黎明之前出門工作，然後在田壟上休憩放歌等情景；二來，其寫作時間就在王開運辭去教職的前後，當時王氏心情受挫甚重，田園景色正好能解除一時憂愁，同時詩句多溢美之言，掩去了務農勞苦的一面，則反映出王氏年少時，一受打擊就想逃避現實的心理，故以田園為遁隱對象。不過，〈農夫〉一詩裡定時耕耨、休憩放歌的情況，更象

徵了安定、閑適，這卻是王開運日後常感到匱乏的，也是一旦在現實經歷中
遇事不如意，便頻頻追求的隱遁方向，故此詩寫作時間雖早，猶可視做其畢
生的歸隱圖象。

　　至於歸隱典範，筆者認為，王開運鍾情於陶淵明。陶淵明為中國東晉、
南朝宋代之際有名的隱士，雖有經世壯志，卻逢亂世，遂在 5 次出仕後，按
捺悲憤，即便代價是勞苦躬耕、淪落乞食、見子受餓，也要持守內心那份不
違己、合乎性情的安寧自適，於是「歸隱」就成為精神解脫的唯一選擇，只
是心中猶有憂時傷世的悲慨。而當賦詩言志之時，陶淵明甚愛提及「菊」、
「松」，這是因為此種植物耐寒、經冬不凋，彷彿一個人不畏也不受外在影響，
依舊保有貞潔品格那般，給予陶氏「懷此貞秀姿，卓為霜下傑」（陶淵明〈和
郭主簿〉其二）的感受。〔註 27〕職是之故，「陶淵明」、「菊」、「松」，以及陶
氏作品裡頭的相關字詞，往往成為後世的歸隱象徵，尤以菊花為最，被稱為
「花之隱逸者也」（周敦頤〈愛蓮說〉），直與陶氏相結合。

　　再回頭談王開運，王氏豈不曾思及自己的心路歷程亦恰似陶淵明？同樣
懷有經世濟民之志，同樣處在亂世（被殖民、戰事連連、政局高壓），就不免
使其有了效法陶氏歸隱之心，希冀能尋得精神解脫；並且，王氏也有 10 首左
右的詩作談及菊花，皆關乎歸隱意念。例如〈霜菊〉（詩，頁 121）：

　　　　久隱東籬下，凌霜遇隔年。臨風颺翠袖，步月露金鈿。瘦影輕雲日，
　　　　幽香處士筵。杏庵孤介客，合伴此花仙。

此詩詠菊，開頭即脫胎自陶淵明〈飲酒〉其五的「采菊東籬下，悠然見南山」，
而談及菊花耐寒，亦呼應陶氏觀點。「臨風颺翠袖」、「步月露金鈿」、「瘦影輕
雲日」，則是將菊花的姿態、顏色擬化為女性，可以說是為陶淵明的「秋菊有
佳色」（〈飲酒〉其七）一語加以生動地鋪陳描寫。也因為菊花獨具貞潔、幽
香等特質，才能「幽香處士筵」，讓陶氏「汎此忘憂物」（〈飲酒〉其七），將
之結合於飲酒，一醉遠世情。最後，「孤介」是耿直方正，不隨流俗之意，陶
氏有「總髮抱孤介，奄出四十年」（〈戊申歲六月中遇火〉）之句，即言自己是
耿介之人；王氏也自許是「杏庵孤介客」，願與菊花結伴為友，歸隱之意昭然
若揭。

　　又如戰前，在〈再疊前韻奉酬可軒君〉（詩，1942，頁 94）裡，王開運言

〔註 27〕葉嘉瑩《葉嘉瑩說陶淵明飲酒及擬古詩》（北京：中華書局，2007），頁 31～
　　　　38、51～52、217～222。

「凌霜菊向三秋豔，玩世才多歧路悲」，此聯可以有兩種不同解讀，一者是稱
譽黃洪炎具備菊花的貞潔品格，有才調，並能夠以不嚴肅的態度應世，卻終
究遇上了歧途失路、世事茫茫的困境；二者是向黃氏提倡歸隱，唯有自得自
適的生活，才能像菊花那般愈冷愈豔，時時保有自我而不迷失，畢竟如何的
玩世不恭，也會有克服不了的現實問題。無論如何，王氏最後告知黃洪炎，
既然「人生際會渾難定」，那麼就應當「擷草擒花自賦詩」，透過養花蒔草、
賦詩抒情來自娛，追求內心安頓，同樣是表達歸隱之意。再看〈再疊舊九月
十一日誕辰自嘲韻〉（詩，1942，頁 98），頷聯「天荒地老窮棲隱，世亂時危
每逡巡」，王開運道出自己是長時間追求歸隱的，卻總因局勢以致產生顧慮，
徘徊於用世、歸隱之間。接著頸聯先言「三徑幸存搖翠菊」，仍脫胎自陶淵明
〈歸去來辭〉「三徑就荒，松竹猶存」之語，表示王氏也決定要效法陶氏歸隱；
下一句自嘲「一生誤作惜花人」，但推敲可知，王氏並不後悔歸隱生活，或許
還會因為自己懂得欣賞、憐惜菊花的品格而感到歡喜。到了 1944 年，王開運
〈次子敏詞兄瑤韻〉（詩，1944，頁 114）其一裡頭有「東籬待種晚香菊，南
島光成無口匏」之句，更直白說明自己嚮往陶淵明的隱居生活，只是不得不
遠赴海南島，成為了名副其實的「沒口葫蘆」，苦悶無從說起。

　　戰後，在〈中秋前偶患盲腸病後感賦〉裡，「浮生若夢鬚眉白，一事無成
徑菊荒」，說的是戲夢人生，轉眼間形體已是如此衰老，用世、歸隱皆無所得；
不過，「熱腸已冷盲腸割，世味無腸好澹忘」，既然用世熱忱消失，盲腸又割，
王開運乃自嘲著，這正好不用牽掛人世滋味、功名宦情，可以淡忘，足見王
氏仍欲追求歸隱。又如〈重陽後二日生辰感賦〉裡的「東籬菊豔堪娛目，南
阮囊空不患錢」，王開運再度用了陶詩典故，期待歸隱，且不願擔憂阮囊羞澀、
手頭拮据的生活問題。再如〈乙未生日前二日適值重陽臺南諸親友假礪園為
開歡讌〉（詩，1955，頁 136），「作客久拋三徑菊，蒔花寧惜半弓苔」，則是因
為王開運在第一銀行任職，久居臺北，故形同作客他鄉，遑論歸隱；但從「蒔
花惜苔」來看，王氏從未放棄歸隱想法。而在〈丙申六八生日〉裡，由於「壯
志磨穿千古恨」，是以抉擇了「護花寧諱一生癡」；王開運護愛的乃是菊花，
期能「十畝杏庵秋更豔，兒孫滿眼菊盈籬」，意欲歸隱並效習陶淵明的心理甚
為明顯。

　　王開運以陶淵明為歸隱典範，但由於每個人的性情、境遇、所處局勢都
有不同，用世、歸隱也就未必都能盡如己意。王氏是不得全然歸隱之人，頂

多只是擁有短暫的深居簡出生活，是以自問「何時得遂青山願」（〈陰曆九月十一誕辰旅中感賦〉，詩，1941，頁 99）、「何時得遂雲溪醉，靜對琴橋白板扉」（〈失題（能忘世事名心淡）〉，詩，1957，頁 173）。如此用世不得，歸隱不能的心情，相當深刻地表現在〈夏日雨後感賦三首〉（詩，1942，頁 80）：

> 黑雲淨盡晚晴新，泥滑沙平草似茵。挾勢雨風強萬弩，徹天兵火照邊塵。盧窗怕讀前朝史，大地難容一酒人。自笑班超空戴相，菜根長啖葆吾真。

> 一雨欣教萬象蘇，夕陽欲下尚踟躕。民生幾箇關心切，歲序無言去日徂。菜把輸誠窮地主，郵筒豪氣付官壺。閒來心事如潮湧，半爲謀生守故株。

> 老到居然一棄人，抽身合作太平民。功名齒冷登場客，毛鬢霜添歷劫塵。青草池中蛙鼓鬧，黃梅雨後柳芽新。何時得遂歸田計，骨肉盧堂笑語親。

此詩第一首由景入情，大自然有雨過天清的時候，那中日戰爭呢？當時竟仍是「徹天兵火照邊塵」。此局勢下，王開運的心情受著雙重煎熬，一方面自己不願閱讀各朝歷史，因爲歷史記載的一切興衰成敗，終究都將隨時間化爲塵埃、消失，且戰爭更是加速了這種情形，無疑在強調人生如夢之感，是以自己「盧窗怕讀前朝史」；另一方面，日軍也不容殖民地人民避世養生，王氏必須協力戰爭，必須參與皇民奉公會，是爲「大地難容一酒人」。最後，「自笑班超空戴相」，用的是班超具備將侯面相的典故，相者言班氏「燕頷虎頸，飛而食肉，此萬里侯相也」（《後漢書·班超列傳》），「戴」即是指大塊的肉；只是，王開運並不稀罕具有班超那樣的潛質，畢竟班超之才若非無可用世，不然就是在戰爭中被轉化爲協力者，故寧可「菜根長啖葆吾真」，而此句既表示王氏欲求歸隱，也是暗指戰時物資的不足。

第二首同樣由景入情，其中「黃昏」容易讓人思及生命盡頭，讓王開運感嘆著「民生幾箇關心切，歲序無言去日徂」，雖然憂時感世，但歲月終究是匆匆流逝。「菜把輸誠窮地主」一語，則依「窮」字詞性的不同而解讀各異。若當動詞用，是指連用蔬菜「奉公」都會使地主感到窘迫；若當形容詞用，表示僅能捐出貧瘠事物，聊表對殖民者的「誠心」。無論如何，兩種解讀都指向物資不足的事實，且王氏是無能爲力又無可奈何，遂以「郵筒豪氣付官壺」的姿態度日。這種姿態其實也乞靈於陶淵明，陶氏辭官歸田，貧難沽酒，雖

時有人備酒贈資，但陶氏並不因此動搖歸隱意念，只是單純飲酒，或藉著飲酒思索人生問題〔註 28〕；如今王開運面臨戰爭亂世，大肆飲著臺灣總督府專賣局出品的酒（故稱「官壺」），無疑也是藉酒澆愁與沉思，於是「閒來心事如潮湧，半爲謀生守故株」，感嘆大半生爲了謀生以致汲汲營營，不知變通，就中自有用世、歸隱皆失的遺憾。

　　第三首直抒歸隱心志，可以說是經由前兩首的觀察時勢、飲酒思索之後的結果。首聯裡，王開運自認性格老練穩妥，卻意外地在戰爭中「老到居然一棄人」，一個被遺棄的人；之所以如此，是無可用世，也不願協力戰爭使然，故形同被世間遺棄。不過，王氏並不感覺渺茫，反而認爲是到了「抽身合作太平民」的時候，表示此刻應該要脫身當個心境平靜無事之人才好。次聯「功名齒冷登場客」，對熱衷於功名利祿者感到可笑，是王開運不再留戀榮利的心跡，而最直接的影響就在於「毛鬢霜添歷劫塵」，因爲經歷過世情、戰火，歲月也將毛鬢催白，故該當是護養餘生的時候了；且因爲年紀老大，才能擁有洞見人世之心，欣然歸隱。至於三聯「青草池中蛙鼓鬧，黃梅雨後柳芽新」，表面寫景，同時也是王開運對隱居生活的預示，並說明其懂得感受隱逸之樂。雖然一切的一切似乎都下了決定，卻仍要問「何時得遂歸田計，骨肉虛堂笑語親」，可見對於王開運來說，歸隱是多麼遙不可及之事，儘管如此，王氏依舊不放棄追求歸隱的意念。

　　王開運在不得全然歸隱的情況下，對其所擁有的家庭溫暖、養生自適、閱讀飲酒、友人情誼等，更加備受珍視，這也是慰藉心靈、滿足歸隱想望的暫行方法。在戰前，例如〈偶感二首〉其一，有「紅日半床蕉鹿夢，黃經一卷杏花庵」一聯，「蕉鹿夢」用了《列子》書中鄭人得鹿又遺失藏匿處的典故，表示睡夢是夢，人生亦如夢，故樂於睡到日上三竿，悠遊於夢境，而清醒時便在自己的屋舍「杏庵」從容讀書，領略黃老之學的哲思，一派自適任眞。此聯爲王開運的得意之句，在〈歸鄉偶詠〉（詩，1967，頁 165）裡重覆出現，甚至將之鑴刻於竹簡，掛在牆上（獻，頁 73）。再如〈舊九月十一日誕辰自嘲〉（詩，1942，頁 98）的「一樹梅花春獨早，滿庭風葉酒頻巡」、「弄孫恰好來佳客，醉月猶須仗美人」、「目隨朋舊樂天眞」等句，對於觀梅、含飴弄孫、宴客皆感到賞心樂事，既能暫時排遣王開運內心的寂寞、悲懷，也實現了「骨肉虛堂笑語親」（〈夏日雨後感賦三首〉）的夢想。又如〈晴園觀梅次晴園主人

〔註 28〕葉嘉瑩《葉嘉瑩說陶淵明飲酒及擬古詩》，頁 42～45。

原玉〉（詩，1943，頁 101），王開運拜訪同為詩人的黃純青的「晴園」，賞花
之餘，尚且「冷腸恰稱梅邊飲，疏影偏宜檐下斜」。而梅花也是隱逸象徵之一，
代表者乃中國宋代的林逋（和靖），過著「梅妻鶴子」的生活，故王氏在尾聯
處以「請與逋仙堅後約，明年重寄一枝花」呈現，讚美黃純青是林逋再世，
並約明年再聚，可見晴園的格局、氛圍同樣滿足了王氏的歸隱想望。

　　到了戰後，這種情況依然如此，茲再舉二例：

　　　　養神高臥最相宜，紅日不來起也遲。應是天公憐我懶，終朝故送雨
　　　　絲絲。

　　　　無事晨昏但讀書，豈關好學惜三餘。埋頭總勝尋花好，面目堪憎藉
　　　　此除。

　　　　膽瓶豔放一枝花，嬌媚天然勝麗華。解語花難求解事，等閒靜對思
　　　　無邪。

　　　　一宵滴瀝到天明，涼意油然枕上生。安得芭蕉三五樹，窗前舒卷助
　　　　吟情。（〈庚寅夏五苦雨戲作〉，詩，1950，頁 124）

　　　　老來臥病日偏多，無奈長親藥鼎何。聚首傾談原快樂，稱心買醉幾
　　　　經過。三男學藥知勤勉，四女彈琴喜揣摩。一室歡呼春意滿，孩童
　　　　爭舞阿哥哥。（〈丙午除夕南歸又戲一律〉）

前一組詩是王開運得意詩句「紅日半床蕉鹿夢，黃經一卷杏花庵」的延展，
既然歸隱不成，偶得閑暇能夠讀書貪睡，業已心滿意足。後一首詩是歸鄉之
作，王氏遷居北上，思鄉心切，如今值年節歸鄉，又見兒女各有所長，其餘
晚輩則迷戀著當時從美國傳來臺灣的流行文化「阿哥哥舞」（A-gogo Dance），
在在營造出家庭歡樂圓滿的氣氛，為王氏一解鄉愁，也使得歸隱不成、對子
女期待落空的缺憾得到暫時安慰。

　　自中年以後，王開運內心常是「憂思」、「用世」、「歸隱」並存，而時代
動盪不定、個人際遇多舛、家庭重擔未卸，以及年紀老大等因素，也就交互
影響這 3 個情愫。當王氏意欲用世，則無法力挽狂瀾，且家計纏身又思及年
老力衰；意欲歸隱，則局勢不允，家計仍要考量，自己更憂世感時；若專務
家計，則遺憾不能安度晚年，不甘心庸碌度日；如此多的外在羈絆與內心矛
盾，終造成其用世不能、歸隱不得，兩者皆失的窘境。然而，回頭看王開運

的社會活動，實際上已有不少值得銘記的事跡，未嘗沒有履行用世情志；就在不能滿足的情緒裡，反倒也浮現了對家庭具備責任感，對時事相當關切的心靈。

第二節　雜文作品的書寫主題

一、雜文作品概述

在析探王開運的漢詩作品之後，接著再來談其雜文，包括了小說、隨筆、議論、小品等類型，由於體裁駁雜、篇幅短小，故逕以「雜文」稱之。

大致說來，王開運的雜文有 3 處值得注意。首先，創作時間上，除了〈籟軒詩集序〉（文，1965，頁 70），其餘雜文都刊登於 1920、1930 年代，尤以《三六九小報》最為集中，這自然是因為王氏身為《小報》的同人兼編輯，具有使命感，且《小報》時有稿荒危機，必須多多撰著。而依據《王開運全集》編纂成果，以及筆者見得的資料來說，隨著《小報》停刊，王氏也幾乎不再創作雜文，可推知其雜文的創作生命活躍於前半生；之所以如此，與當時王開運在事業經營、社會活動方面的熱絡表現也不無關係。茲將王氏雜文作品的數量及分布情況整理如下（含補遺，亦可見附錄三）：

表 7-2-1【王開運雜文分類統計】

類別　　年代	小說類型	散文		隨筆				
		花叢小記	其他	幸盦隨筆	東遊日記	靜室小言	醉廬漫筆	亂彈
1920's	0		3					
1930's	7	131	16	69	31	31	3	12
1960's	0		1					

按：「隨筆」以刊登一次為一則來計算。

其次，王開運的漢詩與雜文兩者的內容、特性有很大的不同。差別就在於，雜文的關懷主題相當明確，偏重外在社會問題與時事的評論、記述，可說是比較「理性」的，縱使文中帶有感嘆，但感嘆原因並不隱晦；漢詩則反是，面對中國詩學傳統所謂的「詩言志」、「溫柔敦厚」等核心概念，王氏似乎相當信守，若不先行理解其所處時代、生命經歷，吾人往往無法看見王開

運的憂喜心情所為何來。簡言之，王開運的雜文作品比較帶有理性的特色，
與相對感性的漢詩涇渭分明。

其三，這些雜文集中於日治時期，卻有兩種不同撰文風格，在此略為說
明。王開運非刊於《三六九小報》的雜文有 8 篇，其中 4 篇是《小報》創刊
之前即發表者。〈民法施行議論小計〉（文，1921，頁 2～6）為首篇雜文，因
應臺灣將於 1923 年實施「民商法」而寫，內文分兩部份，一是將《臺灣日日
新報》上頭的各種意見加以整理，讓人知悉「民商法」裡各個議案分別有多
少人贊成，多少人反對，使「民情所在，亦足徵矣」；另一部份，則像是王氏
個人的「入世宣言」：

> 吾臺自督府評議員會民法施行諮問案出，爾來此論彼駁，皆以事關
> 重大，故各抒誠討究，不憚煩贅，足見吾臺風氣之開，且足徵諸人
> 士之熱腸也。唯是言者，雖具滿腔熱誠而讀者若視同雲煙過眼，則
> 于事何益？況以吾人狹隘眼簾所及，除作酒後茶餘之談而外，能潛
> 心考究，而為臺民作輿論之先聲者，實百無一二，豈吾臺之人，尚
> 有守口如瓶，防意如城者乎？抑謂不在其位不謀其政者乎？
>
> （中略）
>
> （前略）然其具體的之案，吾臺不少法律專門之士，天下興亡，匹
> 夫有責，還望平日設一調查會，悉心研究，具成案文，以資政府之
> 參考，方為有效。陸游云：『君子有二恥，矜其所能，恥也：飾其所
> 不能，亦恥也。』余雖非君子，然忝為臺民之一員，故不敢為所飾，
> 而稍進愚言耳。

當時王開運尚未是地方上的重要士紳，但欲關懷時事的心意，已藉由此文帶
出，頗有捨我其誰的氣勢。

〈就普渡而言〉（文，1921，頁 8～9）、〈喪禮宜改善〉（文，1929，頁 10
～11）二文，是王開運檢討臺灣人在祭祀、葬禮方面過於奢侈的代表之作。王
氏肯定救飢解懸、慎終追遠的出發點，但認為過奢則用心可疑，並生出民智
不開、財用不善、衛生不良等問題，這也是王氏後來在《三六九小報》裡持
續談論的重要議題。〈就安平港築港問題〉（文，1930，頁 12），是王開運與臺
南市內其他商人代表、官員，前往日本取得全國港灣大會對「安平築港運動」
的支持之後，返臺所撰的文章，要點在於呼籲臺南市民正視安平港的歷史與
重要性，一旦築港成功，將帶動臺南市走向繁榮；關於此文，已於本論文第

三章第二節提及，茲不多贅述。〈減稅問題と消費經濟の改善——營業稅は不合理！寄附は自由意志！〉（文，1930，頁 28～32），是目前所見王開運唯一的經濟評論；此文主張比照內地，也要將「營業稅」改爲「收益稅」，依實際收益比例徵稅，並指出殖民者當局，對臺灣有強行募捐的陋規，使得商工業者、一般民眾都感到相當痛苦。而〈觀劇小評〉〔註 29〕，乃是針對來臺南開演的「永勝和班」演員的身段、唱功、敬業態度等進行短評。

　　綜觀上述 6 篇雜文，行文風格熱情、直接，有時甚至是犀利，且篇幅結構比較綿密完整，如此莊重嚴謹，是《三六九小報》處的雜文少有的；而這些文章涵蓋的時事、風俗、文藝等議論面向，或多或少都延續到了《小報》時期，只是撰文風格不同。因此，若將王氏全部的雜文作品視做一個整體有機的生命，那麼此 6 篇文章即扮演著提綱挈領的角色，預示其雜文呈現的關懷面向或大致範圍。

　　至於《小報》上大量雜文，則展現短小精悍、亦莊亦諧的風格。粗略區分，乃有博君一笑者，例如〈美元帥下野宣言書〉（文，1930，頁 34～35），以檄文形式和第一人稱的口吻，寫藝且看破恩客嘴臉，決意棄業歸鄉，用詞露骨香豔。又有正經、癲狂參半者，如〈爲小報討假名檄〉（文，1931，頁 62～63）、〈惡德頌〉（文，1931，頁 64），分別改寫自駱賓王〈爲徐敬業討武曌檄〉、劉伶〈酒德頌〉，既讓讀者感受到諧擬改寫的趣味，更表達了自身欲捍衛《小報》，願與張淑子等人開筆戰的立場。也有較爲正經者，例如〈鐘話〉（文，1930，頁 36），專精介紹詩鐘的種類。大抵說來，《小報》雖然有維繫漢文墜緒的用意，亦須兼顧長久經營之法，因此具備篇幅簡短，文字性質偏向消閒諧謔、價格不昂貴等特色；而《小報》宣言之一〈釋三六九小報〉（文，頁 18～19），正是王開運所撰，不但替《小報》的戲謔風格提出示範，其自身雜文也多服膺於此文理念之下，自然莊諧兼具。

　　由於《三六九小報》乃王開運雜文作品的主要刊載園地，承載了其日常所思所得、讀書感想；且《小報》出現在 1930 年代，正是王氏成爲地方士紳，年紀處於不惑之年的時候，活動事跡多、事業步上軌道、性格成熟穩重，所遇到的挫折風波更不會少，所以論人論事，《小報》上的雜文都是適合的觀察對象。本節要談的雜文探析，乃以此爲中心，將之分爲「對於傳統漢學的擔憂與昂揚」、「對於習俗的反省」、「對於品德低落的針砭」、「中庸而入世的個

─────────────────

〔註29〕此文收於《臺南新報》夕刊，1930 年 5 月 15 日，4 版。

人處世觀」等主題來進行說明,並在適當之處連結至《小報》以外的作品。

二、對於傳統漢學的擔憂與振興

　　過去中原政權常因在位者失政而改朝換代,也曾經遇上二度「異族」(元、清)統治,不變的是,文化核心仍以漢學爲主。然而,面臨清、日在臺政權的遞擅,移植自中原地區,並在臺灣發展達兩百餘年的漢學,卻由於殖民者施行以日語爲國語的政策,且將殖民同化的重心逐漸從「文明」(教育程度高低)推向「民族」(具日本精神與否)〔註30〕,使得漢學固有空間受到擠壓,終究不得不逐漸走向邊緣化,即便漢學在日治初期仍爲優勢文化。

　　這種變動,恐怕是有識者頭一遭遇上,而對於家學淵源,自身偏好傳統漢學的王開運來說,當然也有擔憂,遂發出一己之言:

> 古人謂欲讀書,必先求識字,蓋知識字之難也,然不善讀書者,多病此。吾臺自改隸以來,漢學日墜,一輩莘莘學子,亦多效古人,讀書不求甚解。而於字之音義,益覺傳誤不疑,如出納、會計等日常時用之字音,尚多不能辨正,以訛傳訛,殊可慨也。(〈幸盦隨筆〉,文,1931,頁 136～137)

> 間有一輩青年,在平日直視漢文爲無用長物。迨至近日,欲到海外覓職,而苦不識之無,乃深悔當時見識之淺狹,于是生擒活捉,冀可速成。殊不知臨渴掘井,萬來不及,且徒招世人之譏耳。(〈亂彈〉,文,1933,頁 321)

要觀察一文化的水平高低與普遍與否,教育成果確實是很好的切入點。新教育漸次普及的同時,王氏也看見傳統漢學日漸衰頹,其嚴重程度竟然連基本識字都有問題,並認爲臺灣人子弟的讀書態度頗爲可議;而後者正是漢學所忌諱的,畢竟「蓋漢字音義,諸多假借,苟習而不察,自免貽譏大雅,見笑文人」(〈亂彈〉,文,1933,頁 336),此語點出了漢語發音多同音異義、漢字屬圖形文字,與義重於音的特色,亦容易造成字體辨識與讀音判讀的失誤,故基礎工夫相當重要,不可貪圖臨時速成之法。

　　王開運還寫就一短篇小說〈演說的秘訣〉(文,1930,頁 20～27),同樣

〔註30〕陳培豐《同化の同床異夢》(王興安、鳳氣志純平編譯,臺北:麥田出版社,2006),頁 302～303。

針對學子漢文程度之低落，以及學習態度不良的問題加以嘲諷。故事裡，主
角王芹生自海外留學歸臺，以為喝過洋墨水便目中無人，卻因為不諳漢學，
言談中常有錯別字，被笑為「別字碑」，後來以 3 年時間速成漢學，能夠洋漢
兼通，成為演說場上的紅人。其速成法如下：

> 第一的拍案，最要觀察聽眾的心理，審貌辨色。如聽眾但顧熱心傾
> 聽，一般似中酒的時，可將案子一拍，把演說的聲調，提高一句，
> 聽眾突然受著刺激，自然不知不覺，就各齊聲喝采，這個在學問上，
> 就叫做『群眾心理』，雖演說的內容，不大充實，也可使聽眾衷心折
> 服的。蓋因現時一般的聽眾，本非有甚麼批判力，不過大家附和雷
> 同，胡亂喝幾聲采罷了。第二是分析字義，如逢突然迫切的場面，
> 不及準備材料，便要就地取糧，將講演的題目，拉來分析一番，敷
> 衍下去。如政治問題，就說『治者理也，政字是一正一文，文字乃
> 表示治民，要以仁德服之，不可一味以武力威嚇，國家纔能久遠的。
> 正是正己，就是孔子所說的心正而後身修，身修而後家齊，家齊而
> 後國治，國治而後天下平的意思。』照這樣說法，總可說得他天花
> 亂墜，充作一大場的講演了。第三是多用口頭語，這個是臨時遇著
> 為難的題目，或突然打斷話柄，急切中，拉湊不上的時候。若只瞪
> 著眼睛，默默地對著聽眾，就太不成體統，在這時候，如能撥轉話
> 頭，全以他語更妙；不然須要拉雜地用些『號做挨時節挨時陣啊』
> 的口頭語，以便挨延時間，擋塞一番，便可免當場出醜了。(〈演說
> 的秘訣〉，文，1930，頁 26～27)

可見王芹生的學識僅是流於浮面，欺瞞群眾，最後終究被他人學習，也跟著
大肆演說，不再能夠獨佔鰲頭。對於民眾只知一味喝彩、不分是非，以及習
得演說秘訣的人好出風頭、屢屢效響的現象，王開運在小說裡也頗有微詞。
如前所述，此一短篇小說正與洪鐵濤〈雞規仙外傳〉，都被認為是在譏諷黃欣，
遂使兩方有所爭執，影響「全島詩人大會」流產。

　　接著，王開運指出應該對漢學衰微現象負責的，是殖民者與部份支持漢
學的人士：

> 在歐美各國之經營殖民地者，多採取經濟的搾取主義，對於人文上
> 之施設，不過聊為掩飾而已。至於秉公取士，登庸人才，猶為勢所
> 不能。昔李斯〈諫逐客書〉曰：「不問可否，不論曲直，非秦者去，

為客者逐。然則是所重者，在乎色樂珠玉，而所輕者，在乎人民也。
此非所以跨海內，制諸侯之術也。」又曰：「今乃棄黔首以資敵國，
卻賓客以業諸侯，使天下之士，退而不敢西向，裹足不入秦，此所
謂藉寇兵而齎盜糧者也。」此數語，實可為今之統治殖民地者，作
一棒喝。（〈亂彈〉，文，1933，頁329）

或許不便直指日人的統治就是漢學式微的肇因，故表面上只批評歐美殖民主
義，日本總督府「似乎」尚未如此，並且增添了勸告語氣，讓批評力道減緩，
但無庸置疑仍是指桑罵槐。至於部份支持漢學者到底是何處失職呢？依王開
運所言，問題就出在這些人的逃避心理與虛言空談：

臺灣漢學家，每慨所學之不見用於世，而又不能為漢學界攘臂疾呼，
作重興振起之計，且又不能為謀振興漢學者，作積極的之援助。一
般老先生，非鎮日裡，埋頭不出，效故老遺民之肥遯鳴高，則柴鹽
油米，孜孜於謀生之道，豈真一錢逼死英雄漢，抑一輩子之不解自
彊不息為何物耶。（〈幸盦隨筆〉，文，1932，頁161）

歷代政權轉移之時，必有部份知識份子基於氣節而不事二主，寧願隱逸耕讀
自適，新政權則順勢嘉許，列入史書「隱逸傳」；這本非壞事，王氏之所以將
之抨擊為「不解自彊不息為何物」，乃是因為過去即便忠貞之人遯世獨善，漢
學仍存，足可躬耕讀書，但今非昔比，漢學家不該為了實踐個人氣節卻罔顧
漢學式微，故隱逸的逃避意味實已多於清高形象。

繼而在這段話之後，王開運還進一步援用施乾的觀點：

吾友施乾君，嘗謂鳴高隱遯，為社會上弱者自殺之一種。蓋其人之
存在，已與社會毫無干涉，予頗然其說，而深有慨焉。（〈幸盦隨筆〉，
文，1932，頁161）

對於漢學，王氏有重重的思慮，這般不贊成全然保持高蹈清流姿態的立場，
也促使其社會活動相當活躍，以及在《小報》上有著豐沛創作量。當然，王
開運的內心也曾有掙扎，是入世還是出世？這已於前述的詩作探析處提及。

對於空談者，王開運認為其更是具破壞力：

臺諺云：「處處君子，處處小人。」如訂購小報者，有積年累月，白
讀多時，而不給半文者：有深恐我臺文獻之淪亡，傾囊力援者，人
格之不同，正好為君子與小人之寫照。

（中略）

> 或謂臺人，多長於空談，而乏實行之力，每對他人所作之事，輒在
> 背後，加以訾議。及有當面懇其協力者，非裝聾作啞，一毛不拔，
> 則東逃西躲，埋頭不出。此等人，既不能建設，更善破壞，可謂深
> 中時弊之語。

> 學堂欲廢漢文，則群議囂然，是知漢學之寶重也，使有人于斯，欲
> 犧牲其精神物質，出為提倡是學，其必如聲響應，翕然從之也必矣。
> 乃竟出人意外，事有大不然者，則如小報之支絀，實令吾人百思莫
> 得其故。

（〈亂彈〉，文，1933，頁 320～321）

此處表面上是感嘆臺灣人只會說不會做，實際卻專指無行動力的漢學支持
者，最明顯的例子，便是部份《小報》讀者積欠報資，造成經費不足，因此
王氏認為這是喜好空談的明證，甚至是小人行為。

那麼，王開運究竟有哪些振興漢學的方法呢？其主張之一，是將漢學教
養定位為個人自修的工作：

> 今有人，敢主張廢止公校漢文者，則輿論必囂囂然，群起而攻擊
> 之，……（中略）……其實公校增課漢文，除阻礙國語及其他課程
> 之教習而外，於實際上果有幾多效果乎，苟能使其畢業後之子弟，
> 深知漢學必要，從而督勵其研究，而為其父兄者，又能以身作則，
> 相與切磋，則雖盡廢公校漢文，於漢學之前途亦無所阻撓也，不然，
> 雖盡公校遍置漢文科目，一旦畢業便能運用自如者，果有幾人乎哉？
> 嗚呼！予嘗聞排斥廢止漢文之聲矣，而尚未聞排斥廢止漢文者自身
> 之熱心研究漢文之聲也，噫！〔註31〕

對於公學校是否重視漢文，確實是日治時期大多數人判定漢學興衰與否的依
據。相形之下，王氏觀點頗為特別，蓋因為殖民者國語政策既定，要求當局
重視漢文無異緣木求魚，但也不宜消極，故主張以自修方式來習得漢學。這
也是基於王氏從求學、教書過程，以及自身讀書經驗裡所歸結出來的看法，
且強調以認知漢學的「重要性」做為前提，求學者才會懂得自重自愛，有目
標與動力持續學習，更讓此方法較為務實而免於理想主義之譏。

王開運的主張之二，即是推展《三六九小報》。曾有讀者黃玉龍於《小報》

〔註31〕〈靜室小言〉，《三六九小報》340（1934 年 5 月 13 日）。

第二次復刊時如此回饋意見：「《三六九小報》固屬補助無產階級之機關，慫慂失學青年之材料，實不可須臾離者也⋯⋯（中略）⋯⋯免漢學之墮緒，俾使失學猶可繼云云，實深雀躍。〔註32〕」此信說明讀者認同《小報》創刊宗旨，也替《小報》說話，亦即指出該刊物認定的「大眾化」理念──報資不高昂且風格平易近人──，讓每個人都能夠閱讀，甚至人手一份，將之視為函授講義來習得漢學，那麼對「無產階級」與「失學青年」自然有所幫助。職是之故，王氏既主張自修漢學，則此刊物獨立於學校體制之外，提供一交流平台，當有推廣之必要；對此，王氏雖然少在雜文裡正面宣揚《小報》，但從其強調漢學的重要、捍衛《小報》的姿態來看，也實有推廣用意。〈亂彈〉裡的一段文字可資佐證：

> 評小報者，非曰失之難解，則曰過于淺白。莫論如何，苟知漢學有提倡之必要，而又以讀書種子自命者，豈無匡正周全之一念。社會興亡，匹夫有責，吾甚有待於評論諸君子。（〈亂彈〉，文，1933，頁320）

既是讀書種子，自然要認清文化危機，面對可維繫漢學的《小報》，縱使經營困難，備受批評，仍盡力堅持下去。

筆者認為，王開運的主張之三，是在《小報》作了「示範引導」，使讀者知悉如何著手學習漢文、欣賞漢文。回顧王氏開闢「隨筆專欄」的出發點，乃是與讀者分享讀書心得，間或摘錄書籍文句，即是為讀者挑選了有趣或值得閱讀的章節；而若干雜文留下引用出處，則可資讀者逕行延伸閱讀。此外，王氏也表達了對於文學的美感觀點，例如：

> 古人作詩，聞有比擬之詠，有以蚊比妓。〈詠黃鶯兒〉云：「名賤且身輕，遇炎涼，起愛憎。尖尖小口如鋒刃，叮能痛人，叮能癢人，嬌聲夜擺迷魂陣。好無情，偷精吮血猶自假惺惺。」又有以畫魚比文理不通者，詠詩云：「瑣瑣如何也賦形，雖無鱗甲有魚名。元來全不知文義，枉向書中過一生。」意在言外，引喻恰切。（〈幸盦隨筆〉，文，1931，頁138）

又如：

> 唐子畏，嘗代人寫春聯曰：「生意如春意，財源似水源。」求者，以其文言過簡，而未愜意。唐遂再書曰：「門前生意，好似夏月蚊蟲，

隊進隊出；櫃裡銅錢，要像冬天虱子，越捉越多。」其摹擬入神處，實不讓吾臺新體詩擅美於前也。

《枕亞浪墨》載，金聖嘆嘗代人作家書云：「男出外托祖宗福蔭，一路平安。圈裡豬長弗長，母親孕養弗養，家人若有空工夫，每日要搓麻繩三十丈，搭搭豆棚。家中光棍切莫放進，光棍者大兄二兄也；後門惡犬，須要謹防，惡犬者大叔二叔也。黃豆與鹽菜同食，有胡桃滋味，不可使南貨店知。刘姑夫一路吃糕，不肯與我一塊此番不中，天理昭彰，刘字即劉字，慎勿認作九二碼子，切囑切囑。」一氣呵成，大可為治士文學家作一篇文章軌範。

（〈幸盦隨筆〉，文，1932，頁 174）

簡短評語，卻點出傳統文學精妙之處，表示王氏之所以愛好傳統漢文，以及傳統漢文之所以值得欣賞，乃有理有據，且與新文學對舉評比，指出其價值、平易近人的程度、藝術性等，均不亞於後者，乃間接為《小報》讀者提供若干鑑賞傳統文學的參考。這些「示範引導」在王開運的雜文裡相當普遍，但除了若干雜文是純粹談傳統文學之外，其他如關乎社會風氣、品德、個人修養等文字，也多是引經據典；甚至擴而充之，王氏所使用的撰寫文體，主要採取文言文形式，都屬「示範引導」範圍之內，可說是俯拾皆是。

三、對於習俗的反省

習俗是人類生活的結晶，當理性與科學較不發達的時候，其社會功能就愈益重要。臺灣自 17 世紀起，經歷了一段長時間的外人移墾活動，面對諸多生活困境，拓殖者強化原鄉習俗，甚至進一步與原住民習俗結合，產生新的習俗，以做為精神寄託、生活重心。惟移墾社會的工作機會不少，工資高昂，拓殖者能迅速致富，也使得臺灣習俗具有過奢現象，清代的宦遊官紳與本土士紳即多在方志與詩文裡批評臺人尚鬼、花費無度。〔註33〕

進入日治時期，殖民當局知悉臺灣人普遍「迷信」，在將臺灣導向民族同化、殖民地現代化的同時，也利用宗教政策來輔助統治，於是習俗中之陋者方興未艾，更阻擋了民族資本的累積與臺灣人智識之上升。然而，宗教政策

〔註33〕顏菊瑩〈蕭永東研究——以《三六九小報》為探討文本〉（臺南：成功大學台灣文學系碩士論文，2010），頁 47～48。文化部，「國家文化資料庫」網站的「社會習俗」詞條。

終究是籠絡之法，日本既經明治維新，汲取西方文明，有識之士仍會有相反意見，例如遲至 1896 年，《臺灣新報》（後併入《臺灣日日新報》）已指出民眾有祈禱上天的陋習，不知氣象變化之理。〔註 34〕嗣後，隨著臺灣人接受新教育的比例增多，新一代知識份子崛起，打破迷信與陋習也就持續成為社會人士的努力目標，特別是臺籍知識份子，很大的程度上其用意即在追求文明提升，期與日人平等。

同樣是知識份子成員之一，王開運也對習俗有所反省，且可以說是畢生反對迷信、陋俗與奢華風尚。先看〈就普渡而言〉：

（前略）夫普渡云者，原欲救孤魂之饑、解倒懸之苦，意亦良善：第以宇宙之大，其受飢餓倒懸之厄者，豈獨率萃臺灣？不然自古迄今，孤魂惡鬼，悉當恆河沙數，雖罄全臺所有，尚恐不足以供一餐之用，夫何普施之有？況施之者，果為憐念無依孤魂而然乎？抑為冀邀分外福利而然乎？十手所指，十目所視，吾知彼輩雖能欺人，總不能自欺也。先哲云：「非其鬼而祭之，諂也」。祭之猶不可，況有所要求而祭之耶？是普渡之為迷信也明矣！且盡人而知之矣，然其所以不能廢棄者，其故有二：一則因我臺祭祀之權，多握於婦女之手，值此世界蒙昧，為主婦者既不能自覺，為男子者又莫能制止，遂使釀成惡習，牢不可破；一則以其危害無幾，故遂置不深究。殊不知從善如登，從惡如崩。……（中略）……況其為習尚之害也，使子孫多長一迷信，一不利也；由個人經濟而言，際此金融困迫，糜費無謂之財，二不利也；由衛生言，珍饈羅列，須至魚餒肉敗而後食，三不利也。有此種種不利，禁之猶恐不遑，況敢因循而尤效乎？噫！天下事不患不知，唯患知而不能行耳。以後若能毅然痛改，力挽頹風，則為我臺造福不淺矣。

此文刊於 1921 年的《臺灣青年》，離當時臺灣文化協會的成立（10 月 17 日）尚不到一個月的時間，可知王氏既藉由此文與在東京主持《臺灣青年》的蔡培火保持聯繫，亦與文協革除陋習的理念不謀而合。〔註35〕文中以理性思維，

〔註34〕〈祈禱陋習〉，《臺灣新報》，1896 年 9 月 23 日，1 版。顏菊瑩〈蕭永東研究——以《三六九小報》為探討文本〉，頁 48～50。

〔註35〕例如蔣渭水在稍晚的〈臨床講義——台灣と云う患者に就て〉（1921.11.30），也提到臺灣人有迷信、陋習等問題，參見王曉波編《蔣渭水全集》（臺北：海峽學術出版，2005），頁 3～6。

先將神鬼實質化，視之與人無異，其次論證僅一次供祭自不足以拯救所有「人」，並認爲祭者本心可議，再者分析普渡盛行之因，又指出普渡不利於智識（使子孫多長一迷信）、經濟、衛生等層面，強調說明此習俗極待改易。

1929 年，王開運另撰〈喪禮宜改善〉，則指出臺灣人喪葬禮俗過奢：

> （前略）顧臺灣風俗，亟宜改革者，其惟冠婚喪祭乎？……（中略）……惟喪葬一途，則刪簡就繁，崇奢黜樸。……（中略）……名曰維新，其實俗化。獨不思「禮，與其奢也寧儉；喪，與其易也寧戚。」夫人一朝風燭，萬古埃塵，莊子謂「大塊載我以形，勞我以生，佚我以老，息我以死，故善吾生者，乃所以善我死也。」今之人殺人越貨，閔不畏死，荒淫沉緬，泉路自趨；一朝有病，猶不自知調攝，是不善其生也。內地人稍病即就醫，親友必時時臨存之，及其死也，爲之通夜群集，代爲治喪，知友必弔其諸家。常人舉喪，會葬者恆數十百人，而喪禮簡單，資財寡費，年收一二千圓，其喪葬費不過一二百金，簡單了事，不失禮節。臺人反是，雖至易簀，親友鮮爲存問，迨聞訃至，則群往舉哀，競獻冥鏹，喪家耗財費時，慘怛多時。其對於死人，或可稱爲盡禮，然家計前途、家人發展，多因是而阻礙。甚望有心人出而提唱，以簡素中禮爲宗，節哀順變爲本，省喪葬費爲子女教育費，光大門楣，即慎終追遠之意也。當此物競天擇，經濟國難之秋，臺民發軔，多有俟於習俗之改善也。

文中反對喪禮本末倒置，重死輕生，並進一步將日臺習俗相互比較，認爲日人善養生而喪葬簡單合禮，臺人則相反，生前往來冷淡，葬禮卻耗財費時，甚至到了影響死者遺族家計生活的程度。

1930 年代以後，王開運仍藉由《三六九小報》的雜文作品、其他詩作，傳達自己反對陋習、迷信的立場：

> 我臺改隸後，禮教廢墜，凡諸喪喜事，尤無統制，各行其是，島人士，除一部有識者階級而外，殆不知何所適從。……（中略）……昔一武弁，年八十卒，臨終詩曰：「囑咐兒孫送我終，衣衾棺槨莫豐隆。停喪只好經旬外，出殯須行徑路中。念我行藏無大過，請僧超度有何功。掘院埋了平生事，休信山家吉與凶。」寥寥數語，大可爲時病之針焉。（〈幸盦隨筆〉，文，1931，頁131）

此則隨筆表面上指出臺灣淪為殖民地，使得前清社會形成的階級、經濟、思想等結構都起了變化，以致有財者隨心所欲，日益奢侈；而王氏不便明言的是，「禮教廢墜」更指向政府當局，為了統治順利，殖民者乃透過放任、尊重「殖民地差異」等方式，將習俗問題丟給知識份子，使知識份子與一般民眾產生對立，又藉以蒐羅言論激進者。〔註 36〕是以，字裡行間就不難感受到王氏極欲從中覓得一個穩定的秩序，讓民眾知所適從。

不過，與〈就普渡而言〉、〈喪禮宜改善〉二文相較，王開運在《小報》的說理語氣已不那麼嚴正，取而代之的是多了些輕鬆詼諧、溫和、包容，像此則隨筆即以淺白詩句來收束，取代先人哲言，使道理深入簡出，既減輕讀者的壓力，兼有傳播漢詩美學的功能。以下 3 例亦復如此：

> 《西遊》、《封神》等書，多屬文人遊戲三昧之作，乃世人偏有好事者，附會塑像，立廟祀典，遂至香煙不替，顯赫千秋。如本報自登載童話小說《小封神》以來，竟有一輩婦女，擁至小上帝廟裡，欲看魁星被吊，亦可謂其智可及，其愚不可及矣。(〈幸盦隨筆〉，文，1931，頁 116)

> 天公既有誕辰，當有父母，然自古以來，卻未聞有祭過天公爸爸，與天公媽媽者，豈予見聞之孤陋也耶，一笑。〔註37〕

> 俗說每年七月一日，大開鬼門關，齊放諸鬼回陽，以受人間火食，於是到處競行普渡，以媚無名之鬼。予意陰間亦必如陽世有市區之改正，所有城池，久已撤廢，又何須待至七月一日始開鬼門也耶？一笑。(〈靜室小言〉，文，1935，頁 413)

此處引例第一則，間接證明許丙丁的《小封神》在日治時期確實膾炙人口，使得民眾信以為真；第二、三則仍以常理推論，指出習俗信仰的矛盾不合理，卻都是以幽默方式表達。甚至談到民間所流傳的南宋朱熹撰有〈臺灣聖讖〉，預言了臺灣的未來，以及長期鎖國的日本，將因美國船艦到來而引發一連串風雲變化；對此，王氏也不全然否定讖文荒誕不經，仍提點出字裡行間有些

〔註36〕張玉秋〈日治時期宗教「迷信」話語研究〉(臺南：成功大學台灣文學系碩士論文，2010)，頁 53。
〔註37〕〈靜室小言〉，《三六九小報》321 (1934 年 3 月 9 日)。

文句可當做勸善修身之用（〈幸盦隨筆〉，文，1931，頁73）。

　　面對習俗，王開運之所以有前後兩種不同的議論語氣，除了呼應《三六九小報》的輕鬆戲謔風格，筆者認為，也與生活經歷、時代背景不無關聯。其一，《小報》刊行期間，王氏接連遭逢了友人楊振福、李兆庸，以及原配董阿柳逝世，尤其「摯友楊振福君之死，幾使余人生觀為之一變。……（中略）……楚些有恨，薤露無聲，豈君之死，亦所謂註定者耶」（〈幸盦隨筆〉，文，1932，頁167～168）；加上楊氏逝世的同時，王氏也恰好重病（〈幸盦隨筆〉，文，1932，頁172），這或許使其信念有過動搖。其二，商人為求利益，當會善用民間迎神賽會來推動商況，而臺南商工業協會的事務所就在武廟，廟宇管理人尚嫌臺南商協香油錢過少〔註38〕，如此情況下，身為地方臺商領導人之一的王開運，似乎也不便太過堅持打破陋習、掃除迷信。其三，在一方面提唱革除陋習、迷信，一方面與殖民者對於陋習與迷信所採用的放任、利用手段（用以輔助統治）進行攻防之過程中，臺灣知識份子發覺民間信仰所具有的精神依託功能已減弱，反倒是表面儀式甚囂塵上；再者，殖民當局還在1928年的「南門墓地事件」裡，觸及臺灣民眾敬祖的禁忌，在在刺激知識份子回頭思考傳統信仰的價值。〔註39〕是以，此時王開運已是地方上知名士紳，與外界互動頻繁，閱歷深積，又有了上述這些內外影響，無疑會讓王氏性格更見圓熟寬厚，在反省傳統習俗之時，也就多了幾分溫和與包容。如1935年中部大地震，報載災後謠言四起，影響治安，王氏即以同情的理解來說明此則新聞：

> 蓋人當天災地變，橫禍臨頭時，其良心必陡然發現，油然生出宗教思想。所謂：「鳥之將死，其鳴且哀。人之將死，其言也善。」則此之謂也。而其所謂荒誕無稽之言，亦無非惡用此種心理，而造出者也。（〈靜室小言〉，文，1935，頁399）

　　儘管如此，改變的只是語氣，對於信仰習俗所帶有的違反常理、鋪張浪費、愚弄民眾、重視形式等問題，王開運仍不吝指出缺失，並提醒自己勿淪入迷信。例如「命以干支為憑」的說法由來已久，王氏則認為觀人面相還比較有根據，畢竟「貌隨心變」（〈幸盦隨筆〉，文，1932，頁163）；而摯友楊振福逝世，王開運曾試以楊氏姓名問卦，竟連得2個死卦，遂自嘲此舉將被另

〔註38〕〈臺南武廟 開管理人會〉，《臺南新報》夕刊，1936年4月10日，4版。
〔註39〕張玉秋〈日治時期宗教「迷信」話語研究〉，頁64～70。

一友人王受祿（醫生、基督徒）認為是「又獲宗教之萌芽矣」（〈幸盦隨筆〉，文，1932，頁173），此間當有一份定性存在。

再者，鄰居有喪事，王開運則認為道士裝模作樣，詿騙民眾，乃賦詩諷之：

> 鶴步蛇行穿五方，往來馳逐類迷藏。亡魂喝采誰曾見，世博喪家喜氣揚。
>
> 鑼鼓聲喧雜穢辭，壇前撲朔又迷離。道家詿鬼多奇計，鬼計詿人孰得知。
>
> 陰間路渺怕長征，借得龍駒〇力輕。最好捉他同伴去，免教異地陌生生。（〈靜室小言〉，文，1935，頁413）

此組詩呼應前文〈喪禮宜改善〉的觀點，批評喪家過於重視死者榮哀，並與道士形成「交相賊」的關係，只為博得外人稱孝的名譽，詼諧中又帶著憤慨，直言全然的「盡禮」，就是道士繼續送行到另一個世界，以免死者孤身一人。值得注意的是，此則隨筆看似有失厚道，但事實上，當王開運也面臨這等情事之時，同樣能夠嚴以律己，自為示範。例如原配董阿柳逝世，即簡化喪禮，「廢止途中行列，其式場之嚴肅與排設，固實罕覯」，友人趙雅福乃稱「杏庵斯舉，於破除習俗之功，可謂大矣」。〔註40〕另如王開運感到生活困頓，心神不寧，卻又排斥向神靈祈禱，並進一步質疑：

> 予謂夢苟可買，則城隍爺又多一筆資源矣，而崇奉城隍爺者，更力為宣傳，不較爭賣紙枷之利，為猶厚哉。（〈靜室小言〉，文，1935，頁416）

幽默機智之餘，亦鎖定習俗裡愚弄、騙財的問題提出針砭。

戰後，王開運雖然少了發表雜文的園地，卻是透過竹枝詞形式，更為簡潔扼要地批評不良的陳規舊習：

> 倭奴逐盡立燈篙，信教自由意氣豪。神棍成群兼結黨，人言不怕有分毫。（〈次兆平臺南竹枝詞韻〉，詩，頁161）
>
> 頂多寺廟算南臺，大街小巷整肅開。千里觀光遊寶島，南都不到等虛來。

〔註40〕〈王開運氏德配董孺人西歸〉，《臺南新報》夕刊，1935年2月25日，4版。趙雅福（頑）〈墨餘〉，《三六九小報》，1935年3月23日。

拜佛酬神各自由，老大招邀互唱酬。贊普搶孤名目夥，一宵巨萬出
風頭。

家家建醮請天師，師是臺胞不用疑。人不邀他詳細監，偏邀木偶實
堪嗤。（〈竹枝詞〉其三、四、五，詩，頁 161～162）

一旦戰爭期間（日治末期）的殖民強制力消失，民間信仰又重現生命力，大
肆活動；不僅競相誇奢，表現出愚昧、欺騙、無恥，更將習俗「商品化」，使
人覺得處在臺灣，若不到臺南、不曾感受廟會氣息，便是「等虛來」。這些戰
後現象看在王氏眼裡，與戰前無異，都是「實堪嗤」的。

四、對於品德低落的針砭

　　傳統漢學教育重視品德教育，所謂「不學禮，無以立」（《論語・季氏》），
禮儀規範有助於立身處世，當這些規範內化於心，就成了個人品德。而日治
時期，殖民者帶來的新教育也有修身科，況且王開運曾擔任過公學校訓導，
不僅受教，也施教於學子，這成為王氏之所以重視品德的一個背景，在其雜
文中，也常見王氏批評品德低落的現象。

　　1930 年初，也就是習俗的馬年即將過渡至羊年，王開運假稱作夢而寫下
〈馬羊會見記〉（文，1931，頁 54）。此文以詼諧開場，指羊君乘飛機到來，
與馬爺會晤於臺南公會堂，兩者在交接工作時，道出當時的世態人情：

馬爺拱手答曰：「（前略）唯現代世風不古，末俗澆漓，人心叵測，
更甚於前。如小弟蒞任伊始，一輩諂諛之徒，爭拍屁股，群相乞憐，
幸所搔均不著癢，故一概置之不理，甚至擁擠不開，僅踏得小弟遺
糞者，亦欣欣然引以為榮，出輒誇示於人。其他或走章臺豔地，或
旅長城異域，亦莫不強我為侶，則貧窮之士，亦以我為樂國之物，
時相邀遊市上。小弟正不堪其擾，擬返頗黎谷中，重游桃林野下，
以終年齒，恰喜兄來，天下蒼生，祥莫大焉！」

透過馬爺所言，可知王開運認為當時臺灣人有著種種可議之處。這篇文章甚
具代表性，此前此後王氏所批評的品德問題，大致不脫文中「世風不古，末
俗澆漓，人心叵測，更甚於前」的範圍，而「小弟正不堪其擾，擬返頗黎谷
中，重游桃林野下，以終年齒」之語，反映其焦慮。

　　王開運指出臺灣人的通病，是崇名尚利、言行不一、嚴以律人、慈孝失
序、情義菲薄、毀謗中傷等等，一言以蔽之，即「當此一九三〇年中，幾乎

無語不說合理，然舉世滔滔，其不合理處，則尚不知凡幾」（〈幸盦隨筆〉，文，頁 84、86～87、89～90、103～104、115、124、142、175；〈亂彈〉，文，頁 320）。此外，王氏更特別針對士紳、有錢有勢者、知識份子的不良表現，稱之為「職業化」（〈幸盦隨筆〉，文，1930，頁 97），諷刺其淪入汲營利益的標準程序，茲舉數例如下。

論有力者、有錢財之勢者：

> 某富翁，恆好對人誇其富力，炫其信用，津津樂道，銅臭迫人。殊不知貧而有信用，方見其人格之高，人品之厚。若富者之見信於人，全在其資產上，與本人之人格，固屬風中馬牛。如是而亦欲誇耀於人，何異有目而炫其視，有耳而誇其聽，庸奴心事，大堪令人鄙棄。（〈幸盦隨筆〉，文，1932，頁 154～155）

> 凡當社會之大任者，不論責之大小，任之輕重，統稱之曰「有力者」，蓋無力則不能任重致遠，以盡其職責。然在今日之有力者，除冠履整齊，虛有其表外，其能出死力以為民眾造福者，曾幾何人？是有力者，直等於病夫，而世亦無所軒輊於病夫與有力者矣。（〈幸盦隨筆〉，文，1932，頁 172）

> 在臺灣社會，一輩新人，則排斥老人之頑冥不靈。而老人則痛詆新人以一知半解，有心之人，稍露頭角，又動遭權勢家之忌，思想混淆，統制全失，則是而欲求臺灣社會之進步，何異緣木求魚。
> 然臺灣非無中心人物也，曰「府評」，曰「代表」，到處皆是，唯人望所攸歸，果何屬乎？默念至此，不歸慄然。（〈亂彈〉，文，1933，頁 332）

論士紳：

> 孔子釋六本，誨人立身之義以孝，又曰：「親戚不悅，無務外交；比近不安，無務求遠，是故反本修跡，君子之道也。」今有人焉，有親不能奉養，而使糊口於外；有弟不能友愛，而相側目於途，如是而猶欲廁身士林，妄稱紳士，孜孜然唯外交是務，去本齊末，正君子之所謂悖亂之惡者。（〈幸盦隨筆〉，文，1931，頁 101）

古有自號爲四休子者，一謂中年未舉子宜休，二謂半生常多病宜休，
三謂名不成而鬢欲斑宜休，四謂利弗就而老將至宜休。

今之搢紳們，一旦得位，則死力拼守，不度德，不量力，不揣分，
營營逐逐，孜孜爲利，雖至死而不變，予亦贈以雅號，曰「死不休」。
〔註41〕

一輩鄉下士，多喜重虛名，其名片上，每好羅列許多無謂頭銜，擠
滿刺上，有南路某青年紳士，其巨片，雖一銜半缺，必盡數排入，
五花十色，眼幾爲眩，……（中略）……其亦孔子之所謂愚不可及
之流亞也歟。〔註42〕

論知識份子：

昔一宦，於王荆石家，逢陳眉公問曰：「此位何人？」荆石代答曰：
「山人。」宦笑曰：「既是山人，何不到山裡去？」蓋譏其奔走權門
也。如今之自稱無產運動者中，有一輩，力倡階級鬥爭，攻訐富豪，
而自身則反爲富家所用，或日趨權貴之門，其氣骨之壞，視眉公不
更下十萬倍乎？（〈幸盦隨筆〉，文，1931，頁101）

古者士死，則狀其生平所歷，上之朝廷，以請諡請旌。……（中
略）……。乃近代之人，不論富家翁、乞食頭，凡一切有象無象之
葬式，亦必要點主銘旌，而一輩半新舊紳士，苟得一二十圓之紙禮，
或一綽菜單，雖乞食頭，亦樂與執銘旌、做臉面，依樣畫葫蘆，不
識何所用諸。（〈幸盦隨筆〉，文，1931，頁117）

吾人讀書，宜求實學，不務虛誇，然每有一知半解之徒，恆斤斤於
冀博虛名，因其不能藏拙，時致出乖露醜，……（下略）……（〈幸
盦隨筆〉，文，1931，頁136）

古謂養兒待老，父母劬勞鞠養之恩，爲子者，不敢不報。今則思想
大變，一輩青年，多謂子女之生，爲夫婦愛情之副產物，一旦學成

〔註41〕 小丑〈靜室小言〉，《三六九小報》366（1934年8月9日）。
〔註42〕 杏狂〈醉盧漫筆〉，《三六九小報》403（1934年12月13日）。

業就，視父母如路人矣。……（中略）……噫！長此以往，吾恐社
會上之階級鬥爭，或將一變而釀成家庭上之人倫鬥爭焉。（〈幸盦隨
筆〉，文，1932，頁 166）

吾人每見左之排右，新之訾舊，莫不議論堂皇，侃諤可聽。然一觀
其私行之壞，人品之卑，每有更甚焉者，俗有「賊喊賊」一語，實
可謂彼輩恰切之短評。連雅堂先生，每謂臺語中，多含爲眞理。予
於斯語，益信其然。（〈幸盦隨筆〉，文，1932，頁 171）

　　在王開運眼裡，有力者與權勢家誇炫財富、忘卻社會責任、嫉賢妒能、
尸位素餐，士紳一輩不能盡家庭責任、貪戀權位、沽名釣譽，知識份子則向
權貴低首、賣弄學識、背棄孝道，加上前述臺人的通病，在在讓王氏警覺到
品德低落，遂順著蕭伯納批評日本都市之語，感嘆「世界何處有美麗之都市
乎？一部分之表面，容或有之，至其裡面之物質精神，莫不穢濁難看矣」（〈亂
彈〉，文，1933，頁 332），失望之情可見一斑。

　　同時，從上述例證可知，王開運對於左翼份子存有意見。之所以如此，
與其年紀較長、偏好傳統文學、士紳身份、政治立場（加入臺灣自治聯盟，
並與蔡培火、陳逢源等人親近）、個性等，都有所關聯；但王氏又受過新教育，
是新知識份子成員，故未必僅因自身位置而對左翼反感。其雜文裡，幾則隨
筆說明了部份左翼份子亦有不堪的時候：

臺灣自數年來，學校林立，教育勃興，新進有爲之士，殆如雨後春
筍，簇出無窮。……（中略）……誰知間有一輩，非徒知囂躁傲岸，
白眼驕人，則屬薰猶莫辨，頑鈍無恥之儔，同志相仇，利權是競，
棄社會於不顧，獨汲汲乎機緣利祿。此輩予無以名之，名之曰「主
義職業化」，其庶幾乎。

臺諺曰：「新的未來，未知舊的好寶惜。」舊人相處既久，瑕疵畢現，
自易受人厭棄。然而新者，於人格上，果否完全無虧，則屬未知之
數。況其閱歷修養，猶未必能駕舊人而上之。予觀今日世相，益服
斯諺之至言，而深悔昔日期待一輩新人之過大焉。（〈幸盦隨筆〉，文，
1932，頁 157～158）

黨同伐異，幾成爲現代風潮，新舊排擊，左右紛爭，然究其所爭內

容，總不出名利兩途而已，實業家既然，主義者亦然。君不見我臺青年中，昔時奉主義爲金科玉條，滿口馬克斯牛克斯，說得天花亂墜，口沫橫飛者，一旦榮昇顯職，亦不過死守官規，孜孜地位而已。欲求眞能爲臺人造福，朝斯夕斯，念念不忘者，曾幾何人哉。方之實業方面，當其事業組織伊始，莫不開嘴同胞，合嘴同胞，洎乎大權在握，則發揮其資本主義之貪戾性，所有同胞幸福，主義主張，已盡抛諸九霄雲外矣。有詢之者，則曰：「予忠實其業耳。」噫！忠實其業，與忠實同胞，不知其輕重如何，使彼輩稍具人心，中夜捫心自問，亦應當汗流浹背。可知世之大言不慚者，非盡有宗教的之信念，隨口胡謅，不過作一時的瞞騙世人之招牌而已。今而後，縱有再作是語者，雖喊破喉嚨，人當掩耳疾走，掉頭不顧矣。（〈幸盦隨筆〉，文，1932，頁170～171）

　　由此可知，王開運也曾接納過思想新穎之人，惟相處過後，見到新人較爲輕浮，忘卻社會期待。至於臺灣知識份子之間的「黨同伐異」，並非少見，顯著者如 1927 年文協分裂、1929 年文協再分裂、1930 年臺灣民眾黨與地方自治聯盟的分裂，以及臺共內鬥等，個人方面則可從日記得知〔註43〕；雖然這些人士、團體致力於臺灣人的自主，扶助弱勢階級，但分裂無疑是減弱了抵抗力量，何況左翼思潮在當時相當盛行，若干成員或許是抱著追求時髦的心態來接觸，一旦時勢有變，立刻轉向退縮。凡此種種，無怪乎使得王氏要質疑是否有「眞能爲臺人造福」的時候。且思想界、知識界如此，其他領域豈不如此？這給予王氏相當不好的印象，認爲只是「昔時奉主義爲金科玉條」，「一旦榮昇顯職，亦不過死守官規，孜孜地位而已」。因此，王開運並不在意新舊與左右，而在意是否能夠權衡事情輕重，是否能夠爲民眾同胞著想，展現出務實的一面。

　　事實上，王開運對於品德低落的批評之處，有 2 者可以注意。其一，針砭對象無分新舊與左右。其二，對於品德的提升，期望導向恢復倫理秩序、四維八德，也希望臺灣人——特別是有識者——能夠言行一致、肩負社會使命、互相扶持。也就是說，看似陳腔濫調的「世風日下，人心不古」，表面上是在講道德問題，固然是個人修養工夫上需要改進，卻不等同建立一個服膺

〔註43〕例如蔣渭水不滿王開運參拜日本神社之舉，以及羅萬俥不願意王開運進入臺灣新民報，見本論文第四章第二節。

於殖民者的新秩序。相反的，王開運言「如心曰『恕』；臺語則謂人心亂曰『如心』。嗚呼，恕乎？如心乎？予每思及臺人之民族性，則不禁掩卷愀然，輒作如心之病」（〈幸盦隨筆〉，文，1932，頁173）；或是言「幸災樂禍，小人之常情也。……（中略）……每誦『煮豆燃豆萁』詩，不禁輒爲惘然」（〈亂彈〉，文，1933，頁331）；或是言「思想混淆，統制全失，則是而欲求臺灣社會之進步，何異緣木求魚」……等等，都在強調臺灣人應當團結，共同追求文明進步，精神向上。

接下來這則隨筆，更能呈顯王開運的用意：

> 我臺青年中，每僥倖獲得一官半職，則驕其同胞，不可一世。昔東坡謂桃符仰視艾人而罵曰：「汝何等草芥，輒居我上？」艾人俯而應曰：「汝已半截入土，猶爭高下乎？」桃符怒，往復紛紛不已。門神解之曰：「吾輩不肖，傍人門戶，何暇爭閒氣乎。」當頭棒喝，安得盡書門神此語，各使若輩作特效藥服之耶？（〈幸盦隨筆〉，文，1931，頁98）

桃符、艾人影射「牛欄裡鬥牛母」的若干臺灣人，門神則指擁有穩健的思想、立場，並能夠累積閱歷之人，而王氏無疑是自許爲門神，勇於針砭臺人通病；「吾輩不肖，傍人門戶」，更說明臺灣淪爲殖民地的事實。故企望臺灣人能夠自愛自重，齊同進步，爭取逃脫出殖民者「日本人/進步/施行管訓 vs.臺灣人/落後/應被管訓」這樣的二元視角的機會。這種全體主義的立場，呼應了王開運友人蔡培火的民族主義（即不看好內部階級鬥爭），與葉榮鐘的「第三文學」主張（跳脫階級，立足本土）〔註44〕；是以，訴諸品德問題，也多少帶有障眼法的作用。至於如何落實，從王氏的字裡行間可知，藉由修養工夫來達到心態務實、冷靜、謀定而後動，是主要原則。

可以確知，王開運針砭品德低落，不會是冷眼旁觀的道德家，一味抨擊臺灣人的缺失，尚且有深層寓意，遂感到百般焦慮。只是，欲力挽狂瀾談何容易？有時，王氏會幽默以待，例如社會精英的墮落，認爲應當原諒：

> 政客之墜落，應憐其開銷浩大；官吏之墜落，當思其俸錢無多；紳士之墜落，要同情他，非如是則不足以支撐門戶；學者之墜落，宜體貼他，同是俗界中一人。凡事如此著想，則怨憤冰銷，塵世盡成樂國。（〈幸盦隨筆〉，文，1930，頁84）

〔註44〕參見文化部，「國家文化資料庫」網站的「葉榮鐘」詞條。

又如談述面具自古就相當受歡迎，聯想到人世間「毋怪古今來，戴假面具者之愈出愈眾」（〈幸盦隨筆〉，文，1932，頁175）。然而，詼諧、癲狂卻無法掩蓋其恨鐵不成鋼的心情。就在1935年，中部發生慘烈的大地震，王開運「歸自臺北，紆道災區，目擊耳聞，始知其慘害之酷，誠出吾人想像之外」（〈靜室小言〉，文，1935，頁397），心中哀傷憐恤，忍不住嘆息，這莫非是世道日衰，上天欲改造世界，或是向世人提出警告的徵象？然後思及：

> （前略）因憶胡適有譯〈希望〉詩曰：「要是天公換了卿與我，該把這糊塗世界一齊都打破，再磨再煉再調和，好依著你我的安排，把世界重新造過。」疾世之言，讀之令人拔劍斫地而起。（〈靜室小言〉，文，1935，頁397）

實可謂痛快之言而有痛心疾首之情。

五、中庸而入世的個人處世觀

在雜文作品裡，王開運幾度提及自己的處世觀，或是直白道來，或是藉事談述，恰可提供吾人知悉其性格、個人修養工夫，以及肆應於時代局勢的姿態。

首先，是「經世濟民」的理想，這往往是社會予以知識份子的期待，若知識份子能將之視做使命，付諸實踐，則更加難能可貴。對於先後接受過漢學教育、日治時期新教育的王開運來說，此般情志不但瞭然於胸，更有所實踐，這從其社會活動事跡、詩作裡的心聲，以及與文友創辦《三六九小報》來維繫漢學的舉動，即可知曉。此外，王氏也透過書寫以鞭策、惕勵自己不忘此衷，例如撰文批評若干漢學家既不能挽救漢文，只顧「肥遯鳴高」或「孜孜於謀生之道」之後，便附和友人施乾的看法，「吾友施乾君，嘗謂鳴高隱遯，為社會上弱者自殺之一種。蓋其人之存在，已與社會毫無干涉，予頗然其說，而深有慨焉」（〈幸盦隨筆〉，文，1932，頁161），不論對人對己，這段文字都有警示知識份子不宜放棄社會使命的意味。

再如友人楊振福猝逝，王開運憶起楊氏生前所言：

> 楊君當臨死一小時前，猶與莊醫師縱談時事。謂茫茫前路，後事正多，島人士之有心人，總不可醉生夢死，徒執迷於眼前名利，而漫不用意焉云云。當此國家多事之秋，可謂搔著癢處之至言。嗚呼，人之將死，其言也善；鳥之將死，其鳴也哀。楊君至言，余當銘諸

五内。（〈幸盦隨筆〉，文，1932，頁 168）

楊振福是王氏與蔡培火的共同友人，涉足民族運動頗深，曾為《臺灣》雜誌顧問、臺灣文化協會理事，得年僅 39 歲。〔註45〕此則隨筆刻劃出摯友振振有詞的形象，除了說明楊氏猝逝令人錯愕、痛惜，猶有突顯其人格崇高的用意；至於「楊君至言，余當銘諸五內」，還表示王開運的入世情志將因之更加堅定，不讓亡友失望。

到了 1934 年，王開運於《小報》上另闢專欄〈醉廬漫筆〉，開頭則言：

> 予少好飲，飲輒醉，醉則狂態頓作，高談闊論，口沫橫飛，時累妻孥憂慮，不恤也；洎乎晚年，光陰磨盡，壯志消沉，從前狂態，遂漸斂跡，不復如前之淋漓痛飲，而其生活亦由複雜而變單純，由單純而入醉生夢死之域矣。顧予一生，既終始於昏迷沉湎之中，又何妨以醉名廬，嗚呼，公理既沒，世道茫茫，強弱相侵，賢愚一轍，予又安忍坐視世人皆醉而吾獨醒也耶。〔註46〕

客謙稱說是年紀增長而意志消沉，但臺灣淪為殖民地的命運，才是臺灣知識份子最大的困境，也才是王氏醉生夢死的真正原因；但其不願屈服，失落之餘又不忍「坐視世人皆醉而吾獨醒」，是以持續在歸隱與用世之間擺盪，投入社會活動，並藉由詩文傾吐生命感悟、評議時代風氣。

第二，王開運認為自己的性格是缺乏「鬥性」。在解釋筆名「變態偉人」由來的一段文字裡如此表示：

> 偉人而稱變態，則其為片面的之偉人也明矣，然於此一九三〇式之分業時代人物，何非片面乎？精究法理，則成法學博士，而於其他科學，不大明矣；阿附權貴，則成變態紳士，而於民眾之言，不大恤矣。彼博士也，紳士也，又何一非片面的者耶？予幸獲變態偉人之號，縱屬片面，庶此後亦得隨諸君子之後。
>
> 予素乏鬥性，又不喜爭，自顧一庸懦之夫耳，乃曾幾何時，而博得變態偉人之榮譽，豈老子之所謂「不自見故明，不自是故彰，不自伐故有功，不自矜故長者」耶？（〈幸盦隨筆〉，文，1930，頁82～

〔註45〕 楊振福的相關記載，可參見《灌園先生日記》1927 年 1 月 2 日、1932 年 3 月 17 日，以及 1932 年 6 月 6～7 日，中央研究院臺灣史研究所「臺灣日記知識庫」。

〔註46〕 杏狂〈醉廬漫筆〉，《三六九小報》403（1934 年 12 月 13 日）。

83）

在其眼裡，「變態」是片面、不完整之意，學者過於偏才，士紳傾向權貴，自身則不夠積極、缺乏鬥性，都可以「變態」視之；而缺乏鬥性造成了庸懦形象，反倒讓朋友欣賞，賜以偉人之稱，遂感驚喜。這般溫和、不喜競爭的個性，或許是與生俱來，但若注意到這段文字出現之時，正好是殖民時代，是王氏活躍於諸多社會活動的時期，則不難感知弦外之音，所謂「素乏鬥性」云云，頗耐人尋味。

　　從外部關係上來說，王開運涉足多重事務，受到官方重視，若要持續靈活展現，擁有廣大人脈，則必須將自我調整為不輕易得罪他人的中庸路線。綜觀其事跡，王氏確實少與執政者正面對立抵抗，乃以迂迴方式來處理問題，例如不斷地陳情以中止南門墓地糾紛、催促殖民當局建設安平港、戰後電請新政府接運留瓊臺灣人；又如透過社會事業的經營，解決市內乞丐問題，或者戰前戰後都在政治體制內參與討論，追求地方自治……等等，這些皆有程度不等的效果。因此，之所以「素乏鬥性」，之所以1930年代為「分業時代」，恐怕也是環境使然，自嘲語氣中遂摻雜無奈，並兼有對於知識份子、有力者能夠成為通才以服務社會的期望。

　　接著，拿王開運的事跡表現與「素乏鬥性」之性格相互參看，也不甚調合；又，既無鬥性，何以在同一則隨筆中藉機評論「分業時代」的現象？由此觀之，王氏引用老子哲言，稱自己「以無用為有用」，同樣有所指涉。那麼，有用在哪裡？無用又在哪裡？另一篇隨筆進一步說明：

> 恥言金錢者，未必不愛財，譏人虛榮者，未必自己不好戴高帽，要當觀其所以，察其所安，此古人所以不以人廢言，亦不以言取人也。

> 好談勇氣者，其人未必真勇，要視其信念如何，若僅學得幾句勇氣口頭禪，侈口亂道，則直一乏責任之莽夫耳，又何足取？更有一種，但知勇他人之氣，逢人輒攻擊其懦弱，而自己則凡事袖手作壁上觀，吾不知其作何心理。

> （中略）

> 鬥爭昌盛之今日，對個人不好爭者，未必盡出懦弱，蓋或不願招尤，或雅不作無謂之爭已耳，若老子之所謂「夫唯無爭，天下莫能與之爭」，則為爭之上乘矣。

> 古諺有「左右作人難」之語，今者思想混沌，左右攻訐，處身其間
> 者，真有左右做人難之慨矣，一輩心志薄弱者，或做隱士，高蹈自
> 許，或作君子，獨善其身，遂使舉世滔滔，混淆益不可問矣。
>
> （〈幸盦隨筆〉，文，1930，頁 86～87）

世人言行不一，滿口道理，卻知易行難，但反過來看，緘默者未必懦弱，只
是怕招惹無謂的麻煩。故應觀察具體行為與信念，才能「識人」。如此，王開
運無疑是強調自己有股無聲的力量，所謂「夫唯無爭，天下莫能與之爭」是
也；其「不喜爭」的，屬無謂的爭執，但也不贊成全然地保持高蹈清流，當
面臨理應爭取、其力量可資發揮之處，將不吝付出，畢竟深怕「舉世滔滔，
混淆益不可問矣」。

　　第三，為了兼顧「以無用為有用」的姿態，以及擁有發揮用世情志的空
間，王開運頗重視修身工夫，主要是朝向低調、忍耐、不執著、安貧樂道；
這也有助於其性格更加成熟穩重，而當王氏遭遇挫折之時，同樣會有個釋懷、
安頓心靈的指引。在「忍耐」方面：

> 怒字從奴從心，蓋怒為感情激發而生，情奮於中，心為所役，遂失
> 其前後之顧慮，自古英雄豪傑，莫不競去是心；故忍字亦從刃從心，
> 此韓信所以受胯下之辱，而坦然不以為意者。故偉大人物，殊不易
> 怒，一怒則天下震懾，是為怒之上乘。（〈幸盦隨筆〉，文，1930，頁
> 81）

這般老生常談之語，委實適用於日治時期。當時殖民者不但對臺灣人有差別
待遇，更以嚴密的警察制度管控人民，其職責範圍涵蓋社會治安以至民眾日
常生活；對此，不少有識者選擇忍耐，然後設法解決殖民者的衝擊。例如 1928
年的南門墓地事件，王開運即避免讓民眾正面向官方提出抗議怒吼，看似怯
懦，但得以讓集會順利進行，不被警察動輒藉由細小因素來影響開會內容，
甚至將之中止解散，同時民眾也能全面知悉官方的固執態度，之後繼續集結
陳情。

　　王開運還認為，不懂得忍耐，就沒有冷靜思慮的空間，是躁進多疑、得
罪他人的肇因：

> 為人最好是不得罪於人，然愈不欲得罪人，而人偏要強其得罪。是
> 得罪者，出於無心，俯仰不愧，而冒認者，則扼腕衝冠，憤不可遏，
> 冒認之愚，莫此為甚。故吾曰：「疑慮之前，不可不作一番之冷靜思

索。」

（中略）

修養云云，殊非易易。必也，有涅而不淄，磨而不磷之信念、之工
夫，方不爲人所動，而免到處作無謂之怨敵。躁暴者，尤宜三思焉。

古人謂「疑則生怪」，是怪由疑生也明矣。唯最易惹人之疑，觸人之
忌者，莫如文字，昔孫樵致王霖書曰：「因懼得罪於時，故絕口不言
文章。」可見文人著筆之爲難；然西洋各國，則尊文字生活之記者
曰「無冠帝王」。何東西文野，相去若是其遠耶？噫！

（〈幸盦隨筆〉，文，1932，頁168）

至於忍耐工夫的境界，王氏期望達到「涅而不淄，磨而不磷」，亦即不受外在
影響。不過，此則隨筆末段轉出新意，「唯最易惹人之疑，觸人之忌者，莫如
文字」，仍有所指涉；日治時期對於圖書出版管制甚嚴，民族運動的相關刊物
便常受干涉，王氏主張要謹言慎行，「免到處作無謂之怨敵」，即是暗指殖民
者的取締，因此也羨慕他國能夠「尊文字生活之記者曰『無冠帝王』」。

　　對於財富的態度，王開運則主張求之有道：

「人事有代謝，往來成古今。」二語詠盡宇宙間一切事跡，古往今
來，星移物換，幾許賢愚，同歸坏土，儘多榮辱，幻作蜃樓。不悟
者，是誠堪憫，不空者，猶屬可嗤，然而悟得來，空得去，又將如
何？反復思維，不禁茫然自失。

吾人由貧而富，由富而貧，只自數十年來，見聞所及者檢討之，已
不知凡幾變遷，亦可見富貴之不足恃矣。然世人不論賢愚老少，依
舊逐逐然，爭趨是途，或求財賣友，或圖利滅親，舉世滔滔，盡汩
沒於銅臭之中，雖多不厭，至死不悟，其昏庸愚昧，實堪令人憫殺；
唯世人之努力爲富，箇箇皆同，而其結果，則貧者仍貧，富者自富，
雖曰制度使然，冥冥中，又豈無幾分運命之播弄耶？孔子曰：「富而
可求也，雖執鞭之士，吾亦爲之。」吾人雖非宿命論者，頗有味於
斯言，故寧清貧自守，而不願低頭於齷齪金權之下。（〈幸盦隨筆〉，
文，1931，頁104～105）

　　不能悟得人生如夢，放下執著，誠屬遺憾，但事事牽制於殖民當局，對
於有志改善或擺脫殖民地命運之人來說，更是心有不甘；一旦思及生命虛

－363－

度、少有作爲，無怪乎「不禁茫然自失」，這是知識份子的憂愁所在。在此感悟下，王開運反倒認爲要「清貧自守」，不願向錢財以及掌握金融、經濟大權的殖民者低頭，避免了患得患失的心情，也不啻是從現實環境裡找出自我尊嚴。而面對他人訕笑，王氏則以古人如榮啓期、嚴君平等，做爲安貧樂道的典範〔註47〕，亦有《三六九小報》同人相互勉勵：

> 某報謂三六九多貧士，可謂知己之言，諸同人，每喜誦儲遇自寬詩：
> 「有口無糧不用愁，有糧無口正須憂。眞人解得其中意，煩惱坑中
> 好出頭。」故雖貧而樂天知命，處之恬然，終不覺其苦也。

> 然諸同人，未嘗以貧而忘世故，每當無聊時，猶輒撫髀興嘆，蓋以
> 社會興衰，匹夫有責，耿耿雄心，究不至爲環境所左右。〔註48〕

由此可知，樂以忘貧，其長遠目標還在於消除不必要的煩惱，保持淑世初衷與元氣，以爲經世濟民。

正因爲生命難以掌握定數，人們難免有所擔憂，有所執著；對此，王開運引用唐代李白詩句「棄我去者，昨日之日不可留。亂我心者，今日之日多煩憂」、「明朝散髮弄扁舟」，以及明末孫鐘元之語「人生最繫戀者過去，最希冀者未來，最悠忽者現在」（〈幸盦隨筆〉，文，1931，頁127），來說明古往今來常有的通病，就是執著過去、未來，卻忽略了要活在當下。於是進一步提出警惕：

> 人生苦樂，均一瞬爾。世人不悟，每多執著，殊不知吾人最執著者，
> 莫如生命，乃一旦大限臨頭，無論賢愚貴賤，亦莫不同歸於盡，性
> 命如是，遑論其他。可見人生之窮通得失，特一幻境耳。吾人能得
> 執著念頭放鬆，則苦盡甘來，迷惘盡退。不然，雖處極樂世界，而
> 利慾焚心，精神困頓，生機胥爲所奪矣。（〈幸盦隨筆〉，文，1932，
> 頁160）

不願世人過於執著，以致「以一代清名，換幾多身外長物」（〈幸盦隨筆〉，文，1932，頁162），失去快樂自在，即不算活在當下。而最應該放下的執著，仍舊是物資財富，畢竟「世人不論賢愚老少，依舊逐逐然」，更易產生糾紛，「或求財賣友，或圖利滅親」，或者是混淆世間價值，造成愛財是個人自由，「無一可非之事」（〈亂彈〉，文，1933，頁328）。因此王開運曰：

〔註47〕小丑〈靜室小言〉，《三六九小報》364（1934年8月3日）。
〔註48〕杏狂〈醉廬漫筆〉，《三六九小報》404（1934年12月16日）。

先輩謝石秋先生嘗言，世人營造家屋，務求堅固，恐其崩壞，然試
觀其後，則大都未至倒塌，便先轉鬻他人，是建築時之營謀計較，
未免失之過慮。旨哉是言，一輩營營擾擾，為兒孫作無謂之馬牛者，
又何苦哉！（〈幸盦隨筆〉，文，1931，頁105）

　　致力於防患未然，使變化掌控在自己籌劃之下，甚至祈望不生變化，這
是不可能的，遑論遺蔭子孫。財富也是如此：

孔子曰：「有而不施，窮莫之救也。」然有而能施，世有幾人乎？夫
吾人占有欲不強，利己心不重，則不能致富；故富者，雖生死關頭，
欲令他把此念頭，放鬆一點，亦屬難事，況後日其子若孫之或窮，
又為彼輩所料想不到者乎！孔子此語，亦未免太無聊奈。（〈幸盦隨
筆〉，文，1931，頁105～106）

當然，誠如王開運自言「修養云云，殊非易易」，王氏自身也常為家計所困，
無奈為子弟做牛做馬，這從其詩作內容即可知曉；但幸有友人張江攀、鶴鳴
先生等同樣持此觀點（〈幸盦隨筆〉，文，1932，頁165～166），王氏與這些朋
友往來，將這種觀點相互交流砥礪，使自我信念更加堅定，也能夠推己及人。

　　要之，王開運既具經世濟民之志，有意付諸實踐，但處於殖民時代，勢
必難以用剛烈激進的行動回應當局者。自稱「素乏鬥性」，固然是其性格，同
時也是肆應於時代的策略，亦即以迂為直，藉由較溫和的力量或較不敏感的
位置，達到淑世情懷；而為了保持元氣，免於灰心墮落，則講究修養工夫，
加強忍耐、低調、務實、不執著、安貧樂道等特質，使自己柔軟依舊。凡此
種種，看似王開運高談闊論生活哲學、大道理，卻不無顧慮現實以達成經世
濟民的考量；戰後王氏採取「中隱」姿態，也是同樣用意。筆者認為，這是
一種「中庸而入世」的個人處世觀。

小　結

　　本章旨在析探王開運詩文作品。漢詩方面，王氏終生創作，以閒詠詩為
主，整體來說，散發出濃厚的愁緒；這些愁緒對照其生平歷程，則有不同的
指涉與緣由。第一個是「對於功成名就的繫懷」，表現在王開運青年之時。由
於從國語學校畢業，剛接觸教職便遭受挫折，加上自身罹病、父親逝世；又，
對外與人相比，感到成就不如友人，故有以致之。而後遷居臺南，就職穩定，

如此愁緒便不復見，取而代之的是帶有自信的詩作。這使得王氏青年時期的詩作，有著年輕、血氣方剛、卻也患得患失的一面。

第二個是「對時局、生命的憂思」，出現在 1930 年代之後。此時王開運已是地方士紳，生命歷鍊與視野見聞都有所累積，對於時局變化、社會變遷、自身年歲增長與病痛的敏感，以及事業經營過程中必然會遇到的盈虧風險等層面的感懷，也就成為詩作元素；連帶的，詩境亦因生命的歷鍊而更加開闊，呈顯出同時代有識者的共同心聲，又展現了個人特殊情感。到了 1940 年前後，中日戰爭已爆發，臺灣繼而被捲入太平洋戰爭，進入戰時體制，王開運的詩作又多了一項元素，亦即開始頻繁地反映出其對於自身年歲、時節的敏感與警覺，傾吐時光匆促、一生無成、榮利終是空虛，抑或是時局變幻莫測的無奈。而戰後臺灣仍處在內憂（政局高壓）、外患（共軍威脅）的情勢之中，對於時局、生命的憂思也就未曾消失，只是感嘆的對象或原因有所不同。

王開運詩作愁緒的第三個緣由，緣於旅途所感，特別是連續於 1939 年、1940 年前往中國經歷，不但有著故國情懷，在感受世事無常的同時，也譴責戰爭。之所以那麼強調「無常」，實有自覺與不自覺的因素存在。自覺者，是因為王氏反對戰爭，卻不容明言，故盡量以恆常、變易相對，藉以透露情意所趨；不自覺者，乃因時局變動不易掌握，其處身亂世，感受更加深刻，強化了王氏對人生感到虛幻、無力的認定。

最後一個愁緒緣由，則是擺盪於用世與歸隱之間。自中年以後，王開運內心常是「憂思」、「用世」、「歸隱」並存，而時代動盪不定、個人際遇多舛、家庭重擔未卸，以及年紀老大等因素，也就交互影響這 3 個情愫。當王氏意欲用世，則無法力挽狂瀾，且家計纏身又思及年歲；意欲歸隱，則局勢不允，家計仍要考量，而自己也憂世感時；若專務家計，則遺憾不能安度晚年，也不甘心庸碌度日。如此多的外在羈絆與內心矛盾，終造成其用世不能、歸隱不得，兩者皆失的窘境。

至於雜文方面，主要集中於《三六九小報》時期，這也是王開運的事業步上軌道、社會地位確立、與外界互動頻繁、性格成熟穩重的時候，因此欲知悉王氏的關懷面向，《小報》雜文足具代表性。總的來說，主題有四，其一是「對於傳統漢學的擔憂與振興」。王開運一方面指出在日文的優勢之下，漢文存續的空間日漸減少；一方面提出振興之方，除了依自己的學習經驗，主張學子要勤加自習，父兄從旁督導之外，還在自己的雜文裡，以較為輕鬆的

方式，向讀者說明漢文的價值與美感。而王氏與文友創辦《小報》，本來就有振興漢文的用意。

其二是「對於習俗的反省」。民眾過於迷信，以致浪費錢財，智識愚弱，是王開運相當在意的，不但在書寫在雜文中，漢詩作品裡頭亦有涉及，可說是畢生都關懷此議題。而在《小報》時期，由於種種因素，王氏不再像 1920 年代那樣義正辭嚴，發揮強烈的議論力道，一變乃爲詼諧、溫和、包容，但批評觀點不變，也呈顯出王氏意欲改去陋習，提升民智，並非全然拒絕習俗。其三，則是「對於品德低落的針砭」。王開運指出臺灣人品德低落，既是全體通病，且有識者如富戶者、士紳、知識份子，更是汲營名利，忘卻社會責任，這表面所議皆是人生常見之事，似是要求臺灣人致力於修養工夫，回復傳統美德；然而，王氏用意更在於追求臺灣人團結，齊同進步向上，守護民族尊嚴，以擺脫殖民者「進步/落後」的二元思維，其舉出桃符與艾人相爭的寓言，即是有力證明。但力挽狂瀾是如此不容易，王開運也就按捺不住「恨鐵不成鋼」的情緒，逐有重新打造世界的疾世之言。

最後，王開運也藉著雜文來表達自己的人生觀、性情與個人修養工夫。王氏素有經世濟民之志，卻自稱缺乏鬥性，這固然屬個人性格，更是肆應於殖民時代的姿態，不欲爭的，是無謂的糾紛，理應爭取者，則迂迴進行。而爲了保有發揮用世情志的空間，培養自身元氣並安撫受挫的心情，王開運強調忍耐、不執著、安貧樂道的修養工夫，既自勉也勵人。要之，傾向務實、低調、中立，是王氏的人生觀；認知這一點，有助於吾人理解其處世之道，亦即王氏如何能夠受到殖民當局青睞，又具有一定的民眾聲望，且避免與官方過於衝突，從中致力於地方事務。至於戰後所採取的「中隱」姿態，莫不如此。

綜上所述，王開運的漢詩與雜文之內容、特性差異頗大，彼此卻有相輔相承的作用，一者承載較爲哀痛難解的心聲，一者顯示其以書寫、辦報的方式，主動關懷文化、修養、民智、民族尊嚴等時代問題之身影。《三六九小報》出現於 1930 年代，當王開運在雜文裡藉由蘇東坡的故事，指出自己在殖民地臺灣同樣是「一肚皮不合時宜」（〈幸盦隨筆〉，文，1932，頁 157）之時，也正是其詩作內容開始轉向爲人生、爲世間所愁苦的時候，自此王氏詩作裡的憂思逐不可斷絕地延續至戰後；而隨著《小報》在 1935 年廢刊，儘管其議事精神暫時掩旗息鼓，卻復現於戰後臨時省議會的議壇之中。